JN086043

Re-searching Remote Works vol. 2: Case Studies

リモートワークを科学する Ⅱ

■事例編■

日本企業のケースから読み解く本質

【編著】

髙橋　潔　TAKAHASHI Kiyoshi

加藤俊彦　KATO Toshihiko

東京 白桃書房 神田

はしがき

「ゆく河のながれは絶えずして，しかももとの水にあらず。よどみに浮かぶうたかたは，かつ消えかつ結びて，久しくとどまりたるためしなし。世の中にある人とすみかと，またかくのごとし。」

教科書にも載っているので，だれもが聞き覚えのある「方丈記」。鴨長明によって書かれた随筆である。この有名な書き出しは，われわれの人生と資産を，河の流れに表れては消える水の泡にたとえ，日本人独特の無常観を示している。

鴨長明と言えば，飛びぬけた芸術の才能から，和歌集を編纂するという国家的事業で大活躍しながら，出世争いに敗れて挫折の果てに出家した，波乱万丈のキャリアをもつことが知られている。方丈記をしたためているときのポジションというのは，カッコよくいえば，人生を断捨離した達人で，いま流行りのミニマリストの元祖だが，カッコわるく言えば，人生負け組で，掘っ立て小屋に住んでいる独居老人のようでもある。そんなおやじのブログやツイートのようなものが，800年のときを超えて，いまだに読み継がれている。それはなぜか？

方丈の庵——一丈四方（約3m×3m）の質素な家——で書かれたのが，その名のとおり方丈記である。全文を読んだことのある読書好きなら知っているだろうが，方丈記は災害文学でもある。大火に竜巻に飢饉に大地震と，ありとあらゆる災害が10年の短い間に押し寄せた平安時代末期。それが，方丈記が書かれた時代背景である。自然災害の激しいわが国で，富や生活基盤や人生の目的や愛する家族さえも，一瞬にして失ってしまうことの恐ろしさや理不尽さや無常を，日本人特有の視点で考えている。それが，令和の現代に生きるわれわれの心をとらえている。

鴨長明は，そんな大災害の時代をなんとか生き抜いた末に，世俗的な名声や豊かな生活を求めるのがいかに無意味なのかを述べている。富める者は必ず衰え，形あるものは必ず滅びる。この世に存在する一切のものは常に転変し生滅して，永久不変なものはないという，諸行無常という仏教の教えに通

i

じている。それを，偉い学者や宗教家が上から目線で説教しているわけではなく，ただの老人がつぶやいているだけである。

　わが国の住宅事情で，リモートワークをすること。それは，方丈（約 3m × 3m）の小さな部屋で働くこと，すなわち「方丈労働（$(3m)^2$ labor）」を意味しているかもしれない。家族のだれかが感染しても，自宅で隔離することなどムリな住宅事情のなかで，狭いながらもなんとか見つけた落ち着ける小部屋で，気ままに働くのが「方丈労働」だといえる。リモートワークという名の「方丈労働」を，なんとか世のため，人のため，自分のために役立てるにはどうしたらよいのか？　そんな日本人の思いが，本書のいたるところに感じられる。

　日本の狭小住居の原型である方丈の庵は，新国立競技場を手掛けた世界的建築家　隈研吾氏の手によって，軽くて持ち運びのしやすい透明シートで作り直され，京都の下鴨神社で新しく生まれ変わった姿をお披露目した。ブルーシートでなかったのは幸いだ。

　COVID-19 の猛威は世界中に広がっており，まだまだ沈静化していないのに，多くの国では無関心になっている。発生当初は，早期にワクチンを開発した米英企業が市場の自由を奪い，自国では余っているのに，途上国にはワクチンが行き届かない配給のいびつさが露呈した。おまけに，感染症という人類全体に対する災難に乗じて，米英企業に世界の富が集まる形となった。その後は米英を中心に，「マスクをしない自由」をスローガンにして，公然とマスクを外し，自由を謳歌する。あたかも，集団免疫を国家的方針に掲げているかのようである。国民の「命」が「自由」と引き換えられている国家の理念に，首をかしげたくもなる。

　国民の命といえどもひとくくりにはできない。資本主義が高度に進んだアメリカでは，基本的な医療さえ自己責任であり，COVID-19 についても，上層のアメリカ人は高額の医療を受けられるが，黒人や生活保護世帯といったアメリカの影の部分には，手が差し伸べられることはあまりない。皮肉なことに，もっとも多くの被害者を出しているのは，コロナワクチンで巨万の富を得たアメリカであり，COVID-19 によって 100 万人を超える死者を出している。しかし，ウクライナ侵攻に社会の関心が向いたことをよいことに，COVID-19 による犠牲者の数を数えることをやめている。

　わが国の場合はどうだろう。病院や病床は多いのに入院できないという医療崩壊のような状況に，まずはじめは直面した。自宅療養の美名の下で，COVID-19 に罹患し重症化しても入院先が見つからず，救急車でたらい回しにされたり，自宅で亡くなる人が出た。感染した妊婦が自宅療養中に入院先がみつからず，自宅出産を余儀なくされて，乳児が死亡するという痛ましい事故も起こった。その一方で，一般の人が入院できないのに，コロナ感染で真っ先に入院した有力議員が上級国民とメディアに非難されて，その後の衆議院選挙で落選した。

　そして，「ゼロコロナ」を打ち出して，感染封じ込めのために（行き過ぎた）外出制限を行う隣国中国の様子を，ニュースで批判的に報道して，国民の「命」と「規制」を引き換えにするような論調もめだった。

　「コロナ敗戦」という言葉がある。コロナの感染は，その拡大傾向が予測され，十分な時間をかけて対策を準備できる。それにもかかわらず，場当たり的で対策が遅々として進まない政府と行政の活動を，無謀な作戦で多数の犠牲者を出した第二次大戦末期になぞらえて，わが国でこう呼んでいる。COVID-19 は世界的な災禍であるにもかかわらず，どこよりも戦争の記憶と強く結びつく。

　「コロナ敗戦」は，政権や指導部だけに責任が帰せられる問題ではない。日本の産業界が全体として，自信と勤勉さを失ったことが，その背景に横たわっている。「失われた 10 年」が 30 年になり，なまけ癖と言い訳癖が身についてしまったから，国際競争に勝とうとする意欲もなくなった。30 年間で染み付いてしまった負け犬根性を変えていかなければ，この国に未来はない！（だが，老後はある。）

　2020 年夏，白桃書房の平千枝子さんが，リモートワークのマネジメントに関する書籍の刊行を，2 人の編著者に提案したことに，本書は端を発する。

　その年は，新型コロナウイルスの感染拡大という緊急事態に世界は直面していた。日本でも，COVID-19 の影響は春先から広がり，社会的活動に混乱をもたらしていた。大学でも卒業式や入学式といった人生の節目となるような式典を中止したり，インターネットを通じた講義に切り換えたりするなど，これまでに経験したことがない大きな変化に見舞われた。同じ頃，以前

はラッシュ時に激しく混雑していた通勤電車も道路も，かつて見たことがないほど閑散としていた。誰が見ても，異常な状況が生じていた。

　COVID-19 の感染抑制に向けて社会が慌ただしく変化するなかで，ビジネスの世界でも，対人接触を避けるために，リモートワークが急激に拡大していた。その変化を題材とした書籍を刊行することが，平さんから私たちへの提案だった。

　目の前に突如出現して，社会に大きな影響を与えている現象を，できるだけ意味がある形で考察して書籍にまとめるという提案を，私たちはすぐさま受け入れた。テーマには賛同したものの，刊行までの道程は単純ではなかった。平さんからの当初の提案は，理論的な解説とケースを組み合わせて，2021 年春頃に出版するというものだった。他方で，私たちの周辺では，リモートワークの急激な拡大に着目した定量的な調査研究が，複数の研究チームによって展開されつつあった。また，直面する環境変化に合わせて，企業も多様な動きを見せており，興味深い事例にも事欠かなかった。

　ようやく使い慣れてきた Zoom を使って，平さんと編著者との間で議論を重ねた。その結果，日本におけるコロナ禍でのリモートワークを多面的に解明していく方向に，書籍のコンセプトを方向修正することになった。定量的な調査を実施してきた研究者の方々には分析結果に基づいた原稿の執筆を，現場での有意義な知見を有する実務家や研究者の方々には興味深いケースの執筆を依頼するとともに，組織の先頭に立って対処された企業の方々の座談会をまとめて掲載する方針としたのである。

　書籍の基本方針が固まり，執筆を依頼した方々にご快諾いただけたことで，出版へのスケジュールは順調に進んでいくように見えた。ところが，いざ原稿が集まり始めると，1 冊の書籍として刊行するには分量が多く，議論の方向性も事前の予想以上に広がりがあることが明らかになってきた。提出された初稿を前にして再度検討した結果，定量的な調査研究を中心とする書籍と，ケースを中心とする書籍の 2 冊に分けた上で，内容の調整を図ることになった。その他にも事前に予想しなかった事態がたびたび生じて，随時対応する必要も生じた。そのために，当初の構想からは，内容面で大きく変わり，当初の計画からすると 1 年以上遅れての刊行となった。本書『リモートワークを科学する II［事例編］：日本企業のケースから読み解く本質』では，複数の企業ケースや人事担当役員の座談会を収録し，日本企業がリモート

ワークに対してどのように取り組んできたか，その実像を提供している。一方，前者にあたる『リモートワークを科学するＩ［調査分析編］：データで示す日本企業の課題と対策』は，8つの定量的調査から得られた研究・分析成果を収録している。

　2022年7月現在，コロナ禍も少しずつ落ち着きを見せてきて，以前の生活に戻ってきた側面も少なからず見受けられる。しかしながら，リモートワークが不要になった訳ではない。むしろ，職場への出勤を抑えるという緊急避難的な手段から脱して，リモートワークで生じうる問題に対処しつつ，その利点を最大限活かすことを，どのようにして実現していくのかということに中心的な課題が移行してきたように見える。

　いまでは，日本全国どこでも働く場所を本人の自由に任せ，出社する際には出張扱いとする大手通信会社が出てきたし，ニューヨークでは，就業日のうち一定日数をリモートワークできなければ退職する労働者も出てきたようだ。リモートワークが当たり前の日常がある。その点で，コロナ禍でのリモートワークを取り上げながらも冷静な視点に立った本書での分析や考察は，より大きな意味を持つものになったように思われる。

　もう一度，方丈記に戻ろう。
　「それ三界は，ただ心一つなり。」その意味するところは，「この世の中と云うものは心のもち方ひとつである」ということだ。
　COVID-19の影響で，職場はリモートワークにシフトした。最初は慣れなくて苦労したが，だんだん生活の変化に慣れてくると，リモートワークがよくなって，通勤して出社するのがムダに思えてくる。それでいて，この先はどうなっていくのだろうかと，心配になったりもする。

　世の中はいつも移り変わっていくものだが，生活の変化を嫌うのも受け入れるのも，ものの考え方次第である。欧米の考え方のように，環境の変化に抗い，個人の自由と意思を貫くのか？　中国の考え方のように，全体のために個人を制限するのをよしとするのか？　あるいは日本的に，変化を常として受け入れるのか？　それはあなたの心が決めることである。

　本書の刊行にあたっては，多くの方々に多大なご協力をいただいた。何より，原型となる企画を提案していただいた白桃書房の平千枝子さんと，平さ

んから後半の編集作業を引き継いで担当された金子歓子さんには，紆余曲折があったなかで，粘り強くご対応いただいたことを，深く感謝している。本書に寄稿していただいた方々には，短期間で初稿を提出していただいた上に，修正提案を含めた編著者からの事後的な要望に丁寧に対応していただいた。また，本書で取り上げたケースの調査プロセスや座談会において，ご協力いただいた企業の皆様にも，この場をお借りして，御礼を申し上げたい。

　本書では，リモートワークに関わる問題やその可能性が，多様な論者によって，様々な視点から分析・考察されている。リモートワークが一過性の対応策で終わることなく，日本のビジネス社会を変革していくための方策として定着・発展していくことに，本書での議論が少しでも貢献できればと願っている。

2022 年 7 月　コロナ禍 3 年目の猛暑の中で

髙橋　潔

加藤俊彦

目　次

第Ⅳ部　業務活動と事業活動の構造改革

第V部　コロナ禍における製薬産業の状況

序章
ケースで学ぶリモートワーク
事例からわかったこと・いいたいこと

1. COVID-19 への企業の対応

　2020 年初頭からの新型コロナウイルス感染症（COVID-19）感染拡大によって，企業経営は，例外なく大きな影響を受けてきた。従業員だけでなく消費者や関係者を含めて，企業と社会をとりまく人々の命を脅かす感染症が，長期にわたって世界規模で流行したからである。地震や洪水や山火事などの大きな災害が起きたとき，その地域は深刻な被害を受けるが，その一方で，影響が少ない他の地域からの支援を受けることができる。しかし，COVID-19 感染拡大では，程度の差はあっても，世界のどの地域でも影響を免れることはできなかった。終わりの見えない不安な状況が，長きにわたって続いていることも異例であった。別種のコロナウイルス感染症であるSARS の場合，中国やシンガポールやカナダなど，局所的な流行にとどまった。2002 年 11 月の最初の報告から WHO による終息宣言までの期間は 8 カ月と，比較的短期間で終息を迎えている。それに対して，COVID-19 では，なかなか収束しない。

　企業の立場では，いろいろな意味で未体験ゾーンに突入し，COVID-19 の感染拡大阻止に向けて，3 密——密閉・密集・密接——を避けるという問題に直面した。3 密を避けるために企業が受けた影響は多岐にわたる。対人接触を前提としてサービスを提供してきた業界は，その影響をモロに受けた。居酒屋やレストランなどの飲食業界，鉄道や航空，バスなどの旅客を対象とする運輸業界，ホテルや旅館や旅行会社などの観光業界である。これらの業界では，利益を生み出すそもそもの前提が崩れて青息吐息（桃色吐息で

はない）であり，倒産はなんとか免れたとしても，個人も法人もコロナによって死にそうな目に遭ったといえるだろう。カッパ・クリエイト（かっぱ寿司）やスカイマークや JTB などの有名企業でも，資本金を 1 億円以下に減資し，中小企業化して法人税を抑えるところにまで踏み込んだ。一人前の大人が子供に戻るような奇策で，苦境を乗り越えようとした。COVID-19 によって，それほどまでに追い込まれたわけである。

　職場への出勤を制限しなければならなくなったことは，幅広い企業に影響を与えた。マクロ的に見ると人流を抑制するために，ミクロな視点では職場での対人接触を減らすために，出勤抑制の対策は進められた。製造や物流の現場をはじめとして出勤が前提となる業務では，働き方を大きく変えることは難しかったが，いわゆるオフィスワークではリモートワークが大々的に行われたのである。

　リモートワークが相対的には行いやすいオフィスワークであっても，従来型のオフィスワークからリモートワークに転換するにあたっては，様々な解決すべき課題が存在するようだ。その根本的な問題は，仕事に関わるコミュニケーションのあり方が変わることにある。

　職場への出勤には，交通費とともに，通勤に伴う肉体的・心理的疲労などのコストが従業員に生じる。その一方で，情報通信技術（ICT）やデジタルデバイスを介さずに，直接に対面して指示命令や連絡が取り合えるので，コミュニケーションにかかるコストが低い。その場の雰囲気や以心伝心のコミュニケーションができることが，業務上の大きなメリットであった。同じ職場で顔を合わせて働いていれば，口頭でのやりとりがしやすくなる。上司が部下を直に指導したり，部下が上司に報告したり，わからないことがあれば同僚に聞いたりすることができる。また，口頭のコミュニケーションだけではなく，プリントされた資料をその場で共有できる。

　職場では，業務に直結するフォーマルなコミュニケーションだけではなく，あいさつや雑談やうわさ話といったインフォーマルなコミュニケーションも生じる。「人気のレストランでランチをご一緒に」とか「仕事帰りに居酒屋で一杯」といったように，コミュニケーションの場は社外にも広がる。インフォーマルなコミュニケーションは，業務と結びつき，仕事を効率化したりすることもよくある。それが，根回しや阿吽の呼吸を大切にする日本の組織の強みでもあった。

　インフォーマルなコミュニケーションを通じて，会社や職場に関する重要な情報も流れてくる。同僚や上司がどういう人なのかをよく知る機会でもある。人間関係の機微に触れる情報が非公式的な経路で流れることで，職場をともにする人々との間で仕事以外の関係性も構築され，会社や職場の凝集性やコミットメント，ロイヤルティも高められてきた。

　物理的に同じ職場で働くことによって，他人の動きが見える。だれがいま何をしているのか，職場全体で何が起きているのかが，意識的に話題にのぼらせなくても，見えやすくなる。顧客との間でトラブルが生じているとか，だれかが仕事をサボっているとか，あの課長は部下に対する態度が上司への接し方と違うといったようなことが，報告されなくても，よくも悪くも知られてしまうのである。

　それが突然変わってしまった。リモートワークが実施されることで，まったく新しい働き方が一人ひとりの身に降りかかってきた。コミュニケーションと人間関係が希薄になっても，仕事の成果を確保しなければならない，不慣れで不確かなワークライフが突然訪れたのである。

　対人接触を抑制することは，組織内部だけではなく，外部の人々との間でも影響を与えている。その典型は営業活動である。顧客とコンタクトをとって，相手のニーズを把握しながら商品やサービスを提供するのが営業活動の本質だから，対人接触が制限されると，顧客に対面する営業活動はやりにくくなる。産業財を扱う会社では顧客訪問ができなくなったり，消費財を扱う会社では店舗販売ができなくなったりで，いろいろ困った末に，対面に依らない営業・販売の手段に切り換えたり，不本意ながら休業せざるをえなくなったりした。

　各社は，インターネット販売やオンライン商談をこぞって模索しているが，新しい営業・販売手段を確立しそれに慣れるまでには，相当の苦労がいる。要するに，COVID-19 感染が拡大したために，自社の製品・サービスへの需要が大きく落ち込んだ企業はもちろんのこと，需要に直接的な影響を受けない場合であっても，企業組織の内外でこれまでの業務活動を見直し，迅速かつ的確に対応する必要が出てきたわけである。

　COVID-19 の感染拡大は，事業活動に負の影響ばかりをもたらすわけではない。対人接触の抑制によって，新たな事業機会を生み出した領域もある。ウェブサービスや情報通信技術に対するニーズは，リモートワークに

よって急激に増大している。突然生まれたニーズに目を向けても，よいことばかりとはいえないが，経済が沈滞している中で，新たな需要を生み出したのは間違いない。

コロナ禍への対応は，結果的に既存の業務のあり方を問い直すことにつながった。その典型は，出勤や出張を伴って，当然のように行われてきた対面的な働き方を，見直すきっかけとなったことである。Zoom や Microsoft Teams などのウェブ会議システムは，コロナ禍前からあったが，広く利用されていたわけではない。それが一転，リモートワークが進んで，多くの人々がウェブ会議を半ば強制的に経験することになると，地理的な制約がなくなり，移動のコストが削減されるプラスの面も理解されてきた。通勤や出張を当然のことと考えてきた交通機関には，大きな痛手だったが，経済全体で見れば，交通費の削減と勤務時間の効率化による影響は，プラスに働いている。

COVID-19 感染拡大に伴う対応の中には，今後も継続していくものも少なくない。日本経済新聞社の調査によると，在宅勤務やウェブ会議など新たに導入された働き方を，アフター・コロナでも継続したいと考えている企業は，2021 年秋時点で 8 割にのぼる[1]。職場に出勤したり，出張で現地に出向くといった，これまで自明視されてきた働き方が，COVID-19 をきっかけに問い直され，その一部は，新たな仕事の進め方や働き方として定着する兆しが見られるのである。

『リモートワークを科学する』では，感染拡大が企業の事業活動にもたらした様々な影響を，2 冊の書籍にまとめた。本書では，COVID-19 への具体的な対応を，個別企業の事例を中心に見ていくことを目的にしている。もう 1 冊の『リモートワークを科学する I：調査分析編』では，COVID-19 感染拡大が進んでいた 2020 年に実施された 8 つの調査を定量的に分析している。どちらも，リモートワークの諸相を違った角度から切り取っており，読み応えのあるものに仕上がっている。

リモートワークを中心とするコロナ禍での企業の対応について，具体的な事例を通じて考察した本書の入口となる本章では，各章の概要とそこから引き出された主たる論点を見ていきたい。

1　『日本経済新聞』2021 年 11 月 5 日朝刊，1 面。

2.　各章の概要

　コロナ禍でのリモートワーク対応に関するケース考察は，5部12章から構成されている。まずは各章の概要をまとめておこう。

第Ⅰ部：リモートワークへの移行プロセス

　第Ⅰ部では，どのようにリモートワークに移行し，その環境に適応・利用したのかという点を中心として，個別企業の事例を見ていく。取り上げる事例は，IT（情報技術）関連企業を中心としており，業務の特性から相対的にはリモートワークに転換しやすい状況にある。しかし，IT関連企業であっても，リモートワークによって生じた問題を解決する必要がある。第Ⅰ部の4つの章では，各社がそのような問題にどのように取り組んだのかという点が示されている。COVID-19で起こった新たな状況に受身で対応するだけではなく，その環境を積極的に利用しようとする施策も，事例の中で見られている。

第1章　ヤフー：リモートワークの戦略的活用

　第1章では，インターネットサービス大手のヤフー株式会社の事例を取り上げている。ヤフーでは，COVID-19感染拡大の初期段階である2020年2月から原則在宅勤務となり，2020年10月には，さらに踏み込んで，「オンライン前提企業への移行」を公式に宣言し，全社員を対象として「無制限リモートワーク」を開始している。リモートワークをCOVID-19感染拡大に対する一時的な対応の手段にとどめるのではなく，新たな働き方の手段として，積極的に位置づけている。

　他方で，先端的なIT企業であっても，既存の業務活動をリモートワークに単純に置き換えただけでは，社員間のコミュニケーションに関する問題は解決されない。そこで，上司と部下の間の対話を促す「1on1（ワン・オン・ワン）ミーティング」や，社員向けの動画ニュースや全社員を対象とする朝礼など，全社の状況を積極的に伝える手段を駆使している。また，新入社員に対しては，リモートでのランチ会を会社が補助することで，社内ネットワークの形成を支援している。

　さらに，新たな働き方に対応し，社外の知見を積極的に取り入れるため

に，実験的なオフィスを設けたり，他社の人材を副業として雇用するなど，新たな制度を模索している。

第2章　インテック：ニューノーマルを見据えた働き方改革への挑戦

　第2章では，大手システムインテグレーターである株式会社インテックの事例を取り上げる。同社では，2019年10月から在宅勤務制度を導入していたものの，希望者は社員の約1％となる30人程度にとどまっていた。しかし，COVID-19が広がり始めた2020年2月頃からは，リモートワークへの大規模な転換を検討し，3月には利用者が約500人に急増し，4月から5月の利用者は社員の過半数を超える約2500人となった。この急拡大を受けて，2020年10月には在宅勤務制度を改定している。

　リモートワーク拡大のプロセスでは，業務遂行に必要なITインフラや人事管理制度を整備するとともに，社員のネットワーク環境を拡充するための金銭的支援も行っている。また，ヤフーと同様に「1on1ミーティング」を定期的に行うことを推奨し，リモートワーク下でのコミュニケーションを支援する取り組みも進めている。

　さらに，COVID-19感染拡大によって進んだ状況をより積極的に活用するために，業務の生産性や品質を上げつつ，従業員の生活を豊かにすることを目的として，働き方の改革から一歩踏み込んだ「働きがい改革」に向けた施策を進めている。

第3章　NECネクサソリューションズ：ビフォー・コロナから導入したリモートワークの現在地―見えてきた課題と成果―

　第3章では，NECグループのシステムインテグレーターであるNECネクサソリューションズ株式会社の事例を取り上げる。同社では，2018年時点で在宅勤務制度を導入しており，さらに2020年に予定されていた東京オリンピック・パラリンピック開催に向けて，在宅勤務に関わる問題の検討を先行して進めていた。

　このように，リモートワークへの移行に向けた準備が進んでいたものの，COVID-19感染拡大に伴い，リモートワークの実施率が上昇してくると，解決すべき問題が生じてきた。特に問題となったのは，在宅勤務に伴うITインフラが脆弱だった点と，新人営業職の教育が不十分となった点の2つで

ある。これらの問題には，リモートワークで不要となったオフィス・スペースを削減することで費用を捻出し，インフラと教育の拡充で対応している。

　同社においても，前述のインテックと同様に，この機会を積極的にとらえて，「働きがいの追求」に向けた人事制度改革を進めるとともに，リモートワークでも社員間のコミュニケーションを図る施策を打ち出している。

第4章　セグウェイジャパン：リモートワークに重要なのは社員の自律性

　第4章では，セグウェイ製品の日本国内総代理店であるセグウェイジャパン株式会社の事例を取り上げる。日本ではセグウェイ（電動二輪車）が公道上で走れないことから，同社は車体の販売に加えて，セグウェイツアーの運営などを手がけており，全国での営業と事業の管理を，従来から比較的少ないスタッフで行っていた。また，アメリカのセグウェイ本社との間でも，テレフォンカンファレンスが利用されていた。このような理由から，通勤からリモートワークへと一斉に切り替えた他社のケースとは異なり，セグウェイジャパンでは，COVID-19感染拡大に伴うリモートワークの強化においても，大きな問題は生じていない。その背景には，従来から個々の従業員が自律的に行動していたことがある。

　セグウェイジャパンに大きな影響をもたらしたのは，オフィスからリモートへの転換ではなく，COVID-19感染拡大に伴う需要の変化である。前述の法的規制のために，日本では観光地でのツアーが主力事業であることから，感染拡大によってツアーが中止になることで，深刻な影響が懸念された。同社では，社員の高い自律性を活かして，個々の環境に適した施策を，社員各自が取り組みやすいように，目標設定をボトムアップ型に切り換えた。その結果として，「地元密着型ツアー」の重点的な展開が創発的に生み出され，需要が急減する状況の中でも，危機を克服している。

第Ⅱ部　コロナ禍における企業を横断した状況

　第Ⅱ部では，複数の企業を取り上げた2つの章で，企業や業種を越えて見られる事象や問題を議論している。

第5章　人事担当責任者によるリモートワーク座談会：新たな次元に向けて

　第5章では人事担当責任者の座談会を採録している。参加企業は，インベ

スコ・アセット・マネジメント株式会社（資産運用），カゴメ株式会社（食品），ダイドードリンコ株式会社（食品），株式会社日本 M&A センター（M&A 仲介），日本マクドナルド株式会社（外食），バクスター株式会社（医療機器），日立 Astemo 株式会社（自動車部品）の 7 社である（50 音順）。

　幅広い業種から座談会にご参加いただいたこともあり，企業によって直面した問題や対応策は異なっている。その一方で，業種・企業を超えて共通する事象も見いだせる。その 1 つは，コロナ対応が，それまで常態的に行われていた様々なことを再考する契機となった点である。つまり，コロナ前には大きな疑問を持つこともなく自明視されていたことや，変えなければならないとは思いつつも，先送りされてきたことと正面から向き合い，根本的に考え直すきっかけとなったということである。

　ここでの議論から，コロナ禍での経験を通じて，改めて問い直されることが明らかになる。従来の業務との関係では，①やめるべきこと，②続けるべきこと，③始めるべきことの 3 つに整理できる。やめるべきことは，長時間労働やムダな会議など，多くの日本企業で行われながらも，あまり効果がなかったり，実害が生じている方策である。続けるべきことは，社員間のコミュニケーション促進や，評価の透明性・公正性など，従来の慣行のうち，人々の能力を引き出し，組織としての成果を高めることのできる方策である。コロナ禍を契機に始まったりこれから始めるべきこととしては，リモートワークを前提とする働き方を支援する制度づくりなど，これまであまり重視されてこなかったが，これからの働き方や社会のあり方にとって必要な方策である。

第 6 章　リモートワーク時代の企業における学び・育成のあり方

　第 6 章では，企業における社員の学びや育成プロセスが，コロナ禍をきっかけとして変容する姿が，3 つの論点でまとめられている。

　第 1 の論点は，オンラインによる教育プログラムである。第 6 章では，株式会社デンソーにおける初級管理職向け教育プログラムの事例を通じて，この点について考察している。同社では，2010 年頃から新任担当係長任用時にトレーニングプログラムを実施しており，COVID-19 感染拡大に伴いオンラインに切り換えることにした。ただし，オンラインへの全面的な切り換

えによって、「場の空気感」をはじめとして、対面での研修から失われるものもたくさんあり、研修の効果が低下してしまう懸念があった。そこで、デンソーでは、オンラインでの学習に加えて、フィールドワークと受講者間での相互学習を組み込んだプログラムを新たに開発し、受講者の満足度向上と職場での実践の高さにつなげている。

　第2の論点は、1on1ミーティングである。1on1ミーティングについては、本書で紹介した複数の企業で取り上げられており、リモートワークを成功させる上での1つのカギだといえる。1on1ミーティングを取り入れることの有用性を説くだけではなく、部下のマネジメントにおいてどのように活用すべきなのかという点を、具体的に指摘している。

　第3の論点は、従来の仕事の枠を越えた学びの場である。社内外での兼業を積極的に認めることや、異業種交流型の研修などを通じて、従来の仕事や企業の枠を越えて、新たな知見や視点を獲得することの意義を論じている。

第Ⅲ部　ITを活用した営業・販売方法の革新

　第Ⅲ部では、ITの活用によって営業・販売方法を改革した2つの事例を取り上げる。コロナ禍で対人接触が制限されることで、従来の営業・販売方法は抜本的な見直しを迫られた。「顧客に会って、商談を進める」とか、「店舗で接客する」といった基本ともいえる営業や販売が、突如できなくなったからである。オンラインでの営業・販売方法を確立するにあたって、他社の事例を見て、どのような工夫があるのかを知ることは、多くの示唆を与えてくれるだろう。

第7章　アダストリア：リモートワーク・ニューノーマルへの挑戦

　第7章では、アパレル大手の株式会社アダストリアの事例を取り上げる。アダストリアは、34ブランドを展開するSPA（製造小売業）であり、自社で開発した商品を自社の店舗網で販売している。

　同社は、EC（電子商取引）サイトを中心として、従来からデジタル・トランスフォーメーション（DX）に積極的に取り組んでいたものの、事業の中心は約1300店のリアル店舗での販売であった。COVID-19感染拡大に伴い、2020年4月には全店舗を一斉休業することになり、事業活動に大きな打撃を与えた。このような状況において、店舗スタッフが情報発信ツールと

して利用していたインスタグラムを活用して，独自にオンラインでのプロモーションを展開することで，対応していったのである。

インスタグラムによるプロモーションは，本社主導ではなく，現場のスタッフから自然発生的に生じた。SNS によるプロモーションが販売現場の社員から自発的に開始された理由としては，次の3つの要因が考えられる。①仕事に主体的に取り組んでいること，②ブランドへの愛着，③店舗スタッフがインフルエンサー的な要素を持っていることである。これらの要素は，マルチブランド戦略をとり，各ブランドや店舗が独立的に運営されている同社の戦略に根ざしている。

SNS を使ったプロモーションは，EC サイトの強化につながった。また，コロナ禍への対応をきっかけとして，1on1 ミーティングでの部下へのていねいなフィードバック，目標・状況・成果の「見える化」と定量的な評価など，マネジメント方法の改革も進められている。

第8章　旭化成ホームズ：オンラインを活用した CX の進化─中核的顧客体験に着眼─

第8章では，旭化成ホームズ株式会社の事例を取り上げる。同社は「ヘーベルハウス」のブランドで注文住宅を手がけており，住宅展示場や建築現場でリアルな体験をしてもらうことを営業活動の中心に据えていた。ところが，COVID-19 感染拡大に伴い，対面的な営業活動が困難になるという状況に陥った。そこで，対面でなければできないものとオンラインで代替できるものを洗い出し，住宅展示場への来訪や建築現場の見学といった中核的な顧客体験の場を，対面からオンラインに切り換えるようにしていった。

顧客体験の場をオンラインに切り換えることは，様々なメリットをもたらした。その1つは，より多くの顧客に体験してもらう機会が提供できるようになったことである。また，現場に行く回数が減ったことから，社員の移動時間が削減され，顧客との打ち合わせや設計などの他の業務に充てられる時間が増えることになった。IT ツールを活用することで，営業拠点に戻らなくても業務が進められる工夫も，現場から起きてきた。オンラインを活用した営業方法の転換は成功を収め，習熟途上にある若手社員でも販売力は低下していない。

コロナ禍での営業方法の転換は，業務活動の大幅な見直しにつながった。

それがきっかけとなって，新たな業務活動に適した職種の再配置や，オンラインを前提とする組織知と人材育成が，同社における今後の課題となっている。

第Ⅳ部　業務活動と事業活動の構造改革

　第Ⅳ部では，COVID-19 感染拡大を受けて，リモートワークへの転換を図るだけではなく，新規事業の創出を行って積極的に対応してきた3つの事例を取り上げる。

第9章　コマニー：リモートワーク・マネジメントと新規事業の創出

　第9章では，大手パーティションメーカーであるコマニー株式会社の事例を取り上げる。同社では，コロナ禍以前からリモートワークを導入していたものの，利用率は5%程度にとどまっていたが，COVID-19 感染拡大を契機として，リモートワークへの転換を進めていった。

　コマニーで特徴的なのは，リモートワークをはじめとするコロナ対応を，SDGsと関連づけたことである。2018年4月に「コマニー SDGs 宣言」を行い，その宣言に基づいた「コマニー SDGs メビウスモデル」を策定している。リモートワークを単に導入するのではなく，「ダイバーシティ＆インクルージョン」と関連づけて，「メビウスモデル」として展開し，SDGsで掲げた目標と合わせて対応を進めていった。

　また，パーティションメーカーである同社は，コロナ禍において，個人向けのパーティションやアウトドア・ワークセットをはじめとする新規事業も積極的に進めている。新たな事業展開は，コロナ禍で拡大した需要への対応だけでなく，個人ユーザーへの直接販売の比率を高める機会としても位置づけている。

第10章　BorderLeSS：ボーダレスなサポートのあり方

　第10章では，ベンチャー企業の株式会社 BorderLeSS の事例を取り上げる。同社は，心理学の知見をベースとして，心理コンサルティングやメンタルトレーニングをアスリートなどに提供する事業を展開している。

　同社は，本書で取り上げる他の企業とは異なる特性を2つ持っている。その1つは，代表取締役以外は社員全員が副業を持っており，海外を含めて社

員の居住地が分散していることから，オンラインでのコミュニケーションを前提として運営されていることであり，もう1つは，コロナ禍中の2020年4月に創業したことである。コロナとともに生まれ，コロナとともに育った会社だ。

　コロナ禍での創業は，逆に追い風となった面がある。同社は遠隔心理療法の知見を応用して事業を展開していることから，Zoomなどのウェブ会議システムが社会に浸透したことが，クライアントのハードルを下げることにつながった。また，東京オリンピック・パラリンピックの開催延期は，クライアントであるアスリートにも，大きな不安と心理的な影響をもたらした。そのような状況で，心理サポートやメンタルトレーニング講座を，対面からオンラインに切り換えて，クライアントのニーズに積極的に応えている。

第11章　大手機械機器メーカー：リモートワークと新たなビジネス展開

　第11章では，大手機械機器メーカーの事例を取り上げる。同社では，コロナ禍以前から週1～2回程度のリモートワークを導入しており，感染拡大の初期段階である2020年2月には，リモートワークに完全に移行している。ただし，リモートワークが先行していた同社でも，自宅でのIT環境整備といった問題が生じており，解決策がとられてきた。

　コロナ禍を契機として，新規事業の展開や事業活動の見直しが図られた。その1つが，デジタル・トランスフォーメーション（DX）の進展である。同社では，コロナ前から，顧客側のリアル工場とITを利用した仮想工場を連携させる，いわゆるデジタルツインのサービスを展開していた。このデジタルツインを中心とする新規事業への取り組みは，COVID-19感染拡大に伴い，一気に加速した。

第V部　コロナ禍における製薬産業の状況
第12章　COVID-19感染拡大と製薬産業

　最後となる第V部第12章では，COVID-19感染拡大下における製薬産業の状況を考察する。製薬産業は，ワクチンや治療薬の開発などで，社会的な問題解決に貢献する主体でもある。他方で，COVID-19感染拡大に伴い，MRが医療機関を直接訪問できなくなるなど，他の業種と似た影響も受けている。本章では，コロナ禍において製薬産業で生じた事象について，事業活

動への影響に加えて，ワクチン開発が日本で出遅れた背景などを含めて，総合的に考察している。

3.　自前で発想するリモートワーク

　本書で取り上げた事例の概要からもわかるように，COVID-19 感染拡大への対応は，企業や業種によって様々である。従来からリモートワークに積極的に取り組んできた企業では，コロナ禍での対応は比較的容易だった。一方，リモートワークへの大規模な転換が必要となった企業では，新たに生じた問題に段階的に対応しなければならなかった。また，対面での営業・販売ができなくなった状況で，IT を活用した方法への転換を手探りで進めていった。個別の事例を定性的に考察する本書では，企業ごとの対応の違いが浮かび上がり，定量的な分析とは異なる側面が明らかになる。

　取り上げた各社の事例は，COVID-19 で突如生まれた困難に，悪戦苦闘しながらも，前向きに対応していったという点では共通している。リモートワークでよく問題になるのは，オンラインでの業務活動に耐えられる IT 環境の整備や，指導や教育などを含めて，リモートワークにおける社員間でのコミュニケーションの変化である。いずれの企業においても，在宅勤務手当の新設や 1on1 ミーティングの促進など，コロナ禍以前には採用されていなかった新たな施策を積極的に取り入れて，リモートワークに前向きに取り組んでいる。

　より大切なのは，COVID-19 感染拡大をきっかけとして，従来の業務活動や事業活動を抜本的に見直した点である。強力な感染症が一気に広がり，対人接触をゼロに近くしなければならない状況で，企業やそこで働く社員は，従来の業務活動が持つ意味をゼロから問い直す必要に迫られた。その結果として，対面でこそ得られることや，対面からオンラインに切り替え可能なことは何か，対面での活動で生じるコストや，単に慣習として続いていたことなどが，明らかになっていったのである。

　COVID-19 がワークライフに与えた影響は大きい。コロナ禍が収束した後でも，仕事のあり方は様変わりしてしまったので，すべての業務が元の状況に戻ることはないだろう。もともと不要なのにやめられなかった業務や昔の慣習が，ゾンビのように復活することはない。ウェブ会議に慣れてしまっ

たら，従来あった部門の壁や上下の隔たりや地理的な距離が取り払われ，一息つけるようになったところもあるかもしれない。ただし，企業や業種によって状況はまちまちである。とりわけホスピタリティ関連業界ではなかなか回復が見通せない場合もあるから，安易な結論をひくことはできないが，少なからぬ企業で，業務活動の抜本的でかつ前向きな見直しがなされ，それが定着し，「災い転じて福と成す」（『戦国策』燕策）というケースも生まれてきている。

　故事にならえば，「人間万事塞翁が馬」（『淮南子』人間訓）であり，もう1つおまけに，「禍福は糾える縄のごとし」（『史記』南越伝）でもある。理想の姿を思い描き，欧米のベストプラクティスを学んでみたり，他社のやり方に憧れてマネしたりしても，合わないかもしれない。よいも悪いも裏表であり，森羅万象のものごとを裏腹の見方で複眼的にとらえる陰陽の思想こそが，アジア的だ。

　アメリカ以外には目もくれず，アメリカ一筋に寄り添ってきたわが国でも，いまでは中国経済にしっかりと依存しているし，「一帯一路」構想には違和感を覚えても，わが国がこれからもアジアの一員として生きていくには，中国故事からの知恵を受け入れるのがよいだろう。

　自社の置かれた状況や，自社ならではの特徴を，自らの頭で考えてこそ，ムリなく続けられる対策となる。借りてきたアイデアではなく，自前の発想がいる。自分で考え出してこそ自分たちに合ったリモートワークになるはずだ。

　リモートワークをはじめとして，コロナ禍でスタートした施策が，アフター・コロナでも継続され定着していくためには，課題も残されている。なかでも大切なのは，社員個人の業務や目標を「見える化」し，定量的な評価に基づく仕事の管理と透明性の高い評価の方法を確立するための人事管理手法の変革である。場所と時間を共有することで，曖昧に仕事を進めて評価してきた，いうなれば人物本位で属人的な人事管理の方法は，リモートな時代には合わなくなっている。あんなに苦労して進めてきた対応を一過性のものとせず，今後の事業活動に反映していくためには，何を残し，何をこれから変えなければならないのか，必要な改革を意識していく必要がある。

　次章以降では，研究者，専門家，実務家がそれぞれの立場から個々の事例を考察している。多様な視点に基づく豊かな議論と考察を，各章で具体的に

見ること，また，読者諸氏がそれぞれに感じたヒントと知恵を取り入れて，
自社の改革につなげていただければ幸いである。

第Ⅰ部

リモートワークへの移行プロセス

第 **1** 章
ヤフー
リモートワークの戦略的活用

　本章では，ヤフー株式会社におけるリモートワークの活用状況を中心に紹介する。従来からリモートワークを積極的に推進していた同社は，2020年10月より基本的に全社員がオンラインを前提とした働き方に移行した。同社では，リモートワークの利点をフル活用して生産性向上を果たしているが，人と人とのつながりに起因する課題に対しては，日々改善をし続けている。ここでは，コミュニケーション不足の解消や創造性の担保といった課題に，どのように取り組み，いかなる成果を達成してきたのかを中心として，リモートワーク先進企業としての取り組みを紹介する。

1.　はじめに

　ヤフー株式会社はイーコマース事業，会員サービス事業，インターネット上の広告事業などを主な事業内容としている企業であり，本社は東京都千代田区にある。2020年3月時点で従業員数は6993人であり，2019年3月期の売上は9547億1400万円，税引前利益は1233億7000万円である。2019年10月1日に持株会社体制へ移行し，Zホールディングス株式会社へ商号変更すると同時にYahoo! JAPAN事業である情報・通信事業部門を新設したヤフー株式会社へ吸収分割している。本章では，吸収分割後のヤフー株式会社（以下，ヤフー）における取り組みを対象に取り扱う。

　ヤフーがリモートワークを導入したのは，2012年頃と比較的早い時期である。当時は，スマートフォンが普及し始めた頃であり，より利便性の高い働き方を求めるエンジニアをはじめとした現場の声に応えるためにスタート

した。その後2014年には，連絡がとれることや貸与されているノートパソコンやiPhoneなどを使用することを前提に，月2回オフィス以外の好きな場所で働ける「どこでもオフィス」というリモートワーク制度の運用を開始した。一般的には，育児や介護の必要があるものなどにリモートワークの適用範囲を限定している場合が多いが，ヤフーでは適用対象者や実施目的を限定することなく自由に利用することができる。育児や介護，治療との両立はもとより，通勤時間やラッシュによるストレスの軽減，仕事に集中できる環境の選択など，時間を量・質ともに最大限に活用できる点が支持され，2017年7月より実施回数を月5回に拡充した。当時は全員出社を働き方の基本スタイルとしていたものの，社員の98%がどこでもオフィスを年1回以上実施しており，リモートワークの活用はすでに社内に定着していたといえる。

2.　社員の安全と生産性を両立する新しい働き方の実現
―無制限リモートワーク

　新型コロナウイルス感染症（COVID-19）が拡大していた2020年2月からは，月5回のリモートワーク実施回数制限を撤廃し，原則在宅勤務とした。それに伴い，会社全体の業務スタイルをオンライン前提とし，社内外における会議や採用活動，社内研修などのすべてをオンラインで実施するなど，オンラインを前提とした働き方への移行に取り組んできた。また，2020年4月にはリモートワーク下における社員の心身の健康維持や自宅の労働環境整備を目的に，「働く環境応援資金」として5万円分のPayPayマネーライトを付与し，リモート環境の整備を支援している。

　こうした全社オンライン化への取り組みに際しては，リモートワークに取り組む全社員に対して健康面や生産性などに関するアンケートを定期的に実施し，社員の反応を確認し，アンケート結果を反映させながら取り組みを推進していった。2020年7月には社員の95%が在宅勤務で業務に従事し，92.6%がリモート環境においても生産性への影響がなかった，もしくは向上したと回答したという。

　こうしたオンライン化への取り組みや社内アンケートの結果を受けて，ヤフーは2020年10月1日から「『オンライン前提企業』への移行」を公式的に宣言し，全社員を対象に，時間と場所にとらわれない新しい働き方として

図 1-1「無制限リモートワーク」施策概要（抜粋）

```
＜概要＞
(1) リモートワーク（※1）の回数制限を解除（※2）
(2) フレックスタイム勤務のコアタイムを廃止（※2）
(3) 最大月 7000 円の補助（どこでもオフィス手当 4000 円＋通信費補助 3000 円）（※3）
(4) 通勤定期券代の支給停止（通勤交通費は実費支給）
(5) 副業人材の募集（ヤフー以外で本業に従事する方の受け入れ）

＜対象＞
全国の正社員，契約社員，嘱託社員　全 7104 名

※1：働く場所は自宅の他にも個人の創造性が発揮される場所とし，制限は設けない
※2：(1)(2) については，担当業務により一部社員が対象外となる
※3：従来の通信費補助に新たな補助を足した合計（ただし，現在は通信費補助 5000 円へ変更され最大 9000 円の補
　　助となっている）
```

出所：ヤフーのプレスリリースをもとに筆者作成

「無制限リモートワーク」をスタートした。具体的には，家・オフィス以外にもお気に入りのカフェなどを個人の創造性が発揮される場所として位置づけ，働く場所の制限をなくし，さらにフレックスタイム勤務のコアタイムを廃止している。本制度で，すでに制限がなくなっていた場所と回数に加えて時間の制限がなくなり，一般的なリモートワーク制度に課せられている制限がすべて無制限となった。また，リモートワーク時の就労環境については，リモートワークによる通勤交通費に関するコスト削減分を，どこでもオフィス手当，通信費補助をあわせて最大 9000 円の手当を出す等により，環境の改善を各人が行えるように支援している（図 1-1）。

　無制限リモートワークの導入に際して，川邊健太郎代表取締役社長（当時）は，「我々は『UPDATE JAPAN〜情報技術のチカラで，日本をもっと便利に。』をミッションに掲げ，ユーザーの皆様に，より便利で革新的なサービスを届けることを大事にしています。その為に，個人と組織がこれまで以上に高いパフォーマンスを発揮できる働き方を目指し我々自身，情報技術を駆使して場所や時間の制約を取り払います。」（ヤフー，2020a）とコメントした。その上で，オンライン前提の働き方は生産性の向上のみならず，① COVID-19 感染防止の観点から社員ファーストであり，②子育て・介護の両立の観点から社員と家族の QOL 向上が期待できること，また，サービ

スづくりにおける創造性担保を課題として認識していることについて，メッセージとして発信し，無制限リモートワーク導入に対する企業としての姿勢を明確に打ち出している。

　無制限リモートワークの導入は，社員全員が企業のミッション実現に向けたパフォーマンス最大化のための働き方を自由に選択できる環境を整えたということであり，社員自身がベストパフォーマンスを発揮できる環境を選ぶ上での選択肢の1つとしてのリモートワークであるとの考えが，根底にある。これは，「社員の自立を促していきたい。そのために人事制度もできる限り選択肢を増やす。」（パーソル総合研究所，2021）というヤフーの人材育成に対するポリシーに基づくものであり，このポリシーの存在がこれまでのリモートワーク制度の発展を支え，今回の制度導入を後押ししたといえる。

3.　オンラインにおけるコミュニケーション活性化の取り組み

　ヤフーでは，無制限リモートワーク化によって，すべての業務はオンライン上で完結することとなり，基本的なコミュニケーションもすべてオンライン上で行われることとなった。そこでは，オンライン化によって損なわれるコミュニケーションを補うだけでなく，オンラインだからこそ可能となる付加価値の獲得を目指した取り組みが展開されている。本節では，上司と部下，チーム，会社全体，そして新入社員におけるコミュニケーションへの取り組みについて順に紹介していく。

3-1.　1on1 ミーティング

　ヤフーのリモートワークにおけるコミュニケーションの核となり，力を入れているのが，上司と部下の間で週に一度の実施を奨励している30分の1on1（ワン・オン・ワン）ミーティング（以下，1on1）である。1on1は，人材育成を効果的に行うことを最大の目的として2012年に導入された。上司は部下との1対1の対話の中で，部下の業務の進捗を確認し，問題解決をサポートし，最終的にはその部下の目標達成と成長の支援を行う（本間，2017）。すでに定着している施策ではあるものの，コロナ禍ではマネジメントの核となる1on1の推進に関する指示とその推進方法のトレーニングを，

マネジメント層に対して改めて行っている。

　ヤフーでは，1on1 を，社員の潜在力やポテンシャルを引き出し，部下本人がまだ気づいていないようなことを達成し，情熱を持てる才能に出会うための施策として，1on1 活用に注力してきた。そもそもヤフーが 1on1 に力を入れ始めた背景としては，業界の変化への対応力を強化する目的があった。これまでの IT 業界は 1 人のカリスマ的なリーダーが先頭を切ってメンバーを引っ張ることで成長していったが，業界の成熟化によって大規模で多様なサービスが求められるようになったことで，チームでの成果を重視するようになっていったという。このような業界の変化に対応するための戦略的な施策として，1on1 を定着させてきた。

　こうした側面に加えて，コミュニケーションの総量が少なくなるコロナ禍のリモートワークにおいて，定期的な 1on1 の実施は，「会社や上司が，仕事面だけでなく個人のキャリア構築や身体・メンタルなどの健康面もきちんと見ていますよ」という姿勢を示す場となっている（パーソル総合研究所，2021）。ミーティングは，週 1 回の定期的な上司とのコミュニケーションの確保にとどまらず，現在の業務進捗管理からアフター・コロナも含めた将来に向けてのキャリア展望にまで及ぶことから，リモートワーク下における孤独感や様々な不安感を払拭する機会となっているといえる。

3-2.　チームにおけるコミュニケーション

　ヤフーでは，この 1on1 を中心に，チームごとにコミュニケーション不足を解消する工夫を取り入れている。コロナ禍以前から日常的に使用してきた Zoom や Slack をより活発に活用することで，雑談や仕事の悩みを話す機会を意識的に増やしている。

　また，朝会や夕会など定期的にチームメンバーが顔を合わせる時間を設定し，その中で雑談タイムを設けたり，雑談専用の Slack チャンネルを作るなどの工夫をチームごとに行っている。毎日オンライン上で顔を合わせる時間を設けた上で，チーム内でテキスト上の接点を持つ場を作ることで，チームとしての一体感の醸成を狙う。

　オンライン懇親会の実施も会社として推奨している。オンライン懇親会では，本社の社員食堂の活用という観点も含め，オンライン飲み会に対応した「オンライン懇親会セット」をクール宅急便で送るという取り組みも行って

いる。社内の評判は良く，月に約 3600 食が使われている。仕事をしている場所が異なる分，同じものを食べて懇親をすることが，社員間のつながりを維持することに良い効果をもたらしている。

3-3.　インターナルコミュニケーション室

　インターナルコミュニケーション室は，ヤフー全社員を対象とした朝礼（以下，全社朝礼）などのイベント開催や，社内のイントラネットに掲載される社内広報記事の作成などを行う組織で，コロナ禍以前には 1 年に 1 回社員が一堂に会する大規模イベントや社員とその家族や大切な人をオフィスに招く「ファミリーデー」といったイベントを開催していた。3 密になる対面イベントの実施が難しいコロナ禍においては，全社朝礼やファミリーデーをオンライン開催に移行し，オンラインならではの活かし方を加えている。例えば，全社朝礼では，経営陣から一方向で情報を発信するだけではなく，朝礼中に社員からリアルタイムで募った質問を最後に川邊氏が答えるコーナーを設ける等，双方向性を取り入れるための工夫が行われている。

　また，全社朝礼は経営層による全社視点のメッセージが多くなるため，業務を進めるのに役立つ情報や，リアルであれば同僚や別の部署の人との雑談などで入ってくる情報は共有できていなかった。そこで，2021 年 1 月からのトライアルを経て 4 月から毎週水曜日に社員向け動画ニュース「今週のYahoo! JAPAN」の配信をスタートした。「今週の Yahoo! JAPAN」では，担当者によるサービスの紹介や，社員に知ってほしい IT 業界のニュース，ヤフーのデータ責任者（CDO：chief data officer）がデータについて解説するコーナーなどがある。動画の視聴ログ分析によると早朝やランチタイムでの視聴が多いことから，毎週朝 7 時半の配信としている。また，楽しんで動画を視聴できるように，バラエティ番組のような「60 秒チャレンジ！」の形式を取り入れ，サービス担当者が制限時間内に質問に答えられると，最大 20 秒間のサービス紹介時間を獲得できるといったゲーム要素を取り入れている。多種多様なサービスを有するヤフーにおいて，自分が関わっていないサービスについて知る機会が増えることは新たな事業機会の創出にとっても重要な取り組みだと考えられる。

　その他，インターナルコミュニケーション室では，写真とテキストによる社内広報記事の発信も行う等，様々な媒体での情報発信に取り組み，社員が

自分にあったものを選び，結果として社内におけるコミュニケーションの総量を増やしていくことを目指している。

3-4.　新入社員おともだち獲得ランチ会

　上記に加え，新入社員に対しては別の取り組みも行っている。新入社員は既存の社員のようにもともと会社とのつながりや社員間のつながりができていないために，リモートワークだけではうまくいかない状況も発生する。そのため，ヤフーでは，オフラインでできることとオンラインのほうがより良いことをうまく組み合わせた研修プログラムを開発するほかに，職場では，配属初日だけは全員が出社してリアルで必ず顔を合わせて受け入れることとしている。

　こうした研修や配属部署内での取り組みに加えて，配属部署以外の社内ネットワークの拡大に対しては，「おともだち獲得ランチ会」という取り組みを行っている。まず，新人2名1組が主催者となり，ランチ会のテーマを設定した上で，参加する先輩を募集し，当日のオンラインランチ会を運営する。ランチ会には，社内レストラン特製のスペシャルランチセットがクール宅急便で届けられる仕組みとなっており，費用は会社補助となっている。

　先輩社員にとっては，新人とコミュニケーションしながら無料で昼食が食べられる，というインセンティブも組み込まれており，社内での新たな人的ネットワークを自ら自然な形で広げていくきっかけづくりの1つとなっている。

4.　社会の新常態（ニューノーマル）を見据えた 「オープンイノベーション創出」

　以上で見てきたオンライン上でのコミュニケーションの活性化への取り組みは，基本的には自分の仕事の延長線上に存在するコミュニケーションが主な対象となっている。その一方で，創造性やイノベーション創出に良い影響をもたらすとされる緩やかな結びつきによるコミュニケーションを生み出すことは，リモートワークでは難しい。ヤフーでは，サービスづくりにおける創造性の担保を課題としていることから，リモートワーク下におけるオープンイノベーション創出に向けた様々な取り組みを行っており，この取り組み

の中で複数の新規事業の創出を果たしている。ここでは，リモートワークと関連性の高い新規事業について取り上げる。

4-1.　新しい働き方の場の追求：「実験オフィス」と「オープンコラボレーションスペース」

　ヤフーは，新しい働き方を積極的に探索してきた。その一環として，オンラインを前提とした新しい働き方に対応できるリアルなオフィスのあり方を追求するために，2021 年にヤフーの東京・紀尾井町オフィスに「実験オフィス」を設けている。

　実験オフィスではまず「集中フロア」と「コミュニケーションフロア」に完全に切り分け，その中でさらに「1 人で集中」「みんなで会議やコミュニケーション」などそれぞれ用途や目的に応じたエリアを設置している。リモートワークだけに限定した働き方は自由とは言えないという考え方に基づき，柔軟な働き方を可能にするオフィスという選択肢を創ることで，より充実した働き方ができるのではないかと考え，オフィスだからこそ実現できる環境を模索している。各デスクには QR コードを貼り，読み込むとすぐフィードバックを送信できるようになっており，「オフィスだからこそ実現できる環境」のブラッシュアップを継続している。

　また，オンラインを前提としたオープンコラボレーションのための試みをスタートしている。もともとヤフー社員以外の人材とのイノベーションを創出することを目的に本社内にオープンコラボレーションスペース「LODGE」を運営していたが，COVID-19 の影響で 2020 年 2 月より休館していた。2020 年 10 月の無制限リモートワーク導入に伴い，まずはグループの社員に開放することで，オンラインを前提とした Z ホールディングスグループ全体のイノベーション創出の場として再始動した。その一方で，社外の人材との活動についてもコンセプトを「コラボレーションの拠点を『場所』から『コト』へ」として，主な活動の場をオンラインに移行した上で，様々なパートナーとコラボレーション企画に取り組み始めている。

4-2.　ギグパートナー（副業人材）制度

　さらに，社外の人材を社内に引き入れる新たな試みも行っている。ヤフーでは，自社における無制限リモートワークと並行し，アフター・コロナの新

表 1-1　ギグパートナーの概要（2020 年 10 月末採用開始時点）

ギグパートナーの種類	事業プランアドバイザー	戦略アドバイザー	テクノロジースペシャリスト
テーマ	「ヤフーのこれから」をテーマにグループシナジーをさらに高めるための戦略やこれまでにない新しいメディアサービスの企画の立案を行う。	シン・ニホンをテーマに，withコロナ，ニューノーマルの世界を見据えた上で，日本を元気にするためのインターネットサービスを考える。	卓越した技術力と専門性を駆使して活躍することを期待。
業務内容	COO に対して，コマース，メディア，金融事業の各領域についてのアドバイスを実施。	"ニューノーマルのヤバい未来"について議論する「未来ディスカッション」を開催。2 カ月間でギグパートナー 1 名あたり 3 回の議論に参加。	利用者数約 8000 万人，月間ページビュー数約 780 億を誇る国内最大級のインターネットサービスのアップデートに強くコミット。
採用人数	91 名	10 名	3 名

出所：ヤフーのプレスリリースをもとに筆者作成

しい働き方を見据えた「オープンイノベーションの創出」を目指して，「ギグパートナー（副業人材）」の募集を開始した。このギグパートナーは社内外の人材が自分の興味があるヤフーの事業プランに関わる機会が得られる制度であり，社外人材においては原則として出社を伴わないオンラインでの業務を行う。募集条件として年齢制限はなく在学中の人でもエントリー可能であり，未成年でも保護者の同意があればエントリー可能とされている。実際に，2020 年 10 月末時点で 4500 人以上の応募者から 104 名を採用し，年齢は 10 歳の小学生から 80 歳の高齢者，居住地も東京が 3 分の 2 を占めているものの，残りの 3 分の 1 は 16 の都府県や中国，フランスといった海外から多様な人材が集まっている。多くの人がリモートワークを行える環境におり，さらにヤフー側にリモートワークの体制が整っているからこそ，今回のように多様な人材を集めることができたのだといえる。

　なお，ギグパートナーは事業プランアドバイザー 91 名，戦略アドバイザー 10 名，テクノロジースペシャリスト 3 名で構成されている（表 1-1）。このうち，事業プランアドバイザーに採用された 91 名に事前アンケートをしたところ，回答があった 73 名のうち 57％が「新型コロナウイルスの影響でリモートワークが増えるなど『時間に余裕ができた』」としている。この

ことから，リモートワークは副業に対する地理的な阻害要因を取り除くだけではなく，出勤時間の削減といった非生産的な時間の削減にも効果をもたらし，それにより副業という新たな機会の創出に結びついていることが読み取れる。

　もともとヤフーでは，社員の成長を促すというキャリア育成の観点から社員の副業を推進していた。この制度自体，ヤフーの社内でリモートワークが進み，社内の副業制度利用者が増加する中で生まれたアイデアであり，リモートワークが世の中に普及していくことでいままでよりも副業が行いやすくなる社会に変容していくことを見据えて踏み切ったという背景がある。また，CCO（chief conditioning officer）の湯川高康氏は，雑誌のインタビューにおいて，社内外からの副業募集は「多くの選択肢から自律的に新たな知見・経験を得ることにより，創造性を高めていってもらう」という企業ポリシーに則った考えから生まれたものだと述べている（パーソル総合研究所，2021）。

4-3.　副業マッチングサービス「Yahoo! 副業（ベータ版）」

　このように，ヤフーは自社のリモートワークを推進しながら，社外のリモートワーク推進者との連携を積極的に進めることで，新たな事業機会の創出に取り組んでいる。また，自社でリモートワーク普及の延長線上にある副業を試しながらも，その取り組みを Z ホールディングス全体，さらには社会全体に広げていき，その中で直接的な事業機会の創出を行おうともしている。

　先述のギグパートナー制度と関連深い新規事業として，ヤフーは 2021 年3 月に副業マッチングサービス「Yahoo! 副業（ベータ版）」をリリースしている。3 月 3 日のサービス開始から 11 日で先行登録者数が 5 万人を突破し，2021 年 8 月現在においては 10 万人以上の登録者がいるとしている。そして，その 6 割以上が正社員であり，8 割が 30 代以上である。企業側の登録社数は過去に募集していた企業や Z ホールディングスのグループ企業も含めると，55 社にのぼり，博報堂，パナソニック等の大企業も登録されている。実際に，募集案件一覧を検索すると，全部で 141 件あり，そのうち 94件はフルリモートが条件となっている（表 1-2）。

　興味深いのは，専門職系というカテゴリーのフルリモート案件では歯科医

表 1-2　「Yahoo!副業（ベータ版）」における募集案件の内訳（2021 年 8 月時点）

(件)

	営業系	事務・管理系	企画・マーケティング・管理職系	サービス・販売・接客系	Web・インターネット・ゲーム	クリエイティブ系（メディア・アパレル・デザイン）	専門職系（コンサルタント・士業・金融・不動産）	ITエンジニア系（システム開発・SE・インフラ）	技術系	技能	その他	合計
フルリモート	22	11	35	1	25	8	6	16	1	0	2	94
出社	0	0	0	1	1	1	0	0	0	1	0	3
リモート＋出社	9	7	13	0	6	2	0	16	1	0	0	44
合計	31	18	48	2	32	11	6	32	2	1	2	141

出所：「Yahoo! 副業（ベータ版）」ウェブサイトをもとに筆者作成

師，歯科衛生士，管理栄養士が歯科教育や育児サポートのための IoT 商品の専門家アドバイザー・コンサルタントとして募集されるなど，幅広い範囲での副業募集となっている点である。リモートワークの普及のみならず，スマートフォンの普及によってオンライン上での様々な専門的サービスの提供が可能となったことで，そのサービスそのものがより身近なものになってきている中，リモートワークで行える副業も多種多様になってきていることがうかがえる。

　ここまで見てきたように，ヤフーは，自社のリモートワークの取り組みを，今後の社会変容を見据えた具体的な事業推進にまで，すでに落とし込み始めている。そのプロセスを支えるのは，1on1 を核にチーム単位でコミュニケーションを活発化していく取り組みであり，リモートワークの欠点といわれるコミュニケーション不足を解消する手段として多くの企業でも参考になる。また，チームを越えた組織横断のコミュニケーションを専門組織が積極的に取り組んでいることも，ヤフーがリモートワーク先進組織として新規事業の創出にまで足を踏み込める背景にあると考えられる。

　刻々と変化する状況の中で，会社としてのミッションを常に意識できる状態を保ちつつ，社内におけるコミュニケーションが活性化していくことは，自社内のリソースを組み合わせて新たな取り組みを考案することや，社会のニーズに対して複数のリソースを組み合わせ，新たな価値提供を実現するこ

とにつながる。また，こうした経験が一人ひとりの中で企業の存在意義を認識することにつながっていく。そして，副業人材（ギグパートナー）の募集を社内人材にも適用するとともに，オンライン・オフラインの理想的な組み合わせを可能とする環境を提供することによって，組織の壁を超えたプロジェクトの参画を容易にし，プロジェクトごとの最適な働き方の実現を後押しする。このように，リモートワークを前提としたそれぞれの施策を有機的に結びつけることによって，これまで以上に創造性や生産性が高い働き方を構築することを，ヤフーは目指していると考えられる。

　さらに，ヤフーにおいて特筆すべきなのは，日本における働き方の新常態（ニューノーマル）としての副業を広めるという社会的役割を果たしている点である。国内最大規模となる副業人材制度の導入が他の日本企業に与えた影響は大きく，様々な企業において副業人材登用が本格化している（日経流通新聞，2021）。そして副業人材のマッチングサービスの立ち上げは，日本の労働市場における副業普及に大きな貢献を果たすこととなるだろう。ヤフーにおける社会の新常態を見据えたリモートワークに関する取り組みは，「UPDATE JAPAN～情報技術の力で，日本をもっと便利に。」という企業ミッションの実現に向けて大きな役割を果たしているといえる。

5.　おわりに

　以上，ヤフーにおけるオンライン前提の働き方をベースとした，オープンイノベーション創出に向けた取り組みを紹介してきた。

　ヤフーの事例から見えてきた最も重要な点は，リモートワークの活用を目的化せず，企業のミッション実現を大きな目的としていることにある。トップ自ら社内外に向けて，リモートワークが目的達成のための一手段であることを明確に伝え，その実践に取り組んできた。

　その過程では，社員の意見を反映させながら新たな働き方の制度化に試行錯誤する中で，リモートワークのネガティブな影響を取り除き，ポジティブな効果を引き出す様々な取り組みを社員自らの手で作りあげてきており，社員にとって納得感の高い制度が構築されてきた。これらの取り組みにおいては主にチーム単位での多種多様な試みが自律的に行われてきたにもかかわらず，企業ミッション実現という目的のもとで行われてきたことから個々の取

り組みや人事制度との整合性が高いものとなった。そのため，各々の取り組みや既存制度間での有機的な結合を可能とし，新たな働き方として定着させることができた。以下では，本事例からリモートワークの実践において参考となる5つのポイントを挙げる。

①　企業ミッション実現のための最適な働き方の提供

まず1つ目は，リモートワークをはじめとした企業ミッションを実現するための働き方を複数提供し，社員自身が最適な働き方を選択できるようにしている点である。

企業ミッションに基づき，便利で革新的なサービスを提供するという目的達成のために，社員が最もパフォーマンスを発揮できる環境を複数の選択肢の中から適宜選択することを可能としている。リモートワーク以外にも，新形態のオフィスやオープンコラボレーションスペースなど，リアルな仕事環境を提供することで，職務特性に合わせて環境特性を最大限に活かすことを可能とし，その結果としてパフォーマンスを最大化できるようにしている。また，ヤフーのリモート環境整備のための手当の支給など，最適な働き方選択を支援するための施策も社員のパフォーマンス向上を後押ししている。このような活動内容に合わせて最適な環境を自由に選択できる働き方は，創造性を含めた個人の成果につながると考えられてきている（稲水，2021）。働き方の選択という裁量度が創造性の発揮や新規事業創出に良い影響を与えたといえよう。

②　リモートワーク下におけるコミュニケーション機会の多様化・拡充

2つ目は，リモートワーク下において人材マネジメントの核となるコミュニケーションの場を確立した上で，コミュニケーションの量と質を高めるために様々な形態のコミュニケーション機会を用意している点である。

各職場においては，オンライン上での1on1を中心に上司と社員の間で密なコミュニケーション機会を確保した上で，毎日の朝会・夕会の場でチーム内のコミュニケーションを絶やさないようにしている。こうした取り組みは社員の発言を尊重するものであり，実務における問題解決にとどまらず，人材育成にも大きな役割を果たすものとなっている。さらに，リモートワーク下における不安感や孤独感の払拭や一体感の醸成といった役割も担ってお

り，その役割の重要性はさらに増してきている。このような核となるコミュニケーションへの取り組みは，リモートワーク下において失われたコミュニケーションを取り戻すだけでなく，社員を実務面でも支援し，社員の心理的安全性の土台を築き，最終的には社員の創造性の発揮のための一助となっていると考えられる。

　また，インターナルコミュニケーション室の活動など，オンラインのメリットを活かした社内コミュニケーション活性化施策を活発に展開し，コミュニケーション量と質の担保を図っている。多様なコミュニケーション媒体や手法を取り入れることで従来よりも多くの社員との接点を確保し，オンラインだからこそ実現が可能となるコミュニケーションが，会社の一員であるという意識を高めるとともに，社員自身のコミュニケーションの幅や深さを拡充するきっかけになっていると考えられる。

③　社員の意見を反映したリモートワーク制度の導入・改善

　3つ目は，社員からのフィードバックを重視し，リモートワーク制度の導入や運用時の改善に対して，社員の反応や意見を積極的に取り入れている点である。

　今回の無制限リモートワーク導入においては，複数回にわたる定期的な社員アンケートの結果をもとに意思決定を行った。そして，実験オフィスなどの新たな運用の試みの中でも社員の声を最大限に受け入れ，改善していくことを前提としている。密なコミュニケーションによって心理的安全性を高めた社員はこうした取り組みにおいても積極的に声をあげるようになることから，取り組み間の相乗効果を生み出すサイクルができあがっているといえよう。このように様々な取り組みが有機的につながる中で，リモートワークにおける課題の克服に向けてチーム内で試行錯誤し，その中からより良い取り組みが社内で共有され，社内共通の施策として定着している。まさに現場が会社の制度を構築していく構図ができあがっている。各々の取り組みが1つの目的達成を前提としているからこそ，このような仕組みの実現が可能となっているといえる。

④　目標管理や人材育成との連関

　4つ目として，リモートワークに関する取り組みを目標管理や人材育成と

いった他の人事制度と連関させ，人事制度全体の中でも機能させている点である。

　ヤフーの1on1は社員の人材育成の仕組みそのものであり，リモートワーク下においてはその役割はより高まっている。あわせて，リモートワーク下においては担当業務の目標管理の役割も果たしていると考えられる。また，無制限リモートワーク化によって副業に取り組む社員も増えていることから，副業による人材育成効果も期待できる。

　リモートワークに関する取り組みを単なるコミュニケーション機会の増加としてとらえるのではなく，目標管理や人材育成の機能を組み込むことによって，各制度が相乗効果を発揮し，リモートワークの目的である企業のミッション実現への貢献度合いを高めることができたと考えられる。

⑤　新規事業の創出への展開

　最後に，リモートワークの実践自体を新規事業の創出に結びつけている点である。ヤフーはリモートワークだからこそ実現が可能となる副業という働き方を「UPDATE」する新しいサービスを生み出した。さらに，これらの成果は新規事業の創出にとどまらない。ヤフーの副業マッチングサービスは，日本の労働市場において労働者個人と企業の双方に対して副業という働き方の浸透に大きな影響を及ぼした。このことも，企業ミッションの実現への貢献となる成果であるといえる。

　COVID-19感染防止の観点から，社員の命を守る施策としてリモートワーク活用に踏み切った企業も多いだろう。しかし，何を目的としてどのようにリモートワークを活用すべきかを今一度再考してほしい。ここで取り上げた事例からもわかるように，コロナ禍であるか否かを問わず，リモートワークがポジティブな効果をもたらすことには変わりがない。そのようなポジティブな効果を実現する上では，リモートワークの目的を明確にして，その目的のもとで丁寧に取り組んでいくことが重要となる。

　企業が社員の新たな働き方の選択肢としてリモートワークを確立し，社員自身が企業の目的達成のために最善の環境を自律的に選択することは，生産性の向上や創造性の発揮といった個人と企業のパフォーマンス向上につながっていくだろう。企業の目指す姿に向けて個人の自律的な行動を引き出す

取り組みを，試行錯誤を通じて見いだし，働き方を決定する主導権を社員に
委ねる局面は，もうそこまでやってきているのかもしれない。

謝辞
　本章の作成にあたり，加藤俊彦先生（一橋大学）および島貫智行先生（一橋大学）より
有益なコメントをいただきました。ここに深く感謝いたします。

参考文献
Hirawata, Y.（2021）．「『Yahoo! 副業（ベータ版）』の先行登録受付を開始，5 月に本格稼
　　働へ」『TechCrunch Japan』2021 年 3 月 3 日，https: //jp. techcrunch. com/2021/
　　03/03/yahoo-japan%E2%80%901/（2021 年 8 月 22 日閲覧）.
本間浩輔（2017）．『ヤフーの 1on1　部下を成長させるコミュニケーションの技法』ダイ
　　ヤモンド社.
稲水伸行（2021）．「ハイブリッドな働き方で創造性をいかに高めるか」『DIAMOND ハー
　　バード・ビジネス・レビュー』ダイヤモンド社．2021 年 8 月号，30-40.
LODGE（2021）．「コラボレーションの拠点を『場所』から『コト』へ」『LODGE プロ
　　ジェクトレポート』2021 年 7 月 30 日，https://lodge.yahoo.co.jp/news/20210801.html/
　　（2021 年 8 月 23 日閲覧）.
日経産業新聞（2020）．「95％ テレワーク　ヤフーの挑戦　時間・場所の制約なくし新発
　　想」『日経産業新聞』2020 年 8 月 6 日，19 面.
日経流通新聞（2021）．「副業人材が福を呼ぶ　外部の視点で吹く新風」『日経流通新聞』
　　2021 年 7 月 23 日，1 面.
パーソル総合研究所（2021）．「企業としてのポリシーメイキングの重要性 企業事例 1　ヤ
　　フー株式会社」『HITO REPORT』2021 年 4 月号，14-16.
上阪徹（2021）．「ヤフーが "無限リモートワーク" でもパフォーマンスが落ちなかった理
　　由とは？」『リクナビ NEXT ジャーナル』2021 年 7 月 20 日，https://next.rikunabi.
　　com/journal/20210720_d12_s/（2021 年 8 月 23 日閲覧）.
ヤフー（2020a）．「ヤフー，"無制限リモートワーク" で新しい働き方へ〜副業人材の募集
　　も開始。第一弾は事業プランアドバイザー 100 名など〜」『ヤフー株式会社プレスリ
　　リース』2020 年 7 月 15 日，https://about.yahoo.co.jp/pr/release/2020/07/15a/（2021
　　年 8 月 23 日閲覧）.
ヤフー（2020b）．「Z ホールディングス，本社の一部をグループ会社に開放し，ニュー
　　ノーマルを見据えた多様な働き方に対応〜 第一弾として，オープンコラボレーション
　　スペース『LODGE』をグループ会社社員が利用可能に〜」『ヤフー株式会社プレスリ
　　リース』2020 年 10 月 1 日，https://about.yahoo.co.jp/pr/release/2020/10/01a/（2021
　　年 8 月 23 日閲覧）.
ヤフー（2020c）．「ヤフー，応募者 4,500 人以上から選出された，10 歳から 80 歳までの
　　ギグパートナー 104 名と業務を開始」『ヤフー株式会社プレスリリース』2020 年 10 月
　　28 日，https://about.yahoo.co.jp/pr/release/2020/10/28a/（2021 年 8 月 23 日閲覧）.
ヤフー（2021a）．「会社情報」『ヤフー株式会社ホームページ』，https://about.yahoo.co.

jp/info/company/（2021 年 8 月 22 日閲覧）.

ヤフー（2021b）.「『新しい働き方』に対応できるオフィスとは？　ヤフーの『実験オフィ
　ス』」『ヤフー株式会社コーポレートブログ』2021 年 3 月 25 日，https://about.yahoo.co.
　jp/info/blog/20210325/yjoffice.html/（2021 年 8 月 22 日閲覧）.

ヤフー（2021c）.「コロナ禍のつながり不足を解消したい！　新入社員の『おともだち獲
　得ランチ会』」『ヤフー株式会社コーポレートブログ』2021 年 5 月 28 日，https://about.
　yahoo.co.jp/info/blog/20210528/lunch.html/（2021 年 8 月 23 日閲覧）.

ヤフー（2021d）.『Yahoo!副業（ベータ版）』https://sidejob.yahoo.co.jp/partners/lp/
　（2021 年 8 月 22 日閲覧）.

参照 URL

Z ホールディングスホームページ，https://www.z-holdings.co.jp/（2021 年 8 月 22 日閲
　覧）

第**2**章
インテック
ニューノーマルを見据えた働き方改革への挑戦

本章では，独立系システムインテグレーターである，株式会社インテックの事例を取り上げる。同社では，働き方改革の一環として以前から在宅勤務制度[1]の導入の検討を進めていたが，コロナ禍を契機として導入を一気に推し進めた。その手順と，導入の過程で明らかになった課題と対応策，そしてコロナ禍以降を見据えたさらなる取り組みについて，同社への取材および公開情報をもとに紹介する。

1．会社概要

株式会社インテック（以下，インテック）は，TIS インテックグループ（TIS 株式会社）傘下の独立系システムインテグレーター（SI 企業）である。主たる事業は，システム・インテグレーションのほか，ICT コンサルティング，ソフトウェア開発，ネットワークサービス，アウトソーシングサービスで，売上高約 1100 億円（2021 年 3 月期），社員 3767 名（2021 年 6 月 1 日現在）と，SI 企業の中では大手に属する。

同社は 1964 年，北陸地方で漁業に従事する人々が年明け初めて舟を出す「起舟の日」の 1 月 11 日に「株式会社富山計算センター」として設立された。当時，コンピュータはきわめて高価であったため，企業や地方自治体が自力でコンピュータを保有して運用することは現実的ではなかった。そのた

1　インテックの制度としての正式名称である在宅勤務制度を指す場合は，「リモートワーク」という語句ではなく「在宅勤務」で表現している。

写真 2-1　富山市にあるインテック本社ビル・タワー 111（トリプルワン）

出所：インテック提供

め，地元の企業・自治体が共同出資し，受託計算を担う計算センターが各地
で設立されたが，富山計算センターもその中の1つであった。同社が目指し
たのは，世界最初のコンピュータ ENIAC を設計したエッカート氏が 1964
年の訪日時に提唱した，「いつでも，どこでも，誰もが」自由にコンピュー
タの恩恵を受けられるという「コンピュータ・ユーティリティ」の実現で
あった。そのため，1966 年の新潟事業所の開設を皮切りに，1967 年東京事
業所，1968 年名古屋事務所と，次々と全国に事業所を開設していった。
1970 年 10 月 1 日には，情報産業の中核企業として将来の飛躍を期すべく，
社名を「株式会社富山計算センター」から「株式会社インテック」に変更し
た。2019 年には創立 55 周年を迎え，2021 年 7 月現在，東京，横浜，名古
屋，大阪など国内 21 カ所，海外はベトナムのホーチミン，アメリカのシリ
コンバレーに事業拠点を有している。
　同社にとっての大きな転換点は，2008 年，長らく競合企業であった TIS
株式会社（以下，TIS）との経営統合により，共同で純粋持株会社の IT

ホールディングス株式会社（現 TIS 株式会社）を設立したことであろう。インテックと TIS は，合併せず事業会社として並存したまま，IT ホールディングスの傘下に入った。2008 年 3 月期の売上高は，インテック 1250 億円，TIS 2000 億円で，統合時グループ合計で 3250 億円であった。当時の SI 業界は売上高でみると，NTT データが 1 兆円でトップ，日本ユニシスや野村総研らが 3000 億円台でそれに続いていたが，ここに IT ホールディングスが食い込むこととなった。当時 IT 業界の企業再編が進む中，売上高 3000 億円が，大規模開発の受注に耐え，他社による買収を避けることができる目安と言われていた[2]。

　インテック自身の売上高は，ここ数年 1100 億円台を維持しており，景気にあまり左右されることなく安定した状況にある。2021 年には東京本社が東陽町にあった自社ビルを離れ，本社機能は西新宿，業務機能は江東区豊洲に移転した。これによって東京地区の事業所は，TIS と同じ場所に集約されることとなった。なお，名古屋以西の中心拠点である大阪の事業所も同年，北区豊崎の自社ビルを売却し，中央区の堺筋本町へ移転した。

　今回，常務執行役員人事本部長の宮下毅氏と，人事本部働き方改革推進室長の増田忍氏から，同社のリモートワークの取り組みについて話を聞くことができた（2021 年 7 月 12 日インタビュー実施）。宮下氏は 1988 年インテック入社，ニューヨーク駐在員事務所長，INTEC LG CNS プリンシパルコンサルタント，執行役員経営管理部長等を経て 2020 年より現職，人事戦略，人材育成全般に関わる責任者である。増田忍氏は 1986 年入社，西日本地区本部業務部長，東京業務部長，業務管理本部長等を経て 2019 年より現職，同社における働き方改革の推進責任者である。

2.　リモートワーク移行の過程

　インテックは COVID-19 拡大の少し前，2019 年 10 月から在宅勤務制度を導入し，リモートワークへの移行を模索し始めていた。当時はパイロット的な運用であったこともあり，子育て，介護等の理由で在宅勤務を希望した

2　IT ホールディングスは 2016 年 7 月 1 日，TIS を吸収し社名も TIS へと変更，事業持株会社へと移行した。結果インテックは TIS の子会社となったが，TIS インテックグループとして，両社でグループ経営を行っている。

社員は 30 名ほどで，3500 名を超える社員を擁している同社の規模から考えると，この制度はほとんど利用されていないに等しかった。理由は，在宅勤務を認める基準が厳しかったことにある。自宅に書斎等の業務に集中できる個室があることが条件で，事前に在宅勤務の計画書を提出し，管理者の承認を得る必要があった。しかし，例えば子どもが急に熱を出すなどの不測の事態は，在宅勤務制度の対象にならないので，積極的に利用しようと考える社員がほとんど出なかったのである。

　2020 年 2 月，COVID-19 感染拡大が，大きな経営リスクになる可能性を有すると社内で認識され始めた。これを受けて，BCP（Business Continuity Plan：事業継続計画）の観点から急遽対応が必要と判断し，対応策の検討が開始された。3 月にはタレントの志村けん氏が COVID-19 による肺炎で亡くなったことが世間に大きなインパクトを与えたが，その後，重症者，死亡者が増え続け，COVID-19 のリスクが想像以上に大きいことが判明し，在宅勤務制度の本格適用を急ぐこととなった。従来の適用基準を改定せずに暫定的な運用基準を設けて，3 月から即座にリモートワークの実施を推進した。この結果，一気に約 500 名の社員が在宅勤務制度を利用するに至った。

　SI 業界に従事する多くの技術者は，プロジェクト形式で仕事をすることが多い。いつだれがどのような勤務形態をとるかは，それぞれのプロジェクト内で適切に調整がなされる。そのため全社的な共通の適用基準は設けず，在宅勤務の申請があれば原則認めることとした。午前中は出社，午後は在宅勤務など，いつ，どこで働くかも自由に選択でき，いわゆる「中抜け」（7 時から 22 時の間で所定労働時間勤務すれば，途中で私事による勤務の中断をすること）も認めることにした。この結果，在宅勤務制度を利用したことのある社員は 2020 年 4 月から 5 月の期間に約 2500 名へと一挙に増えた。7 月には在宅勤務制度の利用に関する全社アンケートを実施し，その結果を踏まえて，2020 年 10 月 1 日付けで在宅勤務制度を正式に改定した。

　2021 年 7 月時点におけるおおよその数字であるが，同社の在宅勤務制度利用率は全社で約 40% となっている。地域によってばらつきがあり，東京本社を中心とする首都圏で 60% 弱，名古屋以西の拠点である大阪地区は 40% 弱，本社のある富山では 10〜15% ぐらいで，札幌，仙台も富山とほぼ同じ割合となっている。顧客企業の事業所に出向いて業務を遂行する社員が多いため，在宅で勤務できるかどうかは顧客の意向に大きく左右される。大

都市圏では顧客の側から在宅を指示されるケースが多いが，COVID-19 の感染拡大が都市部ほど深刻ではない地方になると，従来通り顧客の事業所における業務を要求されることが多いからである。

　企業によっては社員の３割までしか出社を認めないなど，厳密な出社制限をしている場合もあるが，インテックは，出社制限の目標値を決めた全社一律の出社管理は行っていない。COVID-19 の感染拡大防止措置が適切にとられていることを前提に，現場の判断に任せているのである。

3.　リモートワーク運用上の課題と対応策

　リモートワークの運用に際して，様々な課題への対応が必要となった。ここではいくつかの視点に分けて問題点と対応策について説明する。

①　環境面

　リモートワークを普及させる上で，最も大きな問題は，パソコン，ネットワーク環境などのインフラ整備であった。同社の場合，VPN（Virtual Private Network：インターネットを用いた通信を，暗号技術により仮想的に専用回線として使うことができる技術）とシンクライアント（thin client：ハードディスク等の記憶媒体を持たず，ネットワークに接続している間のみ使用できる端末）を使って，社外から社内のネットワークに入る仕組みは以前から構築されていた。しかし，利用は一部の社員に限られていたため，全社的にリモートワークを拡大するとなると，これらの仕組みの拡張が必須である。

　社外から社内へのアクセスが大幅に増えることになるため，ネットワーク回線を増強し，VPN のワンタイムパスワードを表示するハードウェアのトークンが不足することから，代替案としてソフトウェアトークンを導入した。シンクライアントも拡充したが，予算には限度があるため，Splashtop のような安価な対応製品を導入した。それにより，FAT クライアント（シンクライアントに対する用語で，一般のパソコンなど，内部に記憶媒体を持ち汎用的な用途に使える端末）でも安全に通信できる仕組の構築が可能となり，社員の個人所有のパソコンの業務使用も認めることにした。

　一方で，自宅のネットワーク環境がよくない，あるいは自宅にリモート

ワークのための個室がないなどの理由でリモートワークが難しい社員に対して，駅前にサテライトオフィスを設置するなどの環境整備は，行っていない。代わりに月 5000 円の在宅勤務手当を支給し，自己責任で対応することとしている。

　2021 年に東京本社の業務機能を移転した豊洲の事業所，堺筋本町に移転した大阪の事業所は，バラエティ豊かな執務席，リモート会議用のスペースなど，効率よく仕事ができる設計となっている。リモートワークの環境が整っている，いないにかかわらず，社員は，在宅勤務と事業所での勤務を自由に選択でき，リモートワークの環境面はさほど問題にはなっていない。

②　勤怠管理

　パソコンやネットワークのアクセスログで勤務時間を確認できるようになってはいるが，ビジネスチャットやメールを活用して，原則社員の自己申告（上長承認は必要）に基づいた勤怠管理を行っている。理由は，そもそも客先で業務を遂行する社員は，勤務中常時社内のネットワークにアクセスしているわけではないので，アクセスログで機械的に勤務実態を把握することが難しいからである。2021 年 4 月にフレックス制を導入して以降は，予め登録された勤務時間と，勤務終了後に申告された勤務時間とを対比して勤務実態が把握されることになっている。

③　人事評価

　在宅勤務か，事業所に出社しての勤務かといった勤務場所によって評価に差をつけない，という方針を徹底している。2020 年 7 月に在宅勤務に関するアンケートを全社員に実施した際，人事評価について，評価をする上司の立場の社員からは，在宅勤務での成果をどこまで正当に評価できるかが不安，評価を受ける部下の立場の社員からは，在宅勤務では正当な評価を受けられないのではないか，という心配の声が上がっていた。しかし，インテックは目標管理制度を導入しており，上司と部下の直接面談によって期首に目標を設定し，期末にはそれに対する実績を確認して，お互いの合意のもとに評価を確定する。そのため，アンケート実施後これまでに 2 回（2020 年 9 月，2021 年 3 月）人事評価が実施されたが，心配したほど評価に関する問題は出ていない。

④　社員のメンタル面のフォロー

　対面によるコミュニケーションの機会が少なくなって，精神面の不調を訴える社員が以前より増えた。特に新入社員を含む若年層は勤続年数が短く，先輩社員や上司と良好な関係を十分に築くことができていないため，対面であっても気軽には相談しにくい。それでも出社して，上司・同僚と一緒に仕事をしていれば，機会を見つけて相談することが可能で，上司・先輩社員も，若年社員の様子を見ながら適宜声をかけることができる。しかし，在宅勤務ではそれが難しい。在宅勤務の条件を緩和し，在宅勤務制度を利用する社員が急増した頃，人と直接対面して仕事をすることが苦手な社員にとっては，リモートワークのほうが他人に気を遣わず仕事に集中できてよいという報告が上がっていた。しかし，在宅勤務の期間が長くなると，逆に孤独感，閉塞感から仕事に支障をきたすというデメリットが目立つようになったのである。

　その対策として，指導社員は自分が担当する新入社員に対して声をかける時間を毎朝作るなど，先輩社員と新入社員のコミュニケーションの機会を設けるようにしている。また一部の部所[3]では，新入社員も含めた部所の全社員を対象として，1on1ミーティング（上司と部下との1対1の面談）が，定期的に実施されており，それを全社に広めようとしている。

　以上，リモートワーク運用の課題について4項目を取り上げ，問題と対応策を説明した。在宅勤務制度の運用に大きな支障は出ていないようである。

4.　これからの働き方
ニューノーマルを見据えて

4-1.　働き方改革

　インテックでは，COVID-19以前から働き方改革を推進してきたが，COVID-19収束後の，在宅勤務が当たり前になる，いわゆるニューノーマ

3　「部署」が日本語として正しいと言われているが，同社では「部所」が正式名称として使われている。筆者の推測にすぎないが，設立当初から次々と全国へ展開していった経緯から，役割を意味する「署」よりも，事業展開した場所を意味する「所」を用いたほうが実態として合っているからではないかと考えられる。

図 2-1　インテックにおける働きがいステージの変遷

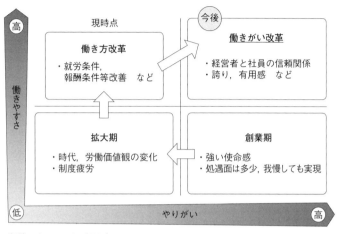

出所：インテック（2020）p. 11

ルに適した働き方を模索して，2020 年 5 月頃から，本格的に働き方改革の検討を始めた。

　図 2-1 は，1964 年の創業期からコロナ収束後の将来に及ぶ，社員の働きやすさとやりがいのステージの変遷を示している。

　コンピュータ・ユーティリティの実現を目指して全国展開を始めた創業期（1964〜1967 年）は，社員の強い使命感を背景として，処遇や環境面での働きやすさは低くてもやりがいは高かった。続く拡大期（1968〜2000 年）には，海外に事業所を展開し，売上高 1000 億円を達成したが，ワークライフバランスを重視する労働価値観の変化とそれに伴う制度疲労により，働きやすさは低いままやりがいも低下した。それ以降現在に至る安定期には，待遇改善を含む人事制度の見直しが始まり，2019 年 4 月の働き方改革関連法施行に合わせて，人事本部内に「働き方改革推進室」が設置され，本格的に働き方改革を目指すこととなった。今後は，高い働きやすさとやりがいを両立する「働きがい改革」への移行を目指しているという。

　図 2-2 は，インテックの働き方改革の目指す姿を表したものである。コンセプトは，「事業所勤務，時間志向の働き方」から，「場所，時間にとらわれず社員の高い自律性をベースに高い生産性，品質を実現するワークスタイル

図2-2　新しい働き方への変革について：目指す姿

コンセプト

場所，時間にとらわれず社員の高い自律性をベースに高い生産性，品質を実現するワークスタイルへ変革

事業所勤務，
時間志向の働き方　から

➡

場所，時間にとらわれず
社員の高い自律性をベースに
高い生産性，品質を実現する働き方　へ

ねらい

企業価値向上と従業員の生活の豊かさの両立を実現する。

企業価値の向上

- 生産性，品質向上
- 業務効率向上
- 労働時間削減
- 新サービス，新商品
  企画，創造力向上

生活の充実による
パフォーマンスの向上

Work　Life

短い時間で成果を出すことにより
生活を充実させる時間の拡大

従業員の生活の豊かさ

- 心身の健康
  （通勤からの解放等）
- 自己研鑽時間の確保
- プライベート（地域
  活動，趣味等）の充実

出所：インテック提供

図2-3　新しい働き方への変革について：4つの変革ポイント

　ねらいを実現するために①制度面・仕組み面・環境面の変革，②仕事のやり方の変革，③人材育成・評価・健康管理面の変革，④組織風土面の変革を実施していく。

企業価値向上と従業員の生活の豊かさの両立を実現する。

ポイント1	ポイント2	ポイント3	ポイント4
制度面・仕組み面・環境面の変革	仕事のやり方の変革	人材育成・評価・健康管理面の変革	組織風土面の変革

出所：インテック提供

へ変革」することである。これにより，企業価値の向上と従業員の生活の豊かさの両立を実現することが狙いとなっている。

　図 2-3 にその実現のための 4 つのポイントが示されている。①制度面・仕組み面・環境面の変革，②仕事のやり方の変革，③人材育成・評価・健康管理面の変革，④組織風土面の変革，である。

①　制度面・仕組み面・環境面の変革

　制度面では，2020 年 10 月に在宅勤務制度の規定を改定し，在宅勤務手当を新たに支給するなど利用しやすい制度へ変更した。仕組み面では，在宅勤務の申請にあたり，在宅での作業計画を細かく記載して上司に承認をもらう必要がなくなり，自律的な働き方で在宅勤務ができるようにした。環境面は，インフラ（VPN，シンクライアント，ネットワークの増強，Splashtop の導入など）の環境整備のことを指す。

②　仕事のやり方の変革

　エンジニア職（技術職），セールス職（営業職），コーポレート職（事務職），それぞれの職種に応じた在宅勤務に適した働き方を模索している。例えばエンジニア職の場合，在宅勤務に適したプロジェクトの進め方や，会議の運営方法を検討し，プロジェクト推進ガイド，生産性向上のための仕事の進め方ガイドなどを整備した。

　セールス職の場合，直接顧客を訪問する対面営業では，雑談から入って商談へとつなげていくのがオーソドックスな流れとなるが，オンラインでは，事前の段取りと，適切なファシリテートがないと，商談を成立させることが難しい。そのため，従来型のプッシュ型営業から，ウェビナーを開催して顧客のほうから参加してもらうプル型営業にシフトした。また顧客とのオンラインの打ち合わせでは，課題抽出するやり方に慣れておらず，とまどうことが多いため，それに適したやり方を現場では模索している。

　コーポレート職の場合は，押印や紙を用いたやりとりを廃止し，DX（デジタルトランスフォーメーション[4]）を取り入れた新しい業務方法を採用し

4　経済産業省が 2018 年にまとめた，デジタルトランスフォーメーションを推進するためのガイドライン（DX 推進ガイドライン）によれば，DX は「企業がビジネス環境の激しい変化に対応し，データとデジタル技術を活用して，顧客や社会のニーズを基に，製品やサービス，ビジネス

ている。

　今後のさらなる業務方法の変革として，職種に関係なくデジタルプレイステクノロジー（働く場所にかかわらず，どこにいても事業所で勤務しているかのような職場環境を実現するための情報通信技術）を用いたバーチャルオフィス導入を検討している。ツールの選定や試行はこれから進めていくことになるが，より生産性と品質が高まるのではないかという期待がある。

③　人材育成・評価・健康管理面の変革

　人材育成では，デジタルツールを活用したオンライン研修とOJTと連動したブレンド研修を実施している。各部門，プロジェクト，チーム等で，メンターによるオンラインコーチング，1on1ミーティングの機会を増やしている。評価では，個々のタスクを記述して見える化し，成果を重視して評価していくという方向に変革していく。健康管理面では，在宅勤務中の健康管理のための情報発信や，職場における「雑談」の推奨などに取り組んでいく。

④　組織風土面の変革

　インテックのよき組織風土である連帯感を醸成するための工夫である。コロナ禍以前であれば，年に一度，本社のある富山で野球，ソフトボール，サッカーなどの全社スポーツ大会を実施していたが，今はそれができない状況である。代わりに計和会（社員の親睦や相互扶助等の促進を目的とした社内団体）が中心となって，2020年10月に全社eスポーツ大会を開催した。さらにはコロナ禍以降，リモートワーク化が進んだことにより，従来実施されてこなかった全社的なオンライン会議が開催されるようになった。先輩社員が様々な分野の講師として後輩社員に仕事上必要な技術や知識を教えるオンライン勉強会，各部所の取り組みを共有するための全社的なオンライン説明会が増え，連帯感の促進につながっている。

モデルを変革するとともに，業務そのものや，組織，プロセス，企業文化・風土を変革し，競争上の優位性を確立すること。」と定義されている。

4-2. 「働き方改革」から「働きがい改革」へ

　働き方改革の次のステージは，働きがい改革である（図 2-1）。これについては，①経営層と社員がビジョンを共有すること，②社員が自分の仕事に対する誇りを持つようにすること，③自律的な働き方の実現，という 3 点の重点改善ポイントが設けられている。①経営層と社員がビジョンを共有することについては，社員と経営層の距離感を埋めることを目的として，社長の人となりを発信する社長ブログが開設され，若手社員と経営層とのオンライン交流会などが企画された。②社員が自分の仕事に対する誇りを持つようにすることについては，「オープンジョブポスティングシステム」という社内公募制度を導入し，社員が自分のキャリアを自分で作る機会を与えたり，社員が何らかの成果を出した場合には，社内のポータルサイトのブログを使ってその成果を公表できるようにした。また，半期ごとにチャットルームを活用し，ありがとうや感謝のメッセージを募集，社員投票で「いいね」の多かったエピソードを表彰し，公開する活動を実施している。③自律的な働き方の実現については，場所と時間にとらわれない働き方以外の具体的な施策はまだ考えられていないが，社員が自分で仕事を組み立てて高い生産性と品質を実現するセルフマネジメント力を高めるための制度の導入を検討している。

5.　まとめ

　取材を進める中で筆者が感じたのは，IT 企業特有とも言える，柔軟な発想と対応力である。取材の冒頭，在宅勤務制度が 2019 年 10 月に始まったと聞いた時は，世の中の流れから考えると少し遅すぎるのではないか，と正直感じた。制度開始当初の適用条件はかなり厳しく，まるで制度の利用を拒んでいるかのようであった。しかし COVID-19 の感染拡大が本格的になってからのインテックの動きは迅速果敢であった。在宅勤務の正式な制度改定を待たずに，運用上の工夫で申請があれば原則承認するようにした。一般に，本社機能の 1 つである人事部（インテックでは人事本部）は，各部所に対してかなりの強い権限を持ち，全社一律のルールを適用することが可能である。しかし同社の場合は，顧客企業の意向に仕事のやり方を左右されることが多く，一律に本社サイドで働き方を統一することができないという事情も

あり，現場を信頼して社員に勤務形態の選択を任せた。同社の人事本部は，そのための制度を整えたり，インフラなどの環境整備の支援を行ったりした。

　今回の取材からは，COVID-19 の対応に振り回されるのではなく，その先のニューノーマルを見据えた働き方改革に積極的に取り組む，柔軟で前向きな姿勢，どこか余裕のある空気を感じた。それは，自然豊かな富山を発祥の地とする同社固有の企業風土に由来するのであろう。本稿を執筆している2021 年 7 月の時点で，東京は四度目の緊急事態宣言の発出，関西地域も感染者数が増加に転じている。COVID-19 の収束が 1 年後なのか 2 年後なのか，まだ先は見えない。COVID-19 の収束の先に，同社がどのような新しい仕事のやり方を推進しているのか，注視したい。

参考文献
インテック（2008）.「特集　IT ホールディングス誕生」『INTERLINK』*5.*
インテック（2017）.『50 年のあゆみ』㈱インテック.
インテック（2020）.「2020 年，インテックの新しい働き方改革が始動」『Intec Today』*9,* pp.8-11.
インテック（2021a）.「15 年のあゆみ」㈱インテック，https://www.intec.co.jp/company/history/contents/all_p.pdf（2021 年 7 月 13 日閲覧）.
インテック（2021b）.「50 年のあゆみ」㈱インテック，https://www.intec.co.jp/50th/history/（2021 年 7 月 13 日閲覧）.
経済産業省（2018）.「デジタルトランスフォーメーションを推進するためのガイドライン（DX 推進ガイドライン）」経済産業省，https://www.meti.go.jp/press/2018/12/20181212004/20181212004-1.pdf（2021 年 7 月 25 日閲覧）.

参照 URL
株式会社インテックホームページ　https://www.intec.co.jp/ （2021 年 7 月 13 日閲覧）
TIS 株式会社ホームページ　https://www.tis.co.jp/（2021 年 7 月 17 日閲覧）

第3章
NEC ネクサソリューションズ
ビフォー・コロナから導入したリモートワークの現在地─見えてきた課題と成果─

　本章では，日本電気株式会社グループ（NEC グループ）において，東名阪地域の中堅の顧客を担当する会社としてシステムインテグレーション，アウトソーシング，ASP サービス，ソフトウェア設計・開発・販売・保守などを行う NEC ネクサソリューションズ株式会社のリモートワーク事例を紹介する。

1.　会社概要

　NEC ネクサソリューションズ株式会社は，1974 年に日本電気株式会社情報処理データセンター本部から分離独立して設立された日本電気情報サービス株式会社を母体としており，2001 年に日本電気ビジネスシステム株式会社と NEC テクノサービス株式会社を合併し，また日本電気オフィスシステム株式会社と日本電気コンピュータシステム株式会社から一部営業譲渡を受けて，商号を NEC ネクサソリューションズ株式会社に変更した企業である。NEC グループの一角として，売上高は 684 億円（2020 年度），社員 1950 名（2021 年 7 月時点）である。

　今回の事例研究にあたって，同社人事総務本部長藤田典広氏からインタビュー調査へのご協力を頂いた。

2.　ビフォー・コロナからのリモートワーク導入

　NEC ネクサソリューションズでは，2018 年公布（2019 年施行）の「働き方改革を推進するための関係法律の整備に関する法律（働き方改革関連法）」を踏まえて，2018 年から社内に「働き方改革タスクフォース」を立ち上げ，営業部門，システム開発部門，スタッフ部門を巻き込んで自社の働き方改革に取り組んできた。2018 年時点ですでに在宅勤務を推進し，その利用状況を部門ごとに定点観測してきた。

　2019 年より当タスクフォースを「働き方改革委員会」へと格上げし，役員が委員長に就任して経営陣も含めて意思決定する体制を整えた。働き方改革委員会の構成を図 3-1 に示した。新型コロナウイルス感染症（COVID-19）が流行する前の段階ですでに全社的なリモートワークを進めていたのである。

　例えば，図 3-1 内の「ワークスタイル」の観点では，柔軟な働き方を目指してフレックスタイム制度を活用した。「ワークプレイス」の観点では，リモートワークを疎外する要因の分析と対応策を検討して全社員の在宅勤務環境整備を進めた。「オフィス」の観点では，リモートワークを前提としたオフィスを構築し，ペーパーレス化などを推進した。「コミュニケーション活性化」の観点では，社員エンゲージメント向上の基盤となる組織風土を醸成するためにエンゲージメントサーベイ結果から組織課題を洗い出して改善のための PDCA サイクルを回した。

　同社ではさらに，2020 年に予定されていた東京オリンピック・パラリンピックも見据えていた。東京都などで発足された「2020TDM 推進プロジェクト」（TDM：交通需要マネジメント）を受けて，同社はテレワークデイズ期間中のオフィス出勤率の目標を掲げ，その実行のための課題をすでに洗い出していた。

　藤田人事総務本部長

　　「これらのように，当社では新型コロナウイルス感染拡大前の段階から既に在宅勤務によるリモートワークをかなり進めていました。」

　先んじて在宅勤務を進めていただけに，COVID-19 感染拡大に伴うリ

図 3-1　働き方改革委員会による全社的取り組み

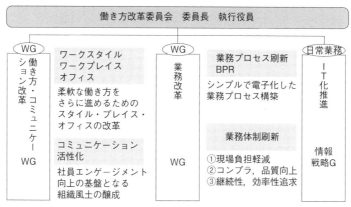

出所：NEC ネクサソリューションズ提供資料

モートワークへの移行も円滑に進んだ部分が
多かったという。「しかし，……」と続けて
藤田本部長は言う。

写真 3-1　藤田人事総務本部長

　藤田人事総務本部長
　　「しかし，問題にも直面しました。現場
　　からリモートワークへの要望がいろいろ
　　と出されて，それに応えることに相当苦
　　労しました。」

　これだけビフォー・コロナの段階で全社的
なリモートワークを推進していたにもかかわ
らず，問題に直面して解決に苦労されたのだ

出所：NEC ネクサソリューショ
　　　ンズ提供

という。はたしてその問題とはどのようなものだったのか。そして問題をど
のように解決していったのだろうか。
　本章では，COVID-19 感染拡大前から全社的リモートワークを推進して
いた先進的企業がどのような問題に直面し，どのように解決を試みてきたか

を紹介する。COVID-19 感染拡大によって初めてリモートワークを推進した企業にとっては，先駆者が何に悩み，どう解決してきたのかの道標を知ることになるだろう。そのような企業にとっては，現在直面している問題を解決した後に次の問題として何が見えるのかの示唆も本事例研究から得られるであろう。

3.　コロナ禍のリモートワーク本格導入で見えた問題

　同社の全社員約 1950 名は，システムエンジニア（SE）職が約 1000 名，営業職が約 750 名，スタッフ部門が約 200 名により構成されている。

　かなり前から推進していたリモートワークであったが，COVID-19 感染拡大後にはさらに大規模なリモートワーク化が一気に進んだ。そこで直面した問題のうち，以下の 2 つの問題が特に大きかったと藤田本部長は言う（図3-2）。

　第 1 の問題は，社員の約半数である SE 職から生じた。

　SE 職はプロジェクトを単位として働くことが多い。業務や専門性がシステム設計・開発，運用・保守などの工程に分かれているため，個々人へのタスクの割り振りや進捗管理がもともとしやすい。よって，COVID-19 感染拡大時のリモートワークの本格導入も円滑に進むことが予想されていた。

　しかし，実際に本格的にリモートワークを始めてみると問題が生じたのである。一部の社員がリモートワークをする場合と異なり，チーム全員がリモートワークを行い，オンライン会議で画面共有をしながらシステム開発作

図 3-2　同社で発生した主な問題例

SE職

ジョブタイプは
リモートワークに適し
ていても実務作業環境
に課題が見られた

新人
営業職

タスクの割り振りが
難しい新人世代のため
の経験の場が不足した

業を行うと，在宅で使うノート PC のスペックが不十分であったり，個々人の自宅のネットワーク回線が不十分であったりして，オンライン会議が円滑に進められないという現象が多発した。

　これは，通常の一般的な事務作業とは異なり，SE 職ならではの業務特性から生じたと言える。SE 職がシステム業務で取り扱うデータは，例えばエクセルでマクロを組んだ非常に重たいファイルであることが珍しくない。SE 職に対して生産性を維持するためのノート PC の提供や高速ネットワーク回線が使えるサテライトオフィスの拠点数増加などが喫緊の課題として急に浮上したのであった。

　第 2 の問題は，新人営業職であった。新卒採用されたばかりの営業職は，特定の担当顧客をいきなり持つことはなく，従来，上司や先輩から習いながら新規顧客へのアプローチや提案活動などの方法を学んでいた。同じ新人でも SE 職の場合には，プロジェクトの作業工程の一部を新人に任せて上司がチェックすることで基礎的ノウハウを学べるが，新人営業職の場合はそうはいかない。

　COVID-19 感染拡大後，すなわちコロナ禍の時期に入社した 2020 年 4 月入社組，2021 年 4 月入社組の 2 年度間に新卒採用された営業職の育成が計画通りに進んでいないのではないか，ということが懸念された。

藤田人事総務本部長

　「本来は 100 まで覚えて欲しいのに 50 までしか覚えていなくて，それで十分だと勘違いしてしまっている新人営業職も見受けられます。当社は，商品というよりサービスが主体の業態なだけに，サービスを提案・交渉する経験の場が不足していることは非常に痛いと感じています。
　通常は，新卒者は 3 年経ってひとり立ちという方針で OJT のパッケージを組んでいますが，コロナ後に採用された 2 年度ぶんの新人の一部については，3 年経ってもひとり立ちできるかどうかが不安です。せっかく預かった新人をなんとかひとり立ちさせたいと思うのですが。そのための創意工夫が今，求められているのです。」

　新人営業職の中には同僚や先輩との力量の差を痛感してもリモートワークの環境下でそれをなかなか埋める機会に乏しいことを悩んでいる者もいた。

一方で，リモートワークではすぐ近くに比較できる同僚がいないため，自らの力量が十分であると勘違いしてしまっている者もいた。新人営業職のOJT（on the job training）の経験場面の不足という課題に対して同社ではOFF-JT（off the job training）の研修や新人メンター制度で補わなければならないと考えた。

　ただし，これらの課題に対応するには原資が必要である。SE職の作業環境の改善，新人営業職の経験場面不足を補うOFF-JTの導入といっても原資がなければ始まらないのである。

4.　社員との明確な約束と原資確保

　東京都三田の本社のオフィス改革は，COVID-19感染拡大前から中心的な議題であった。本社は，地上26階建賃貸オフィスビルに入居しており，低層階，中層階，高層階に分散していて各階層を超えて移動する際はエレベーターの乗り換えが必要で時間がかかるデメリットがあった。

　このように複雑なフロア構成になった理由は，2001年の創業時に複数のNECグループ企業が統合して設立された経緯にあった。以降も組織改革が進むたびに，その時点で空いていたフロアに入居せざるをえず，フロアが分散する状態が続いた。

　そこに起きたのがCOVID-19の感染拡大だった。2020年の緊急事態宣言中の社員出社率は約30〜40％であった。以降もリモートワークが推進された結果，50〜60％程度の出社率が続いた。

藤田人事総務本部長
　「それならば以前の7割の席を用意すれば充足できるはず，と私たちは考えました。そこで特に出社率の低い営業部門と営業支援部門をフリーアドレス化し，フロア面積を圧縮することで別々の階層だった部門を同じフロアに集約する計画を立案しました。
　オフィス改革はたしかにコストがかかります。しかし，結果として賃料が下がり，生産性や働きやすさが向上すれば将来的には投資コストを超えたメリットがあるはずです。私たちは以前から『オフィス改革は働き方改革の中心』と考えていましたが，今もその方針にブレはありませ

ん。」

　同社では 7 割の席のみを残し，3 割の席を削減した。フロア面積を約 3 割
削減することでコストを削減したのであった。「オフィスの面積が狭くなる」
と聞けば社員の反発が予想される。その際に，同社では社員との明確な約束
を打ち出すことでリモートワーク時代のオフィス改革を社員に説得した。

藤田人事総務本部長
　「コスト削減だけを強調すると社員は納得しないものです。それよりも
　圧縮したぶんのコストをオフィス環境改善策につなげることを全面的に
　押し出しました。つまり，圧縮したコストをさらなる設備リニューアル
　に充当する，と社員との明確な約束として打ち出したのです。」

　オフィス改革の基本方針として「安全衛生（通勤や移動の負担軽減，感染
症拡大予防）に配慮し，オフィスワークとテレワーク双方の長所を活かし，

図 3-3　NEC ネクサソリューションズにおけるオフィス改革

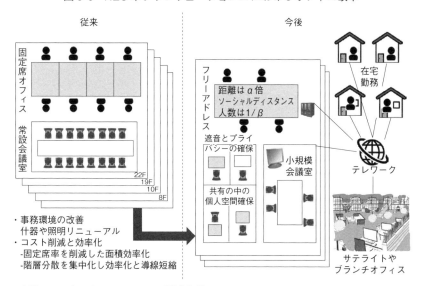

出所：NEC ネクサソリューションズ提供資料

生産性の高いワークスタイルを追求する。フロア効率化によりコスト削減，生産性向上を実現，同時に執務環境を改善しエンゲージメントを向上する。」を定めて，オフィス改革を推進した。

オフィス改革には人事総務本部が強いリーダーシップを発揮した。リモートワークを導入した当初，どうしても在宅勤務が難しいと回答した社員が一定数いた。そのような社員一人ひとりに対して何が在宅勤務の阻害要因になっているかを人事総務本部がヒアリングした。その結果，同社社員の実態に即した形でのリモートワーク導入が可能になったのであった。

こうしたオフィス改革によって削減したコストはさらなるオフィスの進化や，上述したSE職や新人営業職の課題解決のための原資になっている。

同社のオフィス改革イメージを図3-3に示した。

5.「働き方改革」から「働き甲斐の追求」へ

同社のリモートワークは，もともとはCOVID-19感染拡大の前に同社ならではの働き方改革の取り組みに端を発したものであったが，現在はさらにNECグループ全体が推進するHR中期目標に則り，「働き方改革」から「働き甲斐の追求」を目指している。

もはやリモートワークは単にCOVID-19への対応にとどまるものではない。中期的にグループ全体が目指す働き甲斐の追求のための取り組みでもある。働き甲斐の追求のために同社では人事労務管理改革と現場のマネジメント改革を進めた。

5-1.　人事労務管理改革

人事労務管理改革の全体像を図3-4に示した。同社の人事労務管理改革は，目標設定・業績評価において，在宅でもアウトプット・生産性を変えないことを前提としたものであった。人事労務管理改革を進める上で，「制度」的な変更が必要なものと「IT」ツールの変更・新規導入が必要なものとを区分してそれぞれ取り組みを進めた。

新人営業職で特に問題となった必要なスキル・業務知識の教育はリモートを前提とした研修の仕組みの見直しなどで対応した。また，在宅であっても業務遂行の必要経費を支払う制度変更を行った。

図 3-4　人事労務管理改革

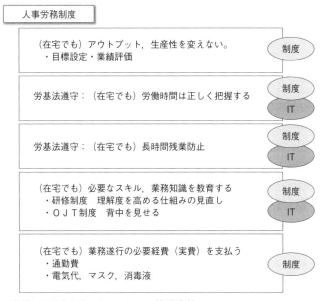

出所：NEC ネクサソリューションズ提供資料

5-2.　現場のマネジメント改革

　現場のマネジメント改革の全体像を図 3-5 に示した。同社の現場のマネジメント改革は，「在宅でも変えないこと」と「リモートワークにより変えること」の両面構成を前提としたものであった。現場のマネジメント改革を進める上で，業務プロセスの「運用」的な変更が必要なものと「IT」ツールの変更・新規導入が必要なものとを区分してそれぞれ取り組みを各職場の工夫を加えながら進めた。

　在宅でも変えないことの 1 つには「報告・連絡・相談」があった。リモートワークでも報・連・相を徹底的に維持した。一方で，リモートワークにより変えることの 1 つにはフリーアドレス席（FA 席）の導入に伴い，いつもの席がなくなって，周囲にいる人が毎回変わることから，デジタル情報を用いて社員の状況を見守ること，であった。

図3-5　現場のマネジメント改革

出所：NEC ネクサソリューションズ提供資料

　リモートワークが進んだとき，企業が心配するのが社員間のコミュニケーション不足である。藤田本部長も「コミュニケーション対策に魔法の杖はない」と語り，NEC グループ全体のエンゲージメントサーベイの結果などを勘案しながら地道な対策を検討した。

　藤田人事総務本部長

　　「エンゲージメントサーベイを NEC グループ全体の働き甲斐の成果指標の１つにしています。目標数値を定めて各会社や各部門が取り組んでいます。リモートワークをしながらもそれ以前の一体感をどう再現するか。また，リモートワークの良さを使いながら一体感をさらにどう高めていくか，がテーマです。」

　同社では，社長が全社員と語る「対話会」も実施した。社長と個別の部門とがこじんまりとした人数で集まり，近い距離で経営メッセージを伝えて，お互いに語る場であった。対話会は対面とオンラインの両方を用いて行われ

た。

　また，ビジネスアイデアを出す「わいがやの場」を会議室からオンライン
に変えたことによって，会議室のキャパシティや移動の問題がなくなり，ア
イデアが以前よりも活発にやりとりされるようになった。

　現場のマネジメント改革は，リモートワーク推進部署である人事総務本部
自身が率先垂範するように工夫もした。例えば，人事総務本部内で雑談がで
きるオンラインの場を設けた。部門トップから部内全員に通知を発出すると
きに，中間管理職に一旦渡してから末端に展開するだけでなく，部門トップ
から直接発出してみんなで一緒にやろうという雰囲気を自然と目指した。メ
ンバーによっては 1 人で家で作業していると不安になる者もいたが，そう
いった者へのフォローも徹底した。

　藤田人事総務本部長
　　「まだまだ課題は多くて取り組み途上ではありますが，成果が見え始め
　　てきたことも多くあります。ようやくコロナ関連業務も落ち着いてきま
　　した。今後，リモートワークを用いながら，さらに『働き甲斐の追求』
　　を目指したいと思っています。」

取材協力
NEC ネクサソリューションズ株式会社　人事総務本部長　藤田典広氏
　略歴：1993 年に NEC 情報サービス㈱に入社。2001 年以降，グループ会社 5 社統合して
　発足した NEC ネクサソリューションズの風土改革プロジェクトへの参画，育成制度の
　体系化などを経験し，人事総務全般のマネジメントを経て 2020 年に人事総務本部長に
　就任。
　（インタビュアー：鈴木智之）

参考文献
NEC ネクサソリューションズ（2021a）．「【働き方改革】オフィス改革推進の取り組み」
　『ビズサプリ』NEC ネクサソリューションズ㈱．https://www.nec-nexs.com/
　bizsupli/useful/workstyle/04.html（2021 年 7 月 28 日閲覧）
NEC ネクサソリューションズ（2021b）．「【働き方改革】働き方改革推進の取り組み」『ビ
　ズサプリ』NEC ネクサソリューションズ㈱．https://www.nec-nexs.com/bizsupli/
　useful/workstyle/01.html（2021 年 7 月 28 日閲覧）
NEC ネクサソリューションズ株式会社からの提供資料

第**4**章
セグウェイジャパン
リモートワークに重要なのは社員の自律性

本章では，セグウェイ製品の日本国内総代理店であるセグウェイジャパン株式会社のリモートワーク事例を紹介する。

1. 会社概要

セグウェイジャパン株式会社は，2008 年に設立され，アメリカで発明されたセグウェイ製品の日本総代理店事業を行っている。セグウェイは歩ける人であればだれでも「思うだけ」で体の一部のように動かすことができる製品として販売され，製品発表当時には「空飛ぶ魔法の絨毯」と表現された。現在はキックスクーター事業なども展開し，茨城県つくば市では公道でセグウェイツアーを展開するなど多方面に事業を展開している。

2012 年には日本国内のあるゴルフ場のラウンド移動に 100 台のセグウェイを導入（2021 年現在は 350 台を導入）し，セグウェイにキャディーバッグを置いてフェアウェイ上をセグウェイで移動するサービスを提供した。2015 年には，東京オリンピック・パラリンピックに伴う羽田空港の警備強化の一環として，警視庁にセグウェイが導入され，警視庁テロ対処部隊がセグウェイに乗って巡回した（写真 4-1）。その他にも，大学，発電所，大規模商業施設などの広大な敷地内の警備や点検作業，動物園内やショッピングモール内での顧客対応，公園内でお客様自身がセグウェイに乗って自然を体験するツアーの開催など様々な事業をセグウェイジャパンが手がけてきた。

今回の事例研究にあたって，同社代表取締役会長大塚寛氏，カスタマーサポート部マネジャー間中雄吾氏からインタビュー調査へのご協力を頂いた。

写真 4-1　羽田空港警備へのセグウェイ導入

出所：セグウェイジャパン提供

2.　リモートワークへの以前からの取り組み

　セグウェイジャパンの代表的な販売製品はセグウェイ PT，キックスクーターなどのように気軽に移動ができる乗り物である。海外都市でセグウェイに乗っている人を見かけた読者も多いのではないだろうか。

　他の多くの先進国ではセグウェイの公道での走行が許可されているが，日本国内ではそれが許可されていない（2021 年 7 月時点）。日本国内では，国によって認められた実証実験でのみ，公道走行が許可されている。

　そのため，セグウェイジャパンでは独自に「セグウェイツアー」を国内の複数都市で開催してきた。セグウェイツアーとは実際にセグウェイに乗り，

写真 4-2　大塚代表取締役会長

出所：セグウェイジャパン提供

公園や施設の敷地をガイドと一緒に巡るという体験ができるイベントである。

大塚代表取締役会長
　「公道で乗れないのであれば他に体験できる場所を自ら作って，そこで『乗ってみて楽しい』，そんな体験を享受してもらえるような場所でのツアーを自ら開催することにしました。」

　セグウェイツアーはセグウェイジャパンが独自に企画したツアーである。長年のツアー運営実績が認められて，茨城県つくば市では公道上でのツアー開催が日本で初めて認められ，現在では横浜市臨海部においても開催に至っている。
　新型コロナウイルス感染症（COVID-19）感染拡大前から北海道，茨城，埼玉，東京，横浜，箱根，福岡の各地で現地のスタッフが中心となってセグウェイツアーを運営していた。セグウェイジャパン本社は神奈川県横浜市に位置しており，全国各地でツアーを運営するスタッフとは地理的に離れた中でのツアーを長年手がけてきた。そのため，リモート環境での横浜本社と全国各地の拠点との売上管理，顧客とのコミュニケーション履歴の管理をCOVID-19感染拡大前から行っていた。

写真 4-3　間中マネジャー

出所：セグウェイジャパン提供

間中マネジャー
　「コロナ前から本社がある横浜からは遠いツアー開催地の現地スタッフ
　と，リモート環境でやりとりをしてきました。もともとはメールでやり
　とりをしていたのですが，途中からソフトウェアを用いてリモートでコ
　ミュニケーションをとっています。」

　そのため，COVID-19 感染拡大によってリモートワークが強いられた時
であっても，遠隔での現地スタッフの管理などには同社では苦労はあまり感
じなかったという。
　セグウェイジャパンはアメリカ・ニューハンプシャー州にある米国セグ
ウェイ本社とのコミュニケーションに，従来から日常的にテレフォンカン
ファレンスを利用していた。実際に対面で会わなくても重要な経営上の意思
決定ができるという風土や共通認識が以前から社内にあったことも，リモー
トワークの円滑な導入につながった。

3.　リモートワークに重要なのは社員の高い自律性

　リモートワークの実現に最も大きく寄与したのは同社の社員の自律性で
あった。

　セグウェイやキックスクーターのような革新的製品を販売するために2008年に設立されたセグウェイジャパンでは，社員が自律的に考えて動くという働き方が浸透していた。

　COVID-19感染拡大に伴い，リモートワークがほぼ初めて導入されて，それまで指示待ちをしていた社員の勤怠管理ができなくなってしまったり，社員のパフォーマンス評価に悩んだりする日本企業は少なくない。しかし，セグウェイジャパンにそのような課題はまったく当てはまらなかった。リモートワークであろうとなかろうと自律的に考え，自ら積極的に行動する社員によって組織が構成されていたのであった。

　　大塚代表取締役会長
　　「もともとこの会社に集まっているメンバーは，自分で考えて動いてっていうタイプしかいませんね。ですから，コロナでリモートワークが強いられたからといって社員が怠けていないか，などの心配をする必要はありません。リモートワークでも勤怠管理などを徹底する必要が当社ではないのです。」

　COVID-19感染拡大によってセグウェイツアーを中止せざるをえないときもあった。セグウェイツアーを実施している一部の場所は国営公園であり，政府からの外出自粛要請への配慮から，セグウェイツアーも中止したときがあった。ツアーが中止されると現地のガイドの仕事がなくなってしまった。

　担当業務がなくなってしまったときに，他の仕事への異動やそれに伴うトレーニングをどうするべきか，と悩むのが他の一般的な会社だと思われる。例えば，わが国でも航空旅客業界では客室乗務員を他の会社へ出向させるなど，担当業務がなくなったときの対応は大変苦労を伴うものである。

　しかし，セグウェイジャパンではツアー中止によって現地ガイドスタッフの担当業務がなくなってしまったときに，製品パンフレットなどの販促資料を開発・作成するという別の仕事にガイドスタッフをアサインしたのであった。

間中マネジャー

　「現地のガイドスタッフだからといって『ガイドしかしない』という人はいませんでしたね。お客様のためにできることは何か，という姿勢で考えると，現地でガイド業務をするかしないかではなくて，今あるお客様のためにできる仕事に取り組むということです。そういう意識で皆が前向きに取り組んでいました。」

　硬直的なジョブ管理やパフォーマンス管理ではなく，顧客のために何ができるのか，セグウェイの体験を広めるために何ができるのか，という方向に本社と現地のどちらのスタッフも意識が向いていた。そのため，変化に対応した迅速な業務のアサインメント変更が可能になった。

　ツアーが中止になってしまったことに伴い，モチベーションが低下した現地ガイドスタッフも一部にはいた。そのような場合には，本社がリモートツールを使ってコミュニケーションをとりながらフォローを行った。このようなフォローは心理的な繊細さが求められるので，リモート環境では難しいのではないか，会ってひざを突き合わせて話すしかないのではないか，と懸念する組織もあるだろう。もともとセグウェイジャパンは，全国各地のセグウェイツアーで得た顧客からのフィードバックなどの貴重な情報をリモート環境で交換しあって，社内でその情報を共有してきた経験が豊富にあった。そのため，モチベーション面でのフォローといった場合においても，リモート環境でのやりとりが問題なくなされたのである。

4.　「今だからこそ」は場所を問わず考えられる

　スムーズに COVID-19 のビフォー／アフターの環境変化に適応できた同社ではあったが，事業への影響に関する懸念が生じた時期もあった。

大塚代表取締役会長

　「コロナ前はセグウェイやキックスクーターは主に海外で乗ってみるという経験をした後に，日本に帰国して国内でも乗ってみたいということからセグウェイジャパンに問い合わせがきて，それが販売につながる，という流れが多かったんです。しかし，海外渡航が制限されてしまい，

　　またセグウェイを専用の敷地内で利用する国内のホテルやリゾートなど
　　の事業者自体のビジネスが停滞してしまいました。当社の売上への悪影
　　響を心配した時期もありました。」

　つまり，売上のパターンが大きく変わったのである。新たな売上のパター
ンを練るにもリモートワークが強いられていて，経営層と社員や社員同士が
密な戦略立案のためのディスカッションを，会議室で対面してできるわけで
はない。この状況下で新たな売上のパターンを作らなければならなかった。
　同社では 2019 年に目標設定の仕組みを大幅に変更した。自社の経営管理
のあり方を見直し，経営幹部からトップダウンで組織・従業員の目標値を設
定していた方法から，従業員がコミットしたいと自ら思える目標値を，ボト
ムアップで設定する方法に切り替えた。2021 年にその仕組みは本格導入さ
れた。つまり，社員の自律性に任せるという以前からの強固な風土を，個別
の目標設定の仕組みにまで拡張したのであった。
　新たな売上のパターンを作るのに，この仕組みが功を奏した。経営陣では
なく社員自らが「今だからできるセグウェイ体験」「今だから売れること」
はないかと，試行錯誤したのであった。
　横浜で開催されていたセグウェイツアーは，横浜市外から観光を目的とす
る参加者が多かった。しかし，県をまたいだ移動の自粛で市外からの観光客
が激減した。それならばと，Go To トラベルキャンペーンを使って，横浜市
による費用の一部負担で安くセグウェイツアーを体験できるようになり，市
民が地元横浜を再発見できるツアーを展開したのである（写真 4-4）。この
地域密着型ツアーが大当たりして，セグウェイジャパンは「コロナ特需」と
言えるほどの販売成績を記録した。
　その後，この地域密着型モデルを福岡にも展開した。そこでもまたコロナ
特需が生まれた。

　間中マネジャー
　　「県をまたいだ外出自粛の中で，自分が住んでいる地元を再発見する。
　　そのときにセグウェイに乗って楽しく体験する，というお客様が増えま
　　した。」

写真 4-4　横浜の地域密着型セグウェイツアーの様子

出所：セグウェイジャパン提供

　いままでは市外から来て自分が知らない場所を巡るという観光体験を，セグウェイに乗りながら楽しく提供するツアーであったが，地域密着型モデルによって「地元再発見」の体験も提供するようになったのである。

　この地域密着型セグウェイツアーのアイデアは，会議室にこもってブレインストーミングをしながら出されたわけではなく，経営層が社員に指示をしたわけでもなかった。リモートワークの状況下で，社員が創意工夫して考えて展開したものであった。

　地域密着型セグウェイツアーは，全国的に人気のあるテレビ番組にも取り上げられた。それによって特需はさらに加速した。テレビ番組による取材がなされたのも，社員が日頃から，セグウェイツアーは公園などの屋外でのアクティビティのため，密にならないツアーであることなどを積極的に社外に発信し続けたことが背景にあった。

　感染予防のために他の人と一緒ではないほうがいいという顧客に向けて

図 4-1　セグウェイジャパンの創意工夫と業績創出

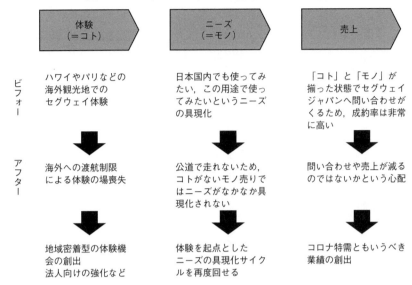

出所：セグウェイジャパンへのインタビュー調査に基づいて筆者作成

は，「プライベートツアー」を用意した。ツアーガイドと一組の顧客のみで，大自然をセグウェイに乗って楽しく見る・体験する，という新たな需要を掘り起こすことにつながった。

　地理的に離れていても社員の自律性とそれに基づく創意工夫があれば，COVID-19 のダウンサイドばかりを見る必要はない。セグウェイジャパンでも従来の「海外観光での体験→ニーズの具現化→日本国内での問い合わせからの販売」という売上のパターンが減ってしまうことは，たしかにダウンサイドの問題であった。

　しかし，社員の自律性とそれに基づく創意工夫があれば，「その時だからこそできることは何か」という試行錯誤を通して，それまで見えていなかったアップサイドの利益を狙うことができるのである。机上の空論ではなく実際に考えて行動し形にして，コロナ特需まで生み出したのであった（図4-1)。

大塚代表取締役会長
　「新型コロナウイルス感染拡大に伴うリモートワークは，事業にたびた
　び訪れる環境変化のうちの１つにすぎません。」

　セグウェイジャパンでは，活躍する社員の働き方は，コロナのビフォー／
アフターで変わっているわけではない。人事評価の方法も変えてない。人事
評価制度など社内のマネジメントシステムの変更には大きなコストを伴う
が，社員の自律性が高ければそのようなコストは不要になる。新たな売上の
パターンもどんどん試していける。セグウェイジャパンにとってリモート
ワークは単なる環境変化の１つであり，業務ツールの変更にすぎないのであ
る。

取材協力
セグウェイジャパン株式会社　代表取締役会長　大塚寛氏
　略歴：1995 年に日本クレイ株式会社入社，企画推進本部グラフィックビジネス推進部
　部長などを務めた後，2001 年に壁紙ドットコム株式会社（現 GMO メディア株式会社）
　取締役に就任。その後，日本 SGI 株式会社に移り，新規事業推進本部ロボット事業準備
　室室長，マーケティング本部新規事業推進統括，執行役員，戦略事業推進本部長などを
　歴任。2008 年 MBO を行い独立，セグウェイジャパン株式会社代表取締役社長に就任。
　2019 年に代表取締役会長に就任。
セグウェイジャパン株式会社　カスタマーサポート部　マネジャー　間中雄吾氏
　略歴：2006 年に日本 SGI 株式会社に入社し，新規事業推進本部ロボット事業セグウェ
　イ事業部にて，主にカスタマーサポートを担当。2009 年よりセグウェイジャパン株式
　会社の設立に伴い転籍。カスタマーサポートおよびセグウェイ本社との渉外を担当する
　マネジャーに就任。
　（インタビュアー：鈴木智之）

参考文献
セグウェイジャパン株式会社からの提供資料

第Ⅱ部

コロナ禍における企業を横断した状況

第 **5** 章
人事担当責任者によるリモートワーク座談会
新たな次元に向けて

　時計の針を一気に 10 年進めたともいわれる新型コロナウイルス感染症（COVID-19）。感染症への対応で企業はどのような取り組みを行ってきたのであろうか。ビフォー・コロナ，ウィズ・コロナ，アフター・コロナでビジネスの方向性だけでなく，われわれの働き方にもパラダイム・シフトが起きた。過去にはよしとされてきた慣習を止め，続けるべきものは続け，また新たに始めるべきものに着手することを，非常に短いスパンで考えて実行することを余儀なくされた。本章では，企業の最前線で陣頭指揮を執ってきた人事担当責任者 7 名による，業種業界を超えたリモート／オンライン座談会を企画した。2020 年に起こった事態への様々な対応を振り返り，「新たな次元」についての意見を聴いてみた。

■座談会開催日　2021 年 1 月 29 日
■参加者（氏名による 50 音順，会社名および役職名は座談会開催時のもの，カッコ書きは現職）
有賀 誠氏　株式会社日本 M&A センター 常務執行役員　人材ファースト統括
有沢 正人氏　カゴメ株式会社 常務執行役員　CHO
落合 亨氏　日本マクドナルド株式会社 人事本部　上席執行役員　チーフ・ピープル・オフィサー
川野 多恵子氏　バクスター株式会社　執行役員　人事総務本部長（現職：アクサ生命保
　険株式会社常務執行役員兼チーフヒューマンリソースオフィサー）
濱中 昭一氏　ダイドードリンコ株式会社　取締役　執行役員　人事総務本部長
松尾 孝氏　インベスコ・アセット・マネジメント株式会社　取締役管理本部長兼人事部長
山口 敬氏　日立 Astemo 株式会社　CHRO&CCO 兼 人財統括本部長

髙橋 潔　座長，立命館大学総合心理学部　教授
樋口 知比呂　ファシリテーター，立命館大学大学院人間科学研究科
横家 諒介　オブザーバー，ニューヨーク大学大学院

1.　リモートワークに関する企業事例トピックス

■日本 M&A センター：サテライト・オフィスとハイブリッド・ミーティング（有賀氏）

　日本には 60 万社ほど，黒字倒産の危機に直面している企業があると言われています。それらの企業は優れた技術やブランド，あるいは確たる顧客ベースを持っているにもかかわらず，そのような状況にあるのです。その大きな理由が，少子高齢化や地方からの人材流出により企業経営の後継者がいないということです。日本 M&A センターは，そのような優良中小企業にパートナーを見つけてマッチングし，M&A を通じて会社の存続と発展，雇用維持，地方創生を実現することを，その企業使命としています。

　わが社にとって有効に機能したコロナ禍におけるビジネス・プロセスの事例として，サテライト・オフィスおよびハイブリッド・ミーティングを挙げることができます。お客様のほとんどは地方の中小企業，また御高齢の経営者の方々であり，Zoom や Skype といったオンライン・ツールが容易に活用できる環境ではありませんでした。一方，M&A の相談はしたいけれども，緊急事態宣言が出ている中，コロナ感染者が多い東京や大阪から訪問してほしくはないという声もありました。そこで，日本中の主要都市にマンションの一室を借り，サテライト・オフィスを設け，コンサルタントが常駐する体制を整えました。「私は同じ町にいます」とお伝えすると，「それだったら会いたい」となりまして，コンサルタントが PC やタブレットを持ってお客様のところを訪問し，本社の営業責任者，公認会計士や弁護士や税理士とオンラインでつなぎ，ハイブリッド・ミーティングを通して必要な議論や意思決定を行ったのです。このプロセスがうまく機能し，コロナ禍の中でも史上最高の売上，利益を達成することができました。そして，売上や利益以上に重要なことは，コロナ禍で苦しんでいる優良中小企業を御支援できたということです。

　急成長を遂げてきた創立 30 周年の日本 M&A センターにおいては，社員とそのノウハウこそが会社の財産であり，創業以来，人を大切にする文化を持っていました。そして，それをリードしてきたのは，社長を中心とした経営陣です。現在，その文化をさらに強化・浸透させるべく，「人」を軸にした戦略ストーリーを策定し，施策を推進中です。「人材ファースト」という

図5-1　日本 M & A センターの「人材ファースト戦略」

日本 M&A センターでは，戦略ストーリーを策定し，人への愛を底流とした人材ファースト戦略を打ち立てている。

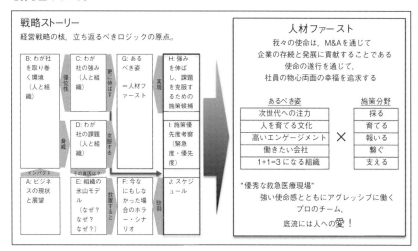

出所：日本 M&A センター提供資料より筆者作図

その戦略（図 5-1）の根底にあるのは，人への愛です。

■カゴメ：リモートワークを前提とした「生き方改革」（有沢氏）

　カゴメは，「トマトの会社から，野菜の会社に」というビジョンを掲げ，「食を通じて社会課題の解決に取り組み，持続的に成長できる強い企業」を目指しています。コロナ時代への対応として，リモートワークを前提とした「生き方改革」（図 5-2）を推進してきました。会社における「働き方改革」，個人における「暮らし方改革」，そしてそれらを支える人事施策として多様な働き方の推進があります。すべての人がイキイキと働くことは，最終的に「生き方改革」へつながっていきます。会社で使いすぎていた時間を個人に振り向けることで，より充実した人生を送るという「生き方改革」に取り組んでいます。具体的には，テレワーク，スーパー・フレックスタイム，副業など，個人とキャリアの自律のためにリモートワークを最大限に利用し，社員のエンゲージメントを高めることに取り組んできました。リモートワークに変わってから労働生産性が高まった会社です。

図5-2　カゴメが考える「生き方」改革

　カゴメでは，会社の働き方改革の推進と，個人の暮らし方改革の推進が，生き方改革につながるとしている。

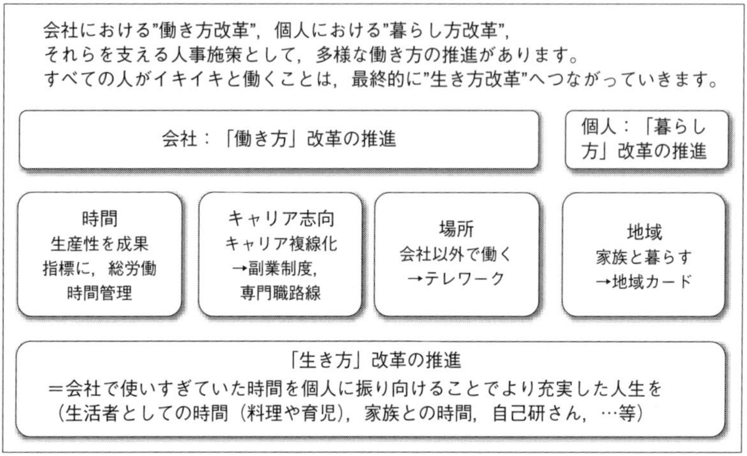

```
┌─────────────────────────────────────────────────────────────┐
│  会社における"働き方改革"，個人における"暮らし方改革"，                │
│  それらを支える人事施策として，多様な働き方の推進があります。            │
│  すべての人がイキイキと働くことは，最終的に"生き方改革"へつながっていきます。   │
│                                                             │
│  ┌───────────────────────────────┐  ┌──────────────┐ │
│  │      会社：「働き方」改革の推進         │  │ 個人：「暮らし │ │
│  └───────────────────────────────┘  │ 方」改革の推進 │ │
│                                          └──────────────┘ │
│  ┌─────────┐ ┌─────────┐ ┌─────────┐ ┌─────────┐ │
│  │  時間    │ │キャリア志向│ │  場所    │ │  地域    │ │
│  │生産性を成果│ │キャリア複線化│ │会社以外で働く│ │家族と暮らす│ │
│  │指標に，総労働│ │→副業制度，│ │→テレワーク│ │→地域カード│ │
│  │  時間管理 │ │ 専門職路線 │ │         │ │         │ │
│  └─────────┘ └─────────┘ └─────────┘ └─────────┘ │
│                                                             │
│  ┌───────────────────────────────────────────────┐     │
│  │             「生き方」改革の推進                       │     │
│  │ ＝会社で使いすぎていた時間を個人に振り向けることでより充実した人生を│     │
│  │ （生活者としての時間（料理や育児），家族との時間，自己研さん，…等）│     │
│  └───────────────────────────────────────────────┘     │
└─────────────────────────────────────────────────────────────┘
```

出所：カゴメ提供資料より筆者作図

■日本マクドナルド：DXによるテックタッチな接点拡大（落合氏）

　マクドナルドは，世界100カ国以上，総店舗数約3万9000店舗でビジネスを展開しており，日本マクドナルドにおいても約2900店舗，その多くがフランチャイズで構成する，世界最大の外食レストランチェーンです。もともとがジョブ型の人事の仕組みであったため，テレワークにはスムーズに移行することができました。

　当社ではコロナ前から進めてきたデジタルトランスフォーメーション（digital transformation: DX）による接点構造の改革（図5-3）を行い，具体的には本部では店舗訪問や会議など個別対応するハイタッチな接点を減らし，メールやオンライン・コンテンツなどテクノロジーで量産可能なテックタッチな接点を増やしました。また，店舗では，モバイルオーダーという非接触型の注文アプリ，そしてテイクアウト，ドライブスルー，デリバリーといった多彩な販売形態をご用意しており，ビジネスが伸びています。

図 5-3　日本マクドナルドの DX による接点構造改革

日本マクドナルドでは，ハイタッチな接点を減らし，テックタッチな接点を増やす DX による接点構造改革を行った。

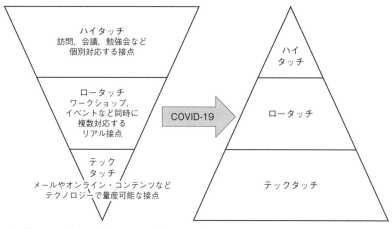

出所：日本マクドナルド提供資料より筆者作図

■バクスター：ホーム・オフィス拠点からの営業活動（川野氏）

　バクスターインターナショナルインクは，アメリカのシカゴに本社を持つヘルスケア・カンパニーで，慢性腎不全のための透析治療，静脈内輸液，インフュージョンシステム，非経口栄養剤，吸入麻酔薬，ジェネリック注射剤，外科用止血材やシーラント製品からなる幅広いポートフォリオを世界中で提供しています。日本では透析，急性期治療，周術期治療の 3 つのビジネス領域を主に行っている企業です。コロナ以前からオフィスはフリー・アドレス，営業もセンターを持っておらず，ホーム・オフィス拠点からの営業活動を行っておりましたので，工場と物流を除いて，比較的スムーズにリモートワークにシフトすることができました。また，事業の性質上，患者様に直接接する機会もあるため，社員の安全を担保することが即 BCP（business continuity plan：事業継続計画）につながるということで，社内での警戒レベルを上げてコロナへの対応をしていきました。東京の本社では，国内の感染状況に鑑みて出社できる職員のパーセンテージを決定しており，そのため現在（2021 年 1 月）ではオフィス・キャパシティの 10％しか出社を許可しておらず，ほぼリモートで業務を行っています。

図5-4　ダイドードリンコの副業解禁の狙い

```
１．自社にない知見の獲得
自社人材が持っていない知見や強みを持っている人材を呼び込むことで，新規事業の立案，
DX の推進等重要度の高いテーマを，よりスピーディかつ強力に推進することができる。


２．自社の従業員のレベルアップ
自社従業員が「他流試合」の経験を積むことで，視野を広げるとともに，新たなスキル，知識
や人脈を獲得し，本業に還元することができる。


３．自社の魅力度アップ
副業可能なことは求職者にも現従業員にも魅力。入社の後押しになることや，従業員の離職防
止。


４．従業員の精神面の充実⇒本業へのプラス効果
本業以外の趣味的な活動なども「仕事」として実行可能になることで，より精神的な充実が得
られ，そのことが本業にもプラスの効果をもたらす。


５．新たな働き方の選択肢
コロナ禍での新たな働き方の選択肢。
```

出所：ダイドードリンコ提供資料より筆者作図

■ダイドードリンコ：「ワークライフシナジー」実現のための副業解禁で40名が制度活用中（濱中氏）

　ダイドードリンコは，本物のおいしさにこだわった清涼飲料の企画・開発と，自販機中心の販売体制・オペレーション体制により独自のビジネスモデルを構築してきた企業です。ダイナミックに活動するドリンク仲間を意味するというのが社名の由来です。

　テレワークについては，2019 年に中期経営計画を策定した際に，テレワーク推奨を人材戦略の１つとして，取り組んできた中で，コロナ禍がそれを後押しをし，2020 年 6 月から新たな働き方として，週 2 日出社，週 3 日は在宅勤務を基本出勤体制としました。これは，コロナが終息してもこの出勤体制を続けることにしています。これに伴い通勤手当を廃止し実費精算に替え，新たにテレワーク手当を支給しています。

　また，副業も 2020 年 9 月に解禁（図5-4）をし，業務委託契約だけでなく，雇用形態を含め承認しています。すでに，新たな能力やスキルアップを目的として 40 名ほどが副業を開始しています。

図5-5　ダイドードリンコの「ワークライフシナジー」の実現のために

　ダイドードリンコでは，社員一人ひとりの「ワークライフシナジー」の実現につながる制度や基盤を整えることで，会社全体の生産性をさらに向上させていくことを目指しており，その一環として副業を新たに取り入れた。

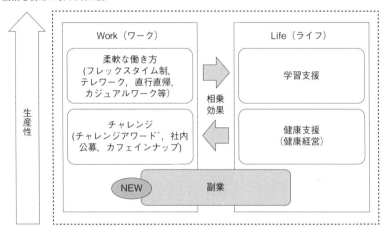

出所：ダイドードリンコ提供資料より筆者作図

　弊社では「ワークライフシナジー」（図5-5）を掲げ，生産性を向上させ，余暇の時間を学習や健康維持に費やす人や副業に費やす人など様々です。

　健康維持の1つとして就業時間中の禁煙（休憩時間は除く）などにも取り組んでいます。

　ビジネスにおいては，「鬼滅の刃」とのコラボ商品がヒット商品となり，加えて自動販売機の台数も増加しリモート営業の成果も出ています。

　新たな働き方などの施策により，出張などの経費も削減され利益が確保できたことから，従業員に対して，コロナ禍の中での労を報いるために特別感謝金を支給しました。

■インベスコ・アセット・マネジメント：業務運営体制の整備と福利厚生面のサポート（松尾氏）

　インベスコ・アセット・マネジメントは，米国アトランタを本拠地とする独立系資産運用会社インベスコ・リミテッドのグループの一員です。インベスコ・グループは，「素晴らしい投資体験を通じて，人々の人生をより豊か

なものにする」ことを会社の存在意義として掲げ，独立系の資産運用会社としての強みを活かし，「お客様本位」の考え方に立って堅実に資産の成長に貢献するために，資産運用ソリューションを行ってきました。

　リモートワークに関しての取り組みは，業務運営の体制構築と社員の勤務に対するサポート面と大きく分かれます。業務運営の体制面では，スプリット・オペレーションを 2020 年 3 月初旬から行い，全社員 2 日間の在宅勤務演習を経て，在宅勤務の体制を整えました。感染状況，政府の方針などにより，在宅勤務比率などを柔軟に変更しています。オフィス勤務も定期的な除菌作業やパーティションの設置を行いました。社員のサポートという面では，感染状況下で子育て関連で特殊にかかる出費のサポート，抗体検査やPCR 検査の費用補助，より柔軟な働き方ができるスマートワーク・ポリシーの導入を行いました。社員意識調査も数回行い，上記の施策実行の参考にしました。グローバルの企業なので日本のオフィスだけでできないこともありますが，日本からやりたいことをグローバルに提案して施策を実施しています。

■日立 Astemo：勤務と生活のガイドラインと心のケア対応（山口氏）

　日立 Astemo は，日立グループにおいて，自動車部品ならびにシステムの開発，製造，販売を行っています。「先進的かつ持続可能な社会に貢献する技術を通じて，安全・快適で持続可能なモビリティライフを提供する（Advanced Sustainable Technologies for Mobility）」を社名に込めています。2021 年 1 月に，日立オートモティブシステムズ，ケーヒン，ショーワおよび日信工業の経営統合により営業開始しました。世界 27 カ国，9 万人の従業員を擁しグローバルにビジネスを展開しています。

　リモートワークに関しては，共通の働き方の概念を「勤務と生活のガイドライン」（図 5-7）として作成して，各リージョン（地域）に浸透させる取り組みを行っています。ガイドラインには，グローバルベースで新しい働き方の指針（図 5-6）を示し，さらにリモート勤務時，出社時，通勤時の留意点などを記載しています。リージョンの人事と連携し，このガイドラインについて共通的な理解を得ています。本社や営業拠点等は出社率は 2 割に抑えていますが，工場などは現場があるため最大でも 3〜4 割をリモート勤務としています。また，心のケアについても重要な課題になっており，EAP（Employee Assistance Program：メンタルヘルス対策としての従業員援助

図 5-6　日立グループ「コロナ禍における新しい働き方グローバルガイドライン」

日立グループは，コロナ禍において新しい働き方のグローバルガイドラインを策定した。ガイドラインの大項目は，健康と安全，生産性，オープンマインド，コミュニケーション，挑戦である。

健康 & 安全	・一人ひとりが常に健康と安全を第一に優先し，リスクを最小にした勤務形態を取り入れ，コロナ禍における政府ガイドラインを遵守する。 ・オフィスが再開可能になった場合は，身体距離の確保等，コロナ感染防止に必要な対策を講じる。
生産性	・働く場所は，利用可能な選択肢（在宅勤務，オフィス等）の中から，どこがより高い生産性を発揮できるかを考える。生産性とはオフィスにいる時間と同義ではないことを認識する。 ・マネージャーは，チームで成果を上げるための舵取りを行い，成果によってメンバーを称え称賛する。
オープンマインド	・柔軟な働き方をだれもが広い心をもって受け止める。リモートワークの中に家族／ペット／インターホン等によって遮られることは不可避であり，一人ひとりがこれを受け止める。
コミュニケーション	・リモートワークの成功の鍵は非常に濃いコミュニケーションである。マネージャーはチームメンバーと定期的な打ち合わせを設定し，チームがお互いにつながり合っている状態を確保する。 ・コミュニケーションは双方向であり，それを通してマネージャーはアイデア，提言そしてイノベーションを促す。
挑戦	・コロナ禍を機会に，これまで当たり前だったアプローチを見直し，新しい挑戦と新しい働き方を取り入れる。新しくより良いビジネスの方法を見つける。顧客その他ステークホルダーを優先する。お互いがつながり，革新し，協働するための新しい働き方を取り入れる。

出所：日立 Astemo 提供資料より筆者作図

図 5-7　日立 Astemo「勤務と生活ガイドライン」

日立 Astemo は，コロナ禍において勤務と生活のガイドラインを新たに制定した。

勤務と生活のガイドライン　目次

1．リスクを回避する勤務
2．在宅勤務／リモート勤務の留意点
3．在宅勤務／リモート勤務のチームマネジメントの勧め―管理者向け
4．出社の留意点
5．通勤の留意点
6．勤務の留意点
7．会食・懇親会について
8．基礎疾患がある方の重症化予防対策通勤の留意点
9．報告体制の継続
【ご参考】　簡単マスクの作り方，新しい生活様式，情報機器作業における労働衛生のためのガイドライン（抜粋），政府ガイドライン「感染リスクが高まる 5 つの場面」

出所：日立 Astemo 提供資料より筆者作図

プログラム）も導入，運用中であり，従業員の理解を深めるよう取り組みを強化しています。

2.　座談会テーマ討議

　座談会では「ニューノーマル，ウィズ・コロナ／アフター・コロナの時代における新しい働き方のストップ，スタート，コンティニューすることは何か。会社・人事の仕組み，従業員のキャリア自律，管理職のマネジメントの観点から」というテーマで，人事リーダーたちと意見を交換した。

2-1.　ストップしたこと

落合氏：コロナ・ショックはもうほとんど不可逆的であるという前提で考えています。これまで染み付いてきたザ・サラリーマン的な思考や行動が変わったことに気づかせてくれたのがコロナではないかと思います。当然なくなるであろうと思うことは，朝礼，押印，対面での会議のあり方，社内決裁の仕組み，出張，接待，会食などです。一方で，朝礼は大事ですという人もいます。オンライン会議が中心になる中でも，みんなで集まって情報共有することは大事なので，なくなることには反対ですという意見の人です。しかしながら，これらはレガシー化して（古くて時代遅れのものとして）なくなる，ないしは形を変えていくであろうと思います。

　日本においては，グローバルとは異質な形で「日本型の人事システム」というものとして進化してきました。例えば，職務無限定，会社の専決事項としての異動配置させる仕組み，長時間労働が当たり前でそれが評価される文化，年功序列型の昇給などです。メンバーシップ型からジョブ型に雇用が変わることで，パフォーマンスの見方も変わってくると思いますが，こういった独特の仕組みがコロナでガラッと変わって異質なことに気づかせてくれました。やはりこれはショックだったと思うんですね。

　社会経済問題として，日本型雇用システムの本質的な問題が浮き上がってきました。われわれ人事が，この課題について予てより議論してきましたが，なかなか解決できない，進まない岩盤的な課題だと思うのです。いわゆる「古き体質」ということなんでしょう。これではいけないということに気づかせてくれたのがコロナだと思います。

濱中氏：人がこれだけ要るのかということに気づかされました。採用が必要と常に人材不足が謳われてきたが，急に人材不足でなくなったという感じがします。

有賀氏：私自身はもともとグローバルな IT 企業に勤めていましたので，リモートワークは当たり前，上司部下がそれぞれ別の国にいるような働き方でした。しかし，いま勤めている日本 M&A センターでは，「おい，みんな集まれ！朝礼やるぞ，姿勢正して，礼！」という文化です。これが，コロナによって変わらざるをえないということになりました。

　今年の上期の業績については，マネジメントは減収減益を覚悟していました。ところが，サテライト・オフィスやハイブリッド・ミーティング等のイノベーションが起こり，むしろ売上や利益が増える結果となりました。実はこれは，マネジメント・サイドが考えたことではなく，現場の社員が自主的にやりだしたプロセスなのです。現場の社員によると，物理的な移動が減ったことで，かつてはお客様のところに一日 2 件しか訪問できなかったものが，オンラインだと 5 件お会いできるようになったということです。それによって会社全体として効率・生産性が上がりました。現場のスタッフの創意工夫で，コロナの制約の中であっても結果は出せることを証明したのです。社員の自律と活躍が，マネジメントの目を開かせたのだと言えるでしょう。

　何より変わらざるをえないのが役所だと思います。これまで勤怠管理はフェイス・トゥ・フェイスが原則としていた監督官庁の指導方針も，きっと大きく変わることでしょう。企業のマネージャーの意識において，あるいは組織の文化の中で，「朝 9 時までには出社，帰宅前には終礼報告」というような，物理勤怠的な労務管理の色は薄まったわけです。紙を役所に提出するという慣習についても変わるであろうと期待しています。

有沢氏：単身赴任は削減の方向です。人事としては単身赴任撲滅運動を展開しています。リモートワークだと，仕事をする場所はどこでも同じだということがわかったと思います。那須塩原に研究所と工場があるので，那須塩原の辺りから本社に通っている人も結構多いのですが，リモートワークを始めてからそういう人たちは東京本社に通勤する機会が少なくなりました。東京以外の支店ですと単身赴任になるケースが多いのですが，たまにどうしても

家に帰りたくないという我儘なお父さんもいるので，単身赴任を選ぶのは個人の勝手ということですね。

　テレワークと在宅勤務の進展で一番大きいのは，無駄な仕事がなくなったことです。例えば，営業の週次ミーティングは極力少なくなりました。報告会・会議もかなり少なくなりました。まったく会社に出社しなくてもいいような形にしたら，出勤率が5％くらいまで落ちたときがあります。それによって一番変わったのは，個人のクオリティ・オブ・ライフです。家族と一緒に住むのが当たり前だということです。

　私もコロナの前は，年に14～15回海外出張していまして，海外の会社の人と日本では単身赴任というものがあるという話をすると，「マサト，それはなにかのパニッシュメント，ペナルティ（罰や戒め）なのか？」と聞かれます。「日本では子どもが有名中学に入学すれば，お父さんが異動になるということは，それはイコール単身赴任になるということだ」と説明すると，「まったく理解できない。家族で一緒に過ごすのが当たり前なのに，日本は随分と遅れている」とさんざん言われました。このような経験から単身赴任を極力少なくすることにしました。

松尾氏：結果的にストップしたことはいろいろあります。グローバルカンパニーなので海外出張やオフサイトでのトレーニング（集合研修）も，コロナの影響で，なくなりました。自分の考えとしては，ストップするというよりも，目的は変わらないけどやり方が変わるだけ。なにかをストップするということは全体としてはないのではないかと思います。

川野氏：物理的に営業がお客様先である病院に行くなどの，顧客訪問の頻度を減らすことを余儀なくされました。そうするとバーチャルとの併用により，結果を導き出す方法がもっと多様化していきました。これまで営業の評価はプロセスにもウェイトを置いていっていたのですが，結果を導き出す方法がいろいろとある中で，この行動をとったら結果が出るという一直線の関係がなくなってきたので，結果をより重視したインセンティブに変えていきました。営業のカルチャー・シフトが起き，これまでのプラクティス（日常的な活動）に基づいた行動以上に，状況に応じて最良の方法を自ら考え結果を導き出すことを促すパラダイム・シフトが起きたわけです。急激な環境の

変化に適応せざるをえない，だからこそより結果を重視する新しいシステムをスタートさせることにしました。

濱中氏：管理職は人によって，前の仕組みのほうがよいと思っているというアンケート結果も出ています。リアルのほうが会議がうまくいっていたという人が何人かいました。けれども，管理職の意識を変えていかないといけないと考え，「リモートワークの会議術」などの研修を行いました。

　出社すると仕事をしている気分になるんだと思うんです。無駄な会議があることに気づいたのはコロナのお陰だと思います。雑談も仕事のうちだし，会議のために移動する時間もあるし，人と喋っている時間が仕事している時間ということでしたが，コロナになって時間の管理をより意識するようになりました。会議の数も増えたけれども，時間としては早く終わり，生産性がもの凄く上がりました。

　リモートワークはコミュニケーションがしづらいという人がいます。リアルの時もちゃんとコミュニケーションとれていましたか？と問うと，実は長時間まとまりのない会議をやっていたというようなことも見えてきました。きちんと会議のアジェンダを組んで，時間管理をしっかりやってということになると，リモートワークのほうが効率が良いということに気づいてきました。

　「過去への執着」がストップすべきことだと思います。管理職ほど変わることに抵抗感があります。コロナだから売上や利益も下がるだろうと予想していたが，売上は下がったものの，経費を抑えることによって利益が増えたという結果になりました。人事としては時間外労働が減って生産性が上がりました。その結果を受けて，空いた時間を，副業とか学習の時間に充てましょうということにしました。

山口氏：職場への出勤をストップさせる仕掛けを作りました。形から変えていこうという趣旨であり，緊急事態宣言が発令された際に，本社，営業拠点を中心に通勤手当を取りやめ，実費精算にしました。同時に，新しい働き方を見据え，本社のオフィス・スペースも半減しました。出社を週1〜2日に制限し，フリーアドレスにしていますので，オフィスにはまだキャパシティ（収容能力）はあるものの，コスト面でセーブできました。このような取り

組みを通して，前向きに働き方を変えていくというメッセージを出していきました。リモートワークに関わる諸々の費用を支援する在宅勤務手当については，現在，従業員1人あたり月3000円を支給しています。

2-2.　コンティニュー（継続）すること

山口氏：続けていかないといけないことは，ピープル・マネージャーによるチーム・マネジメントです。特に労務管理はより強化していかなければならないと思います。朝会は話すきっかけになるので，オンラインの形態であっても続けていくことを奨励しています。オンラインでもチームに対しての働きかけができるピープル・マネージャーはいいのですが，リモートワークに慣れていないマネージャーがほとんどなので，オンライン朝会という仕掛けから入っていくのが効果的と考えています。コロナ前から朝会をやっていた職場では継続してオンラインでもやっています。他方，やっていなかった職場も新たに始めています。また，懇親会が開催できないので，時にはオンライン飲み会も行われています。ピープル・マネージャーは，オンラインを通じて，顔を見ながら話す機会を作るように働きかけています。1on1（ワン・オン・ワン：1対1）ミーティングを通じたフィードバックをより充実したものにしていくために，ピープル・マネージャーに対する1on1ミーティングの指導を継続し，質を高めています。

川野氏：年に一度のパフォーマンス・レビュー（人事評価）がなく，その代わりに毎月マネージャーと部下との間で，通常業務以外のこと，例えば中長期的なキャリア希望や能力開発などを話す時間として，チェックイン（図5-8）という，いわゆる1on1ミーティングの仕組みを設けています。この仕組みはコロナ以前からあったものですが，コロナ後により徹底させて行うようにしました。また，半年に一度，部下の評価をアンケート形式でまとめるマネージャー・スコアカードという仕組みがあり，部下持ちマネージャーや組織マネジメントに対して情報提供しています。マネージャー・スコアカードを通じて，部下をエンゲージする能力を可視化していく取り組みを継続しています。

　アフター・コロナでは，マネージャー力がより問われている時代になって

図5-8　A.C.E. チェックイン

バクスターでは，パフォーマンス評価を廃止し，A.C.E チェックインという月次の1on1 ミーティングによる継続的フィードバックを行っている。

✓　バクスターでは，業界上位25%以内のBest Place to Work（（半年）ごと最も働きがいのある職場）となることを目指し，一年間の仕事の成果を半年ごとの話し合いで評価する，従来のパフォーマンス評価制度を廃止し，Align（合意），Check-in（確認），Execute（実行）の3つのステップからなる，継続的フィードバック文化を構築しています。

✓　上司と部下は責任を共有し，年間を通して質の高い対話に時間を費やすことが求められます。

✓　月次チェック・インでの議題は，目標の設定や直面している課題，キャリアプランニング，能力開発の機会など，各上司と部下に任せられています。

出所：バクスター提供資料より筆者作図

きています。コーヒー・チャットと呼んでいる座談会を，バーチャル形式で，毎月各部門のヘッドが部門の人を集めて行っています。業務を少し離れて，カジュアルに意見を吸い上げる機会を作り，社長を含めて意見をレビューし，アクションを検討するという取り組みを継続して行っています。コロナ前は不定期で行っていたものを，必ず各部門が毎月実施するよう頻度を上げて，意見を吸い上げやすくなるような環境づくりを意識しました。

有賀氏：コロナによって様々なことが変化したのではないかと思います。お客様に M&A のサービスをフルパッケージで提供するとか，マネージャーが部下の育成をするといったことには何の変化もありません。けれども，そのやり方が変わってきたのだと思います。従来の画一化した労務管理を，ベテランには目標だけ握ってあとは任せる，新人には細目に指示を出して報告も求めるといった，個に寄り添いカスタマイズした接点を考えるようになったのではないかと思います。部下を育成することに代表される人材マネジメントの本質的な目的は変わらないけれども，そのやり方が変わったということではないでしょうか。

有沢氏：ジョブ型雇用や職務等級制度を導入していたということが，結果的にはコロナの時代に有効であったと，社内外から評価をいただいています。評価と報酬の透明性がいままで以上に求められてきていると感じます。そこにすでに手を打っていたことがよかったと思います。当社の場合，各人の評価や目標設定が全社員に公開されています。しかも，何をいつまでにどれだけやるかはすべて定量評価になっています。リモートワークで部下が見えないのでどうやって評価すればよいのかというありがちな問題は，日本企業の多くが職務行動を中心とした定性面の評価に軸足を置いていたことが，原因ではないかと思います。

濱中氏：定量評価が本来であり，パフォーマンスを評価するという方法が一番よいとのだと思います。管理職の中には目の前にいる人を評価しようという人も多いので，リモートワークだと部下がさぼっているのではないかと感じてしまう人がいます。私は，さぼっていてもよいと思っています。パフォーマンスだけを評価していくのであれば，反対に，さぼったら継続して成果が出せないはずです。だから，人はさぼらないはずだと思うんです。さぼらせないために管理したいという管理職がいるので，その意識は変えなくてはいけないと思います。

　定量評価をしっかりと行うこと。つまり，計画性といった観点で，何を目的として，いつまでに，何をやるかといった目標がしっかりしているということが，リモート時代のマネジメントの仕方なのだと思います。われわれも1on1ミーティングを通じて，部下に定期的にフィードバックをする機会を作りました。今はリモートで1on1ミーティングを継続しています。

松尾氏：リモートワークのポリシーとして，スマートワーク・ポリシーをグローバルで導入しています。ポリシーの真髄は，「会社，チーム，社員個々人にとって有益な形で結果を出すための制度」「個々人の評価はオフィスにいる時間ではなく，仕事のクオリティや前向きな姿勢で評価をする」などということです。これらの前提は本当に重要だと思います。

　コロナで上がってきた課題としては，これまでイノベーションがちょっとした雑談や偶然性から起きてきたわけですが，雑談の機会がなくなってきているということです。できればオフィスに来てもらいたい。けれどもそれが

できないので，1on1 ミーティングやチームミーティングの質の向上を図っています。マネージャーによってやり方が随分違うので，1on1 ミーティングでは，雑談とかプライベートの情報交換も通じてお互いに信頼関係を作ることから始めましょうなど，内容的に踏み込んで，全体のボトムアップ（底上げ）も試みています。

　チームミーティングに関しても，チェック・イン，スモール・トークなどでお互いのプライベートを交換しながら，つながりを重視して信頼を作っていくことで，ミーティングの運営の平準化を図ろうと試みています。マネージャーと部下との信頼関係の積み重ねというものは，マネジメントの本質的な部分です。評価の際に目標とのギャップを指摘，改善するような厳しい場面でも大事になってきます。コンティニューするという意味では，1on1 とかチームミーティングをしていき，マネージャーによるばらつきを均質にして質を上げていくということなのだと思います。

落合氏：DX がベースとなってコーポレート・トランスフォーメーショ（corporate transformation：CX）が生まれてくるという，大きなパラダイム・シフトの流れの中にいるのではないかということを，最近ひしひしと感じています。つまり，テクノロジーによって産業構造の変化から始まり，会社のカタチ，そこに集う人々の生き方・働き方，さらにはその底流にある価値観や文化まで変革していく流れがあるということです。マクドナルドでは，実は DX が遅れていました。人事の基幹システムが旧来のシステムで，過去 20 年間システム投資をしていませんでした。システム投資をせずに，売上を伸ばしてきていたのですが，これではだめだろうということに気がついて，DX を導入していったのが 2 年前のことです。予算を取って人事システム DX 移行プロジェクトを始めていきました。

　新しい仕組みに変え始めていた矢先に，コロナが訪れました。このシステム投資に手を付けていなかったら，大変なことになっていたのではないかと思います。新システムは，SaaS（software as a service）の仕組みで構築し，低コストで導入スピードが早く，一番オーガナイズされた（秩序立った）仕組みを導入することとしました。これを実装すると，相当の生産性が上がると思います。

　営業面からは，モバイルオーダーなどデジタル投資を始めていて，コロナ

の波に乗る結果となりました。テックタッチとハイタッチの接点構造が変革し，これまでと逆転するということが起きてきています。CX に向かうための DX のインフラにすでに着手してきていて，今後も継続しているということです。

2-3. スタートすること

落合氏：『コーポレート・トランスフォーメーション』の著者冨山和彦さんの言葉に，「同質的，連続的，固定的な終身年功サラリーマン集団と男性正社員で構成される会社組織」という表現があります。そのような組織が崩壊する序曲ではないか。まさにこれがニュー・ノーマル，ウィズ・コロナ／アフター・コロナということなのでしょう。極限までデジタル化が進んでいくと思いますし，リアルの効率性がないものは，どんどんデジタルに駆逐されていくと思います。

濱中氏：みんなの意識を向けていくために，社長も含め，管理職全員に研修を実施しました。世代によっては，IT リテラシーが低くパソコンに触りたくないとか，リモートすること自体に抵抗感を持つ人がいます。そういう世代にもオンライン会議を使ってやっていこうと決めて進めています。リモート営業するインサイド・セールス・チームという組織を 2020 年 3 月に発足しました。

　リモートワークについては，若手はすごく喜んでいます。フレックス勤務制度があったり，自由な時間が取れるようになったとか，いろいろな意味で本当に働きやすくなりました。一方で，管理職にはコミュニケーションがとりにくくなったという意見もあることが，社内アンケート結果に出てきています。リモートで会議する際に，如何にリアルな会議を作り上げるか。例えば，リモート会議でもリアルさを作り上げるために，全員顔出しにしました。会社の通信環境がそこまで整っていなかったため，画面が固まったりもしました。生産性向上に逆行するので，会社としてシステムにもっと投資をしていこうと，社長と話をしています。通信不具合で，リアルな会議ができないことがストレスだと感じる人もいます。

　どれだけ定量評価に変えていけるか，部下が目の前にいなくても評価していける仕組みを作れるかということが大事になってくると思います。

また，従業員が健康で長く働ける環境を作っていきましょうということ
を，社長とよく話しています。DXが進むと生産性が上がり，空いた時間を
<u>学習と健康に充てていき</u>ましょうと社員に啓蒙しています。健康であること
は，仕事をする上でのすべてのベースと考えています。健康への取り組みと
か，家族との時間を作るということはとても大事なことなのですが，これま
でそういう取り組みをやってきませんでした。若い世代は子育てを大事にす
るし，育児休業も取る。僕らの世代は介護が喫緊の課題なのですが，介護休
業も取れないと思っています。ですが，<u>仕事も家庭もベストな状態に持って</u>
いけるようしたいと思っています。

川野氏：<u>ウェルネス（心身の健康）に関する情報提供</u>を行うことを開始しま
した。具体的には，健康に関するメールやビデオ教材の配信や，イントラ
ネットへの記事の掲載，社長のタウンホール・ミーティングでも健康につい
て発信するなどをして意識を高めました。

　<u>リスキル（学び直し），アップスキル（スキル向上）</u>が今年の重大なテー
マだと思っています。これまで必要だったスキルとこれから身に付けていか
なければならないスキルは異なるので，e-ラーニングにて5分程度のミニ・
コンテンツ（短編研修動画）を用いて，短期集中の<u>スプリント（急速に引き
上げる）形式</u>で行うことを始めました。ミニ・コンテンツは，<u>デジタル・ス
キルとかデザイン思考</u>なども取り入れています。カルチャーの醸成という面
では，<u>アジリティ（学習の俊敏性・機敏性）</u>などのキーワードを掲げて，こ
の<u>不確実性の高い時代に，一人ひとりが自走していけるような文化を再形成</u>
しなければならないと思っています。

　ウェブ・セミナーを開催していく中で，<u>一方通行の流れから，双方向のコ
ミュニケーションの場づくりを強化</u>しようと<u>チャットやアンケート機能の活
用や，ブレーン・ストーミング機能</u>などクリエイティブな議論を可能とする
ツールの活用も始めました。<u>コンピテンシー（高業績者に共通してみられる
行動特性）などの能力やスキルを可視化</u>する仕組みも活用を広げています。
ポスト・コロナを見据えてこの辺りに焦点を当てていま取り組んでいます。

濱中氏：時間が取れるようになって，自律していくこととスキルを上げてい
くことにとってはチャンスですよね。

有賀氏：今日の議論の本質は，「評価の軸」にあるのではないかと思います。欧米企業では，「仕事（job）と結果（outcome）」で評価をするので，決まった KPI を定期的にモニターさえすればマネジメントができます。デジタルに表現できますし，上司と部下が別の場所にいても評価がしやすい環境ということになります。一方で，伝統的な日本の組織では，「人（individual）と努力・過程（effort・process）」をみて評価をする面があり，あの人は器が大きいとか信望が厚いとか頑張ったとか，アウトプットに関係がない部分が評価要素に入ってくるので，傍にいないと評価がしづらいということがありました。これは，いわゆる「ジョブ型」が日本ではなかなか浸透しないことの背景にもなっていると考えられます。ところが，コロナとそれによるリモートワークを経て，伝統的な日本企業の評価の軸が，欧米に本社がある多国籍企業のようなデジタルな方式に，振れていかざるをえなくなったのではないでしょうか。

　ただ，リモートワークを早くから取り入れてきていたアメリカに本社がある IT 企業では，以前から心のケアについての問題がありました。一人で自宅にこもって仕事をしているエンジニアが病んでしまうというような事例が多発して，その対策として，CEO が社員にオフィスへの出社を呼びかけたり，たまには仲間とランチに行くように推奨するということにまで至りました。やはり，人肌の部分をきちんと担保しておかないと，振り子が振れすぎてしまいメンタルの面で深刻な問題が表出することがあります。この分野での施策にこそ，いろいろな企業の個性や従業員エンゲージメントにおける優劣が出てくるのではないでしょうか。日本 M&A センターでは，「3K（会社 Kaisha・家庭 Katei ・個人 Kojin）」が 3 つとも同時にハッピーにならないといけないとして，それぞれ 150% 達成して実りある人生を送ること（Management）が大事と掛け声を発しています。「3KM」（図5-9）は，上司部下の面談でもディスカッションすべき必須項目となっています。

　また，IT ツールの最大活用は当然として，フェイス・トゥ・フェイスでのコミュニケーションが減った分，より効果や効率を意識した仕事のスタイルができつつあると考えます。個々の社員の成熟度や得手不得手に応じて，より個に迫ったコミュニケーションが必要になっているといえるでしょう。また，このような時だからこそ，新人歓迎やチームビルディングのためのオンライン飲み会を奨励しており，そのための手当も支給しています。

図 5-9　日本 M&A センターの 3KM 生涯幸福設計

日本 M&A センターでは，会社と家庭と個人の3つが同時にハッピーになる 3KM を提唱している。

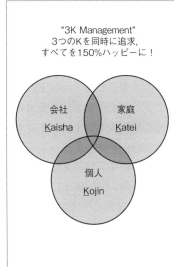

"3K Management"
3つのKを同時に追求，
すべてを150%ハッピーに！

会社
Kaisha

家庭
Katei

個人
Kojin

日本M&Aセンターでは，「ワークライフバランス」という概念をよしとしていません。人生における複数の大切な構成要素を，トレードオフの関係にすべきではないからです。特に，会社・家庭・個人の3つは重要です。会社（Kaisha）・家庭（Katei）・個人（Kojin）のビジョンを明確化し，それぞれ150％達成して実りある人生を送ること（Management）を，日本M&Aセンターでは「3KM」と呼んでいます。3KMは単なる掛け声ではなく，経営思想・組織文化の根幹になっています。例えば，上司と部下の面談（ビジョン面談）の中では，必ず3KMすべてに触れることになっています。単なるキャリアや業務の議論ではなく，「人として最高に幸せになるためには」という視点なのです。そして，個人としても，家庭でも幸せな社員があってこそ，会社としての長期的な成長が可能になります。そして，もちろんその逆も真です。つまり3つのKは，同時に，かつ総合的に追求すべきものだと言えましょう。

例えば，会社の表彰パーティーに家族を招いたり，成績優秀者をパートナーとともにディズニーランドへ招待したり，配偶者の誕生日に社長名で花を贈ったり…そのような会社です。

出所：日本 M&A センター提供資料より筆者作図

落合氏：かつて IBM が，テレワークで 100％仕事ができるはずだから会社に来なくてよいとして，テレワークをビジネスモデルとして製品化しようとしていました。一方，それでは会社が回らないということで，IBM 社内で会社に来る運動を展開していました。Google もオフィスにカネをかけてクリエイティブ・ワークプレイスを作り，会社に来たくなるようなカルチャーを醸成する仕掛けを上手に作っています。もっとも今は，コロナでオフィス出社は別の形態になっていると思いますが。

　アメリカ西海岸のシリコンバレーの会社はそういうことを考えていて，ニューロ・サイエンス（神経科学）を根拠に，仕事のあり方やオフィスというものが効率を求める場所ではなくて，クリエイティブを生み出す場所であるという発想で，コネクティビティ，つまり人と人との接点を重要視します。コネクティビティを理由として，オフィス環境を整えてきたわけです。

　テレワークを始めたのでオフィスの密度が減り，経費をカットして，利益貢献するという日本の企業の発想は，全然違うと私は思います。逆に，こう

いう状況だからこそ，カットできたものを何かに振り分けて投資する。ヒューマン・タッチでもウェルビーイングでもよいのですが，そういった施策を経営者の方には是非やっていただきたいと思います。

松尾氏：まさに私も同感ですね。いま大事なのがコネクションだと思っています。イノベーション起こすのも，メンタルの問題を防ぐのも，人と人との協力が一番大事なんだと思います。グローバルで大事にしているのが，インクルージョン（包含）といいますが，一人ひとりの価値を大事にするということです。この場で発信していいんだっていう心理的安全性を，一人ひとりに与えることが大切です。短期的にはリモートワークでもよかったのですが，期間が長くなってくると，クリエイティビティがなくなってきたり，いい製品やいい商品やいい考えというのが出なくなってきます。だからこそ，ダイバーシティ＆インクルージョンを浸透させることが重要だと思います。相手をレコグニション（承認）する機会を意識的に作っていくことも大事だと思います。

濱中氏：「リモートワークの会議術」という研修を受けたのですが，5回に1回は顔を合わせましょうということを言われました。テレワーク計画表で確認して，私が出社するときは，2週間くらい会ってない人が出社する日に合わせるようにしています。若手社員は，私を遠い存在で喋りにくいと思っているであろうから，意識してリアルに会うようにしています。ずっと家で仕事をしていると，考えることが多すぎて，発散させたり偶発的な発想をするために，雑談の時間を設けなければならないですね。5回に1回ぐらいはリアルに会いなさいと指導しています。

有沢氏：これからは，パフォーマンスを軸足とした定量的評価にチェンジしていくということなんだと思います。これからの時代は，より一層，評価と報酬の透明性を高めて，上司がコンタクトがとれない状況になっても，きちんとパフォーマンスで評価ができることが，全社員に伝わるようになれば問題ないのではないかと思うようになりました。

　当社では，「1日4時間働けばよい」と言っています。リモートワークによって労働時間が延びたという話がありますが，それでは本末転倒だと思い

ます。マネジメントの問題や，仕事の割り振りがうまくいっていないといったこともあると思います。当社の場合，Outlook のスケジューラーを使って，毎日，だれが何時間働いたかをリアルタイムでわかる仕組みを作っています。遅い時間まで働いていると，「そんな働かんでええで」と私のほうから連絡を入れるんです。最近は，みんなそういった連絡が来ることを知っているので，長く働くことの意義はまったくないということがわかってくれるようになりました。労働生産性を高めるには，少ないインプット（時間）で大きなアウトプット（パフォーマンス）を出すことが求められます。ですから，労働生産性を上げた人に，報奨金を出す仕組みを新たに入れました。働く時間を短くするために，会社も個人も工夫しましょうということです。

　空いた時間に個人が何をしても会社は干渉しないというスタンスを明言しています。例えば，空いた時間で自己研鑽しなさいという会社が多いと思うんですけど，社内ではそれはアウトだと言っています。自己研鑽しなさいと言った瞬間に，それは業務命令になります。反対に，パフォーマンスさえ上げればよいのかと問われることもありますが，ちゃんと上司とコミュニケーションをとるようにしてもらっています。

　労働時間が長くなることを防ぐ仕組みを作らなければならないと思っています。リモートワークをきっかけに，年間 1760 時間とか 1800 時間に，平均ではなくて全員ができるような体制をとるようにしていきたいと思っています。ただし，工場はそれができないので，本部とは別の報奨金制度，休暇制度を導入して報いるようにしました。

落合氏：生産性に関して手元にデータがあります。2020 年 9 月 29 日付の『日本経済新聞』で，オフィスとテレワークのどちらが生産性が高いかという調査がありました。日本では 40％の企業がテレワークのほうが下がるという回答です。他に中国，イギリス，ドイツ，アメリカなどでは，総じて 10％くらいが下がるといっています。この調査に表れた日本の特殊性は，日本の伝統的な労働慣行に起因しているのではないかと思います。2020 年 12 月 15 日付の『朝日新聞』の記事では，主要企業 100 社アンケートで，半数以上がリモートワークの体制を続ける一方で，体制を縮小するか，やめていた企業が 2 割余りあったということです。社員に聞くとテレワークで生産性が高まるという話がよく聞かれるけれども，多くの日本の大企業ではそうで

もないと回答しています。真摯に，何が原因かなのかをよく見たほうがよいと思います。

山口氏：リージョン（米州，欧州，中国，アジア）と日本のデータの傾向をみたのですが，まさに『日本経済新聞』の記事と同じような結果でした。リージョンの HR と話したのですが，社会観とか生活観といったところが日本と違います。日本の労働慣行では，「仕事第一」つまり最優先という働き方で，家庭は第二となっているのが現実として色濃くありますが，アメリカもヨーロッパも中国も，そこは違いました。つまり，海外における生産性はワークとライフを含めたものとして評価されています。日本も在宅勤務が一般的になって，家庭で会話をもっとするようになって，これまでとは異なる家庭の見方をし始めていると思います。例えば，子どもに対する接し方とか，教育の仕方，配偶者に対する接し方などです。「人生の豊かさ」というものは，これまでとは違うところにあるのではないかと感じるようになってきたのではないでしょうか。

　仕事の面においては，従業員一人ひとりが自分のキャリアを自律的に考えるための仕組みがますます重要になり，能力開発計画を作成し，マネージャーと面談する取り組みを始めました。

3.　座長による総評

　本座談会では，コロナ禍の影響のもとで，人事の最前線で陣頭指揮をされてきたリーダーの方々にお集まりいただき，今後の働き方と生き方について，活発で示唆的な議論がなされました。特に，評価の問題に関して，かなり突っ込んだ議論がなされたことが印象的でした。リモートワークで部下の活動が見えにくくなる中で，行動を評価するのではなく，正しく定義し記録された成果とパフォーマンスに軸を置いて人事評価を行うということです。また，コネクティビティの観点，すなわち，リモートワークの時代にあって，敢えて人と人とのつながりを持たせるために，会社に来たくなるようなオフィス環境や制度を整えることの戦略的な意義について議論がなされたことは，新しい視点ではなかろうかと感じました。

　ビジネス全体を考えた時に，組織としてかならず止めなければならないこ

と，断捨離しなければならないことがあります。組織的断捨離とは，組織と
そのメンバーが，陳腐化し不要となった知識や行動や手続きや慣行を廃棄
し，整理するプロセスを指しています。これまでの調査では，組織の断捨離
には３つの次元があることがわかっています。

　第１はビジネスの断捨離。これまで自社が行ってきた事業や市場や得意先
などのうち，陳腐化してしまったものをどうやって改廃していくのかという
ことです。コロナの影響で様々な産業，特に観光，交通，外食，芸術，ス
ポーツなどではかなり厳しい状況に陥り，ビジネスが立ち行かなくなったと
ころもあろうかと思います。そんな逆境の中でも，新たな方向を模索し，新
生していく組織があります。

　第２は内部慣行の断捨離。社内手続きや業界の慣行のうち，古くて時代に
そぐわなくなってきたもの，効率や正当性が失われてしまったものを破棄す
ることです。リモートワークを導入するにあたって，長時間勤務や成果によ
らない評価，無駄な会議や単身赴任など，矛盾を感じて改廃すべき課題とし
て浮き上がってきたものがあります。それがはっきりしたのが，コロナの副
作用であるというのは，まさにひょうたんからコマ。

　第３が考え方の断捨離です。つまり，価値観や信念やプライドなどを変更
していくこと。変えていくのが一番難しいと思われているのが，意識やメン
タルの部分です。その一方で，認知を変えることからしか，新しいことが起
こらないとも考えられています。座談会の発言でも，意識改革に関して様々
なご指摘がありました。

　アルバート・アインシュタインは次のように語っています。「いかなる問
題も，それを作り出した同じ意識の次元では解決できない。」この言葉が示
唆することは，問題解決には，次元を超える必要があるということです。タ
テ・ヨコ２次元の問題を，縦・横・高さの３次元から考え直す。３次元にと
らわれたわれわれのものの見方を，時間軸を加えて４次元でとらえ直してい
く。そして，時空を超えてワープする。

　ビフォー・コロナとアフター・コロナでは，ものの考え方に関しては，
「次元が変わる」ほどの変化が必要なのではないかと考えます。この座談会
をまとめるのは簡単なことではありませんが，参加者の発言と見出しに付け
られたキーワードを参考にして，読者の皆様には，働き方と生き方について
の「新たな次元」を定めるヒントを得ていただきたく思います。

4.　ファシリテーターによる考察

　私たちの生活はコロナによって様々な制限を余儀なくされた。それと同時に，私たちの働き方についても，ビフォー・コロナ，ウィズ・コロナ／アフター・コロナで大きな変革を遂げてきた。この変革を，ストップ，コンティニュー，スタートの分類で，人事リーダーたちと意見交換をしてきた中で，いただいた貴重な示唆について，人事施策，従業員のキャリア自律，管理職のマネジメントの視点で再整理し，考察としてのまとめをする。

　まず，ストップしたこととして，会社・人事という視点で，概念的なものから考えると，古き時代の慣習である過去への執着なのではないかという意見が挙がった。既得権的な古い体質は崩壊してきているという見方もあった。一方で，目的は変わらないけれどもやり方が変わるだけで，ストップするということは全体としてないのではないかという，変化の本質を大局的にとらえた意見もあった。長時間労働が評価される文化は消え去り，目の前にいる部下の努力や過程を評価する仕組みは，リモートワークによりいま変えていかざるをえないところに来ている。広い視点で見ると，日本型雇用システムそのものが機能しなくなってきているという。また，仕事そのもの，会議，接待，決裁の仕組みといったハード面の仕組みは姿を変えた。また，物理的な移動や，場所・空間についてもストップしたり減らしたりする取り組みが見られた。具体的には，出勤制限，スプリット・オペレーション（2班に分けたり離れた場所で業務を行うこと）による人員稼働率の調整，通勤手当の廃止，オフィス空間の減少などだ。これらは，だれの目にも見えやすい過去のものとして，あっという間に消え去っていった光景であり，みなの記憶にも新しい。

　従業員の視点からは，概念的には「ザ・サラリーマン的な思考や行動」，具体的には毎日の出勤，朝礼，対面での会議，顧客訪問，夜の会食などはストップすべきという意見が出た。具体的には，仕事を第一とする働き方といったソフト面の，いわば私たちのDNAに組み込まれていたこれまで正しいとされていた考えや行動，そして働き方自体が突如として全面的に否定された。管理職の視点からも，これまでのフェイス・トゥ・フェイスが原則とされていた勤怠管理を含むマネジメントは，リモートワークとなったために，不可能となった。これらストップしたことは，今からたった1年前まで

はすべて正しいこととされていたにもかかわらず，コロナが大きなパラダイム・シフトを起こし，消え去ったり，あるいは形を変えたりして残っていった。しかしながら人と人が偶然出会うことが少なくなったことによって，企業の持続的な成長に必要なイノベーションの機会が減ってきていることに，私たちは大いなる危機感を持つべきである。

　次に，継続して残すべきものは何であるのか。つまり，コンティニューするものは何かということである。会社・人事の視点からは，概念的には，「人材マネジメントの本質的な目的（ピープル・マネージャーによる業務指示，コーチング，進捗管理，人材育成などのチーム・マネジメント）は変わらないけれども，そのやり方が変わった」という意見が挙がった。具体的には，人事制度，評価制度，人事システムなどの仕組みである。人事の骨組みともいえるこれらの仕組みは今後も継続し，そして進化させることが必要であると考える。特に，評価制度についてその運用強化が必要であるという意見が多く，課題の本質が「評価」にあるということは想定通りである。今回の人事リーダーの所属する企業は，すでに先進的な取り組みを行ってきているからこそ，やり方を変えたり，強化したりすることでコンティニューの項目として挙げている。だが，過去から着手できていない企業は，コンティニューすることもある反面，新たな取り組みとしてスタートすべきことが目白押しであると推察する。

　従業員と管理者の間でのコミュニケーションは，コンティニューすべき項目として，多くの企業が挙げてきた点である。リモートワークで声がかけづらくなったという意見も一般的に聞くが，そうした環境下においても，オンライン会議など ICT を使いながらも，従業員の顔が見えるハイ・タッチな機会（個別対応する接点）を多く作るための工夫や取り組みの具体例がいくつもあげられた。このことは，コミュニケーションが仕事の基本動作であり，いわば仕事の OS ともいえる部分として，ウィズ・コロナ／アフター・コロナの時代においてアップデートして対応する必要があると，多くの企業が感じているからにほかならない。マネージャーと部下の信頼関係の積み重ねや人と人との協力は，どんな時代も継続が必要だ。

　最後に，アフター・コロナに向けてわれわれがスタートすべきことは何か。まず会社・人事の視点では，重要な概念として，すべてが極限までデジタル化していく（オンライン会議など）という前提で，リアルであることの

効率性のないもの（対面での会議，顧客訪問，出張など）はどんどんと駆逐されていくということだ。こうした大前提がこれまでの正解と大きく変わる中で，多様性，ダイバーシティ＆インクルージョン（多様性と包含）を大事にし，アジリティ（学習の俊敏性・機敏性）を高めることで，その変化に対応し，不確実性の高い中でも一人ひとりが自走していける文化を再形成し，クリエイティビティを刺激する職場を作るといった一連の流れが見えてきた。

　生産性向上についても非常に高い関心が持たれ，労働時間が長いことを美徳とせず，アウトプット重視で生産性を高めることを奨励するために報奨金を用意したり，「一日4時間だけ働けばよい」というメッセージを発信するなど，人々の考え方を大胆に変えていくための仕組みや仕掛けが多数紹介された。働き方ガイドラインを制定して浸透させたり，「リモートワークの会議術」といった会議そのものの生産性を上げる取り組みも見られた。

　重要な視点として，今期好業績を上げた企業の話があった。日本マクドナルドは増収増益，日本M&Aセンターも過去最高の売上・利益，ダイドードリンコは売上は減少したものの，経費が下がり，増益の決算だ。生産性向上によって削減した経費を，内部留保するのではなく，未来の成長に向けた投資に向けるという視点が大切であるという意見も出た。持続的な成長に向けて人事が持つべき大変重要な視座であると考える。

　生産性向上のもう1つ重要な視点に，人員数の最適化がある。生産性の向上ができない企業は，経費の大きな部分を占める人件費の削減に手を付けざるをえない。雇用確保の観点からも，生産性向上は経営者と社員が一体となり取り組むべき重大テーマである。また，評価について，リモートワークで部下と上司が同じ場所・空間に居ないことを前提として，どのように評価すべきか。多くの回答が，パフォーマンスを軸足とした評価，つまり，仕事と結果で定量的に評価するということだ。この流れはもはや不可逆的であり，評価制度の見直しは急務であると考える。どのようにして透明性を高めるのかといった視点も重要である。

　従業員の視点からは，人生の豊かさについて再考する機会となり，仕事と自身の心の健康，そして家庭の3つがともに大事で，3KM（会社 Kaisha・家庭 Katei・個人 Kojin）として，三者を同時にハッピーにし，それぞれ150％達成して，実りある人生を送ること（Management）が大事だという。

これまでの仕事中心の生活を見直すこと，まさにカゴメ流でいうところの「生き方改革」（会社で使いすぎていた時間を個人に振り向けることでより充実した人生を過ごすという一連の取り組み）が，すべての企業と働く人に突き付けられた重要課題と認識したい。従業員一人ひとりが健康で長く働く。その前提として，リスキル・アップスキルがこれまた大切になってくる。生産性向上によって空いた時間を自分自身の磨き直しに当てて，変化に対応できる人は，たとえ仕事が変わっても適応ができるだろう。

　また，管理職の視点からは，コネクティビティ，人と人との接点を持ち，チームには心理的安全性（他者からの反応に怯えたり，羞恥心を感じたりすることなく，自然体の自分をさらけ出すことができる状態）を与えることが大切であるという意見が出た。人と人とのつながりをしっかりと持ち，万人に画一的な対応をするのではなく，個に迫ったコミュニケーションを大事にするということだ。特にリモートワークになり，リアルに会えない時が多くなるからこそ，意識的に対面で会うようにする。具体的には5回に1回くらいはリアルに会うとよいと推奨していることも紹介された。日々の時間単位のスケジュールを見える化する取り組みや，管理職の意識改革のための研修の取り組みなども紹介された。

　従来とは異なる環境に置かれた中で，意識の部分における断捨離が一番難しい。特に管理職は過去に執着しがちで，既得権的な古い体質を持っていることが多く，マインドセットの変革が急務であると考える。

　今回の人事リーダーによる座談会で，リアルな世界で進行したビフォー・コロナ，ウィズ・コロナ，アフター・コロナにおける，ストップ，スタート，コンティニューすることについて数多くの示唆をいただいた。読者の皆さんの考えの整理や取り組みの参考になれば幸いである。

表 5-1　新しい働き方のストップ・コンティニュー・スタートへの示唆一覧

	ストップ	コンティニュー	スタート
会社・人事	＜概念＞ ●目的は変わらないけどやり方が変わるだけで，なにかをストップするということは全体としてはない ●過去への執着	＜概念＞ ●人材マネジメントの本質的な目的（ピープル・マネージャーによるチーム・マネジメント）は変わらないけれども，そのやり方が変	＜概念＞ ●すべては極限までデジタル化にどんどん進んでいく

●既得権的な「古き体質」の
破壊（「同質的，連続的，
固定的な終身年功サラリー
マン集団と男性正社員で構
成される会社組織」の崩
壊）

●リアルであることの効率性
がないものは，どんどん駆
逐されていく

<組織文化・生産性>

●長時間労働が当たり前でそ
れが評価される文化

●（人と人とが偶然会うこと
が少なくなったことによ
る）イノベーション機会の
喪失

<人員数>

●スプリット・オペレーショ
ンなどによる人員の稼働率

<人事制度>

●日本型雇用システム（職務
無限定，会社の専決事項と
しての異動配置させる仕組
み，年功序列型の昇給）

<評価>

●目の前にいる部下を評価す
る

●「人（individual）と努力・
過程（effort・process）」で
評価

<仕組み>

●朝礼，押印，社内決裁の仕

わった

<組織文化>

●人と人との協力を大事にす
る

<人事制度>

●ジョブ型や職務等級制度
（すでに導入済みの企業の
場合）

●スマートワーク・ポリシー
（評価はオフィスにいる時
間ではしない，結果で評価
する）

<評価>

●評価と報酬の透明性の確保

●定量評価をよりしっかりと
行う

●部下が目の前にいなくても
評価する

●マネージャーによるばらつ
きを均質にして質を上げて
いく

●マネージャー・スコアカー
ドという半年に一度，部下
がマネージャーをアンケー
ト形式で評価する仕組みを
通じて，マネージャーの能
力を可視化

<システム化>

●人事システムプロジェクト
によるDX推進

<組織文化>

●ダイバーシティ＆インク
ルージョンを大事にする

●アジリティ（学習の俊敏
性・機敏性）の向上

●不確実性の高い時代に，一
人ひとりが自走していける
ような文化を再形成

●オフィスにこそカネをかけ
てクリエイティブ・ワーク
プレイスを作って，会社に
来たいというようなカル
チャーを醸成

<生産性>

●一日4時間だけ働けばよい
とする

●労働時間が長くなることを
防ぐ仕組みを作る

●労働生産性を上げた人に，
報奨金を出す仕組み（本
部，現場別の仕組みで）

●共通の働き方の概念を「勤
務と生活のガイドライン」
として作成

●リモートワークの会議術の
研修（リアルな会議をリ
モート会議において作り出
すための工夫）

●リモートで営業するインサ
イド・セールス・チームと
いう組織の発足

●カットできたものを何か他
に振り分けて投資する

●リモートワークの生産性が
低いと回答する日本企業の
真の原因の調べ

[左列]

　組み

● （無駄な）仕事・会議

●接待，会食

●会議での紙の配布

●紙の役所提出

＜移動・空間＞

●物理的な移動（例．海外出張，単身赴任，顧客訪問）

●出勤

●通勤手当

●オフィス

[中列]

＜仕組み＞

●朝会（話すきっかけづくり）

＜移動・空間＞

●ホーム・オフィス拠点からの営業活動

[右列]

＜人員数＞

●人員数の適正化

＜人事制度＞

●キャリアを自律的に考えるための能力開発計画の作成と，マネージャーとの面談

●社内公募の周知

●テレワーク手当／在宅手当

●子育て関連特殊出費サポート

●抗体検査，PCR 検査補助

●オンライン飲み会補助

＜評価＞

●目の前にいない部下を評価する

●「仕事（job）と結果（outcome）」で評価

●パフォーマンスを軸足とした定量的評価

●コンピテンシーなどの能力やスキルを可視化

＜仕組み＞

● （押印に代えて）氏名のタイプイン

＜システム化＞

●通信環境などのシステムへの追加投資

＜移動・空間＞

● （通勤不安への配慮として）時差出勤，休日含めた

			シフト ●サテライト・オフィスとハイブリッド・ミーティング
従業員	<概念> ●ザ・サラリーマン的な思考や行動 <働き方> ●仕事第一の働き方	<コミュニケーション> ●顔を見ながら話す機会（例．1on1 ミーティング／チェック・イン，職場のオンライン飲み会，コーヒー・チャット座談会，雑談の時間)	<生き方・働き方> ●人生の豊かさについての再考，個人のクオリティ・オブ・ライフの向上 ●家庭における家族との新しい接し方 ●仕事も家庭も，とにかくベストな状態にする ●ウェルネス（心身の健康）に関する情報提供 ●「3KM（会社 Kaisha，個人 Kojin，家庭 Katei）」が３つとも同時にハッピーにならないといけないとして，それぞれ150% 達成して実りある人生を送ること（Management）が大事 <従業員ファースト> ●一人ひとりの価値を大事にする ●従業員が健康で長く働ける環境づくり <人材育成> ●空いた時間を学習と健康に充てていく ●リスキル・アップスキル（例．デジタル・スキル，デザイン・シンキング） ●ウェブ・セミナー（チャットやアンケート機能を活用するなど双方向のコミュニケーションの場)

		●ブレーン・ストーミング機能などよりクリエイティブな議論を可能とするツールの活用
管理職	＜マネジメント＞ ●勤怠管理はフェイス・トゥ・フェイスが原則	＜コミュニケーション＞ ●リアルの時もリモートの時も，部下とコミュニケーションをとる ●1on1 ミーティング ●ピープル・マネージャーへの 1on1 ミーティングの指導 ●マネージャーと部下との信頼関係の積み重ね	＜コミュニケーション＞ ●人肌の部分の担保（コネクティビティ，つまり人と人との接点をとても重要視） ●心理的安全性を与える ●個に迫ったコミュニケーション（例. 個々の社員の成熟度や得手不得手に応じるなど） ●レコグニション（褒める）の機会の創出 ＜部下マネジメント＞ ●5 回に 1 回ぐらいはリアルに会う ● Outlook スケジューラーを使って毎日だれが何時間働いたかを全部リアルタイムでわかる仕組み ●空いた時間は個人が何をしても会社は干渉しない ＜管理職育成・研修＞ ●意識づけのための管理職全員への研修 ● IT リテラシーを高めるためのオンライン会議の活用

5.　「新たな次元」について人事担当責任者からの一言

■「会社変革＝コーポレート・トランスフォーメーション（CX）」を進めるチャンス（落合氏）

このコロナ禍は，私たちに様々な気づきを与えてくれました（啓示だと思います）。人事の領域だけでも，日本の常識や当たり前（ザ・サラリーマンの働き方等）と思っていたことが，実はそうではなかったという気づきが，あらためて浮き彫りになったと思います。もう後戻りはできませんし，これは良いチャンスだと考えます。具体的には，各国に比べ著しく後れを取っている「デジタル化」を推進し，これを梃にして，一気に「会社変革＝コーポレート・トランスフォーメーション（CX）」を進めるべきと考えます。チャンスです！！

■「アイデアの創出，心の充足感（メンタル問題の回避），信頼関係の構築の源」（松尾氏）

リモート環境の中で，人と人とのつながりの機会をどう与え，作っていくかがキーと思います。アイデアの創出，心の充足感（メンタル問題の回避），信頼関係の構築の源と思います。生産性，通勤環境の改善をリモートで，つながりをオフィスで，という二面をうまく使い分けることができる会社が優良な社員を集め，リテンションを可能にし，発展していくのかと思います。

■「愛」（有賀氏）

「愛」とさせていただきます。リモート，デジタル，バーチャル，テクノロジーの時代だからこそ，「愛」が大事なのではないかと。経営から社員への，上司から部下への，同僚同士での，お客様への，家族はもちろん……，すべての「愛」です。

■「チャンス・チェンジ・チャレンジ」（濱中氏）

「チャンス・チェンジ・チャレンジ」クオリティーの追求。当社はチャレンジを常に意識し失敗を恐れずにチャレンジし続けることを称賛しています。

■「不確実な状況に対応する勇気と Agility（俊敏性・機敏性）」（川野氏）

画面 1 列目左上から，樋口氏，髙橋氏，落合氏，松尾氏
画面 2 列目左上から，有賀氏，濱中氏，川野氏，山口氏
画面 3 列目左上から，有沢氏，横家氏

マインドセットの観点から，「不確実な状況に対応する勇気とアジリティ」がより必要とされる時代だと考えます。

■「創造と受容と絆を確かめる」（山口氏）

過去に比べてはるかに未知あるいは予測困難な時代で，また何が正解かわかりかねる，さらにはお互いの状況（心，プロセス，業績）が不透明な中で，だれでもが「創造と受容」を繰り返し，「絆」を確かめることが新たな次元のあり方だと考えます。

■「真の『キャリア自律の時代』の到来〜多様な価値観の一層の尊重〜」（有沢氏）

新型コロナウイルスにより従業員の「働き方」が雇用や報酬等をとりまく環境とともに大きく変貌を遂げようとしている中，企業経営において人事部門の役割はますます高まってきています。いまや人事戦略は企業戦略の中でも最も重要な戦略と位置づけられるでしょう。またそれと同時に会社と従業員との関係も新しい局面を迎えており，その中でも多様な価値観を持つ人材の

マネジメントが喫緊の課題となっています。今後は，今の時代だからこそあるべき未来の「真のキャリア自律」から逆算した人事制度改革を行うべきだと信じています。

座談会参加者紹介（氏名による50音順，会社名および役職名は座談会開催時のもの）

有賀 誠氏（株式会社日本M&Aセンター　常務執行役員　人材ファースト統括）
　1981年，北海道大学法学部卒業。1993年，ミシガン大学経営大学院（MBA）修了。1981年，日本鋼管（現JFE）入社。生産管理，米国事業，経営企画などに携わる。1997年，日本ゼネラル・モーターズに人事マネージャーとして入社。部品部門デルファイの日本法人を立ち上げ，のちに日本デルファイ取締役副社長兼アジア・パシフィック人事本部長。2003年，ダイムラークライスラー傘下の三菱自動車にて常務執行役員人事本部長。グローバル人事制度の構築および次世代リーダー育成プログラムを手がける。2005年，ユニクロ執行役員（生産担当）を経て，2006年，エディー・バウアー・ジャパン代表取締役社長に就任。その後，人事分野の業務に戻り，2009年に日本IBM人事部門理事，2010年に日本ヒューレット・パッカード取締役執行役員人事統括本部長，2016年よりミスミグループ本社統括執行役員人材開発センター長。急成長の裏で遅れていた組織づくりを推進，2018年度には国内800人，グローバル3000人規模の採用を実現した。2020年4月より現職。

有沢 正人氏（カゴメ株式会社　常務執行役員　CHO）
　1984年に協和銀行（現りそな銀行）に入行。銀行派遣によりアメリカでMBAを取得後，主に人事，経営企画に携わる。2004年にHOYAに入社。人事担当ディレクターとして全世界のHOYAグループの人事を統括。全世界共通の職務等級制度や評価制度の導入を行う。また委員会設置会社として指名委員会，報酬委員会の事務局長も兼任。グローバルサクセッションプランの導入等を通じて事業部の枠を超えたグローバルな人事制度を構築する。2008年にAIU保険会社に人事担当執行役員として入社。ニューヨークの本社とともに日本独自のジョブグレーディング制度や評価体系を構築する。2012年にカゴメに特別顧問として入社。カゴメの人事面でのグローバル化の統括責任者となり，全世界共通の人事制度の構築を行っている。2012年より執行役員人事部長に就任。2018年より常務執行役員CHO（最高人事責任者）となり国内だけでなく全世界のカゴメの人事最高責任者である。

落合 亨氏（日本マクドナルド株式会社　人事本部　上席執行役員　チーフ・ピープル・オフィサー）
　1979年，明治大学商学部卒業。同年ヤクルト本社入社，83年人事部へ。90年に日本ペプシコーラ社に入社後，日本ペプシコーラボトリング社にて，リストラクチャリング，人事制度の改革をリード。98年HRマネジング・ディレクターとしてディズニーストア入社。ウォルト・ディズニー・ジャパン㈱の人事総務担当責任者／バイス・プレジデント，日本／韓国の人事総務担当責任者を歴任し，ウォルト・ディズニー・アジアの成長戦略を人事面からのサポート。18年6月より現職。関西学院大学経営戦略研究科・客員教授。キャリアカウンセラー，認定コーチ。

川野 多恵子氏（バクスター株式会社　執行役員　人事総務本部長〔現職：アクサ生命保険株式会社常務執行役員兼チーフヒューマンリソースオフィサー〕）

　慶應義塾大学卒業。マギル大学 MBA 取得。外資系企業にて人事制度構築，組織開発，タレントマネジメントなど，戦略人事に従事する。うち，米系金融業界に約 15 年間在籍し，日本およびアジア・パシフィックの人事に携わる。のち欧州系リテール企業にて人事本部長として制度構築，エンゲージメントやインクルージョン推進など，変革に携わる。現在は米系ヘルスケア企業にてニューノーマルにおける能力開発や人材フロー，組織・企業文化の変革を推進している。幼少期・学生時代の 15 年間をアメリカで過ごし，また大学院在学中にヨーロッパに留学した経験を有する。

濱中 昭一氏（ダイドードリンコ株式会社　取締役　執行役員　人事総務本部長）

　1965 年奈良県出身。大学卒業後，1987 年ダイドードリンコに入社し，1994 年より営業所所長を歴任後，2001 年営業管理課長就任し，2002 年人事部が発足し人事部課長として着任。2011 年人事総務部長を経て，2013 年執行役員人事総務本部長に就任後，2017 年より取締役執行役員人事総務本部長，2022 年より組織変更にて取締役執行役員人事総務部長。

松尾 孝氏（インベスコ・アセット・マネジメント株式会社　取締役管理担当兼管理本部長兼人事部長）

　1988 年，早稲田大学政治経済学部卒業。同年に埼玉銀行（現りそなグループ）に入行し，国内・海外の支店にて，主に個人・法人営業，人事を担当。2002 年 9 月に，ドレスナー・クラインオート・ワッサースタイン証券東京支店に人事部ヴァイス・プレジテントとして入社。2005 年 6 月にフランク・ラッセル（現ラッセル・インベストメント）に入社，2007 年 3 月に人事部長に就任。2009 年 6 月にインベスコ投信投資顧問（現インベスコ・アセット・マネジメント）に人事部長として入社。2020 年 4 月より現職。

山口 敬氏（日立 Astemo 株式会社　CHRO&CCO 兼 人財統括本部長）

　1986 年慶應義塾大学卒業，同年，日立製作所に入社。1998 年まで事業所人事勤労業務，文書業務，本社国際人事業務に従事。1998 年から 2015 年まで，シティバンク銀行人事本部タレントマネジメントヘッド。日本における人材育成方針，スキームの策定，推進，事業売却に伴う移籍プロジェクトメンバーとして，HR プログラムをレビューし，移行。シティグループサービスジャパン人事本部　組織開発／採用ヘッド，人財の採用方針，employee value proposition などを確立。シティバンク銀行人事本部　個人金融本部担当　シニア HR ジェネラリストとして，新規ビジネス組織の立ち上げやリエンジニアリングなど主要施策をリード。シティバンク銀行人事本部採用ヘッド兼日興シティ信託銀行 HR ジェネラリストとして，日興との JV にて文化融合，新規 HR プログラムを推進。シティバンク，エヌ・エイ東京支店　採用担当マネージャー（米国修士卒，新卒）。2015 年に株式会社 SMBC 信託銀行（シティバンク銀行の個人金融部門の事業売却に伴い移籍），プレスティア人事部長，内部監査部部長を歴任。2019 年，日立オートモーティブシステムズ　エグゼクティブ・オフィサー　CHRO & CCO グローバルベースで事業構造改革に伴う組織改革および人財部門の組織改革，グローバル HR プログラムの導入等をリード。2021 年より現職。

第**6**章
リモートワーク時代の企業における
学び・育成のあり方

　コロナ禍で，一気にリモートワーク＆リアルワークという，ハイブリッドな働き方が前提となった。そもそも，企業をとりまく大きな環境変化の中で，企業人の学びや育成のあり方については，変化の只中にあった。その背中を押したのがコロナ禍であったとも言えるのである。

　本章では，試行錯誤を重ねながら急速に変化する，企業における学びや育成のあり方について，その背景や傾向を具体的な事例をもとに検討していく。そしてそこから，リモートワークを前提とした変化を見いだし，今後のハイブリッドな働き方が前提となった時代における，企業人の学びや育成のありようを展望することを目指していく。

1. コロナ以前から変化し続ける，企業人の学びや育成のあり方

　近年，企業をとりまく環境は劇的に変化し，企業人に求められる役割や行動，知識やスキルは急速に変化していると言われる。まず，近年の企業における学びや育成に関する変化について概観する。

　厚生労働省「今後の人材開発政策の在り方に関する研究会報告書」(2020)では，今後の人材開発を取りまく背景と，その今日的文脈が整理されている。主な背景としては，短期的なコロナ影響はもちろんのこと，中期的には労働生産人口が大きく減少する中で生産性の向上が期待されること，またAIやロボティクス，第4次産業革命により企業人に求められる知識やスキル，組織活動のありようそのものが変化していくことが挙げられている。そ

して，新たに求められる知識・スキルの獲得に向けた「リスキル（再教育や再訓練）」の重要性，企業で働く一人ひとりが，学び直しも視野に入れた主体的なキャリア形成を進めていくこと，転職や社外活動を前提としたスキル・能力の可視化を進めていくこと等が提案されている。特に，リスキルについては，2020 年に開催されたダボス会議でも提言されており，デジタル領域を中心に変化するこれからビジネス環境に適応するための核となる概念であると言える。

　また，環境変化に伴う企業人の学び方の変化に関する検討も行われている。辰巳（2019）は，その変化を，いつか役に立つと考える「貯蓄型の学び」から，使いながら学ぶ・使う場面を設定した上で学ぶという「アウトプット型の学び」への変化であるとし，具体的な議論を展開している。その特徴は，今，使う必要がある事柄について，他者とともにコミュニケーションを伴う学びのデザインが有効であり，そして，その学びは自らのアウトプットから始まるとする。また，その学びを促進する自身の姿勢として，完璧な状態で仕事の成果を出そうとするのではなく，「良質なフィードバックが得られる環境に身を置くこと，そしてそのフィードバックに自らの置かれた状況を見極め，自分の考えを柔軟に変えていくこと」が期待される，とまとめている。

　さらに，企業人が所属する社内外の組織の枠を越えた活動から学ぶ「越境学習」など，知識・スキルの独習や自職場の OJT（オン・ザ・ジョブトレーニング）以外の学び方についても注目が集まっている。これは，企業組織・個人の双方にとっても，不確実な環境下における新たな取り組みが求められる中で，固定化された，連続的な学習や経験では不十分であるという背景からである。小方（2020）は，企業人を対象とし，管理職として成長する人材の，中堅リーダーや一般社員時代の有用な経験を特定することを目指し，定量調査を実施した。そして，管理職として成長する人材は，中堅リーダー時代に「仕事上」でも「越境場面」でも，リーダーとして，困難な場面に直面し，それらを糧としていることを報告している。具体的には，組織間のはざまに落ちるような重要な問題を特定し自らが取り組む，まったく未知の領域においても手を挙げて率先して課題解決をリードする，年代や背景が異なる人々との対話を重ねて粘り強く合意形成に至るといった内容である。自組織や自社の兼務先，社外活動であるボランティアや町内会活動，地域ス

ポーツ団体の幹事役など，場面や状況を問わず，成長につながる機会や経験
として活かし，そこから学びを獲得している。人々は，既に本業にもそれら
の経験を応用しているのである。

　では，ここまで述べた学びや育成の変化について，企業で働く人々，そし
て企業自身はどのようにとらえているのだろうか。労働政策研究・研修機構
(2021)の「人材育成と能力開発の現状と課題に関する調査」では，次のよう
な結果が報告されている。企業で働く人々を対象とした調査では，22.5％
の回答者が「仕事をしていく上での能力を高めてきたことで，会社への定着
意欲が高まった，またはやや高まる」と回答した。そして，26.2％が，「仕
事に対するモチベーションも高まった」と回答している。また，企業を対象
とした調査では，「企業の人材育成や能力開発の方針の明確さ」を併せて分
析した際に，それらの方針が明確な企業に属する人々のほうが，自身の能力
開発が（組織や当該企業への）定着やモチベーション向上につながっている
ととらえていることが報告されている。つまり，コロナ禍のような不確実な
先が見えない環境下においても，明確な企業側の方針と併せて自身の能力を
高めていくことが，結果的に仕事へのモチベーションの向上，企業へのコ
ミットメントにつながっていくのであろう。他方，企業への調査からは，約
30％の企業群は人材育成・能力開発方針を定めていないことも報告されてお
り，今後の課題であると言える。

　以上，企業人の学びや育成をとりまく今日的文脈や変化を確認し，それら
の今後のあり方の検討に向けた，前提を整理した。環境変化・技術変化によ
る学びの更新や継続，人口減少による生産性の向上が底流に存在すること，
アウトプット型という新たな学びのあり方が提案されていること，学びの機
会や経験をデザインする際に，独習や組織内 OJT に限らず，組織外越境経
験も視野に入れるべきであること，が示唆された。また，これらの学びや育
成は，今日的な環境においても，本人に組織コミットメントやモチベーショ
ンの高まりに寄与することも併せて確認された。これらをふまえ，リモート
ワーク時代の学びや育成のあり方について，具体的事例をもとに検討を進め
ていく。

2.　鍵となる実践やフィードバック，協働や連携への拡張

　2020 年，コロナ禍での企業活動の一部停止，臨時休校や病院や介護などの機能縮小に伴う職場と家庭という境界線の変更は，私たちのワーク・ライフ活動に大きな変化をもたらした。その変化への対応を行いつつ，大学などの学校教育においては，中原（2021）をはじめとした「学びを止めるな」のコピーと相俟って，講義やゼミ，各種学校の授業のオンライン化が急速に進んだ。その流れは企業人教育にも及び，田原（2020）が報告するような，Zoom や Microsoft Teams 等を用いた，オンライン上での双方向型を目指した学びが広く展開されることとなった。急速なオンライン化に伴い，様々な試行錯誤が短期間に行われ，制約のある中でも学びの効果を高めるための複数の形態と最適なアプローチが経験的に集約されていった。小仁（2021）は，オンライン研修の形態を 4 つに整理してその特徴を整理している（表6-1）。ここから，これまで集合型で行っていた研修が目的に照らして細分化，最適化される動きも本格化してきたことがうかがえる。従前であれば，集合型の研修やワークショップは，個人での独習や経営層の講話，そしてお互いの持論を闘わせるディスカッションや，双方の意図や背景を深く共有するための対話がすべて盛り込まれていた。しかし，非集合という制約の中で，クラスルームやウェビナー，E ラーニングやオンデマンドといった「双方向性の有無」「同期・非同期の必要性の高さ」によって分解され，それらを組み合わせて目的や成果を目指していくアプローチが一般的になってきたということであろう。

　これらは，学びの継続という意味で大きな貢献を果たしたが，各種学校で

表6-1　オンライン研修 4 つの形態

形態	アプローチ	特徴
双方向×同期	オンライン・クラスルーム	体験共有，即時フィードバック
一方向×同期	ウェビナー	大人数リアル共有
双方向×非同期	E ラーニング	個人学習
一方向×非同期	オンデマンド	大人数効率的・再生産

出所：小仁（2021）を参照し，筆者作成

見られた ICT 機器の整備状況による格差や，オンライン授業が長期化した大学教育における学生の一方向授業への不満などの諸問題は，企業人教育においても同様に報告されている。特に，コロナ禍の中で，新入社員や中途入社者など，新たな組織や業務，関係性への適応を求められた人々への対応は収束しているとは言えない。それらの人々に向けた継続的なサポートの必要性が指摘されるなど，組織内の格差もクローズアップされた。それらの総括には多少の時間が必要となろう。

　では，リモート時代の企業人の学びは，今日的な文脈や学び方の変化の観点からどのように進化・発展していくことになるのであろうか。以下，企業研修の変化，上司と部下のコミュニケーションのあり方の変化，学びの機会や経験にまつわる変化について，公開された事例をもとに検討を進めていく。

2-1.　事例 1【企業研修】
フィールドワークと相互学習で職場の学びを最大化―デンソー―

　デンソーでは，組織マネジメントや現場における人材育成を強化するため，2010 年前後より新任担当係長任用時のトレーニングプログラムを継続的に行ってきた。内容は，昇進直後の高いモチベーションを持つ担当係長に，新たな組織マネジメントのあり方を考えてもらう目的で，新しい役割を担うことへの期待・不安・悩みを持ち寄り，2 日間議論し学びを深める場としている。今般の環境下においても，非対面を原則としつつも，ファシリテーターと受講者間の議論を中心の価値として，集合研修と同等以上の学びの質を目指した企画・立案を目指した。同社では，双方向の学びや育成を目指す上で，オンライン化のメリット・デメリットを次の通り整理し，企画・検討を進めた。まずオンライン化のメリットについては，「フレキシブルな参加形態やプログラム構成が可能になること」とした。移動時間の削減により，従前であれば早退の必要があった受講者の参加も可能になる。デメリットは，「場で新たな価値や概念を生み出したり議論の次元を上げたりすること，何かを体感して腹に落とすこと，新しい関係性を構築することは一般的な非対面では困難である」とした。対面研修では，ディスカッションや対話の中で，相手のちょっとしたしぐさや顔色，場全体の空気感の変化が大きな

図 6-1　プログラムの全体像

オンラインプログラムと職場実践を行き来して学ぶ構造

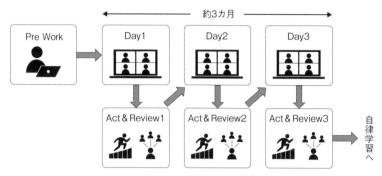

©リクルートマネジメントソリューションズ 2021

出所：リクルートマネジメントソリューションズ提供資料

ダイナミズムにつながることがある。「オンライン・クラスルーム」でこれ
までの成果をどのように実現していくのか，ブレイクスルーが必要であっ
た。

　様々な試行錯誤の結果，同社のプログラムは，フィールドワークと受講者
間の相互学習を組み込んだ，図 6-1 として結実した。その要点は次の 2 つで
ある。まず，学ぶメインフィールドを職場と位置づけ，「フィールドワーク
（実践）」を最重視した点，次に，「相互学習」を重視した点である。前者は，
オンライン研修（Day1～3）の場を，フィールドワークの合間に戻ってきて
エネルギーや知恵を補給する「ベースキャンプ」と位置づけ，実践の場と研
修の場を往復しながら効果的に学ぶ仕組みが基軸とした。後者として，同じ
プログラムを受講する仲間たちで学び合う「Act & Review1～3」が導入さ
れた。ここでは，職場でのフィールドワークの後，受講する仲間たちとの
WEB 会議により経験を分かち合える仕組みが取り入れられた。加えて，約
600 名の受講者が参加する「Basecamp on Teams」という社内コミュニティ
を併せて立ち上げ，受講コースごとに投稿・討議ルーム（Teams チャネル）
を設置し，他コースの参加者も自由に出入りできる場が設けられた。最後
に，フィールドワーク等の成果についても，全受講者が相互確認し，フィー
ドバック・アドバイスできるような仕組みも導入された。

　結果，Day1～3 へと分散化されたオンライン研修の場は，マネジメント

図6-2　管理者基礎研修における実現したい学びと学び方

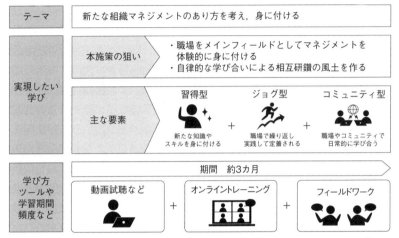

©リクルートマネジメントソリューションズ 2021
出所：リクルートマネジメントソリューションズ提供資料

に関する新たな知見のインプットや討議の場という役割に加えて，職場実践（フィールドワーク）状況の振り返りとアクション共有の場へ拡張された。そして，最終的な受講者の自律的な学習に向けて，プログラム内では受講者同士の相互学習（peer-learning）機能を，オンライン研修の場以外の実践場面での伴走にも装着し，新たに獲得した学びの習慣化までを目指している。そして，これらの取り組みの結果，高い受講者満足度と高い職場実践につながり，オンライン・クラスルームにおける，学びを効果的にするための示唆が得られたことが報告されている。

　本事例の目指した学びや育成のテーマ，実現したい学びや学び方を整理し，図6-2としてまとめた。どのような学びや育成を目指すのかという目標を明確にし，要素に分解した上で最適なアプローチを選択する。そして，それらが有機的に結びついて目指す状態に近づくようチューニングをかける。本ケースは，これからの学びや育成のデザインのあり方を体現しようと試みたケース，とも言えるだろう。

2-2.　事例 2 【上司・部下コミュニケーション】
　　　1on1 をコミュニケーションの基盤とする―ヤフーほか―

　1on1（ワン・オン・ワン）とは，「部下が日常的に考えていることや思っ
ていることを率直に上司と対話する場」と定義される。近年，評価や業務
ミーティングとは異なる位置づけで，多くの企業への導入が進められてき
た。ヤフーにて，1on1 の導入を主導した本間（2017）は，「上長と部下との
一対一のミーティングにより，コミュニケーション不足を解消すること」が
狙いであったと述べる。導入される前の組織においては，「人間関係に慣れ
てくると大事なことを言葉でしっかり届けることがなおざりになりがち」で
あったと言う。そして，自身も過去の組織の部下から「本間さんは何を考え
ているかわからない」と言われたことから，対話の重要性については強く認
識していたと述べる。ヤフーにおける 1on1 の取り組みは，のちに日本企業
で 1on1 が導入されるきっかけとなった。

　では，1on1 の担い手である，上司と部下間のコミュニケーションは，リ
モートワークでどのように変化したのだろうか。リクルートマネジメントソ
リューションズによる「テレワーク緊急実態調査」（藤澤，2020ab）による
と，組織や職場におけるコミュニケーション面の変化として，「感謝の言葉
をかけたり，かけられたりする機会」や「雑談や思いつきレベルのアイディ
アの共有」，「同僚と，お互いの仕事の進捗を気にかけ，助けあう機会」が減
少しているとの結果が報告されている。そして，上司と部下間のコミュニ
ケーションについては，半数以上の管理職が「部下がさぼっていないか心配
である」と回答している。加えて，リモートワーク下では，管理職・一般従
業員にかかわらず，「さびしさや疎外感を感じる気持ち」や「仕事のプロセ
スや成果が適正に評価されないのではという不安」が増すとの報告がなされ
ている。お互いに相手が見えない不安から，コミュニケーションや関係性の
観点から疑心暗鬼のサイクルに陥るという，リモートワークの負の側面が改
めて確認されたと言えよう。

　リモートワークにおける，上司と部下のコミュニケーションのあり方につ
いて，1on1 の企業への導入を支援する星野（2020）は，上司のマネジメン
ト活動サイクル（計画―組織化―指示―統制―調整）ごとにそのポイントを
整理している（図 6-3）。それによると，まず，「計画」においては，状況が
変化する前提で計画変更が発生することを想定していくことが重要である。

図6-3　マネジメントサイクルにおける1on1ミーティング対応例

	テレワークにおいて，留意すべきポイント	1on1ミーティングによる対応例
計画	✓ 目標を短サイクルで区切り，見えてきたものを踏まえ，その都度修正していくことが必要	→ 「見えてきたもの」について上司部下で頻繁に対話し，計画を定期的に見直す
組織化	✓ 部下の仕事環境や内面を把握した上で，仕事の割り当ての綿密な設計が必要	→ 部下の仕事環境や内面を1on1ミーティングで上司が定期的に把握
指示	✓ 仕事の目的，アウトプットの質・期限を明確に指示することが重要	→ 仕事を指示する際に，進捗で不安があれば1on1ミーティングの際に相談に乗ることを明示
統制	✓ 部下一人ひとりに高い自律性が求められる。部下が健全さを保ち，職務に集中できるようにサポートしていくことが不可欠	→ 1on1ミーティングにおいて，上司は，部下の自律性が高まる関わり方をする
調整	✓ 上司部下間のコミュニケーション量が減るため，意図的なコミュニケーション機会の設定が必要	→ 意図的なコミュニケーション機会である1on1ミーティングを導入することで，上司部下間のコミュニケーション量を担保

©リクルートマネジメントソリューションズ2021

出所：星野（2020）

そして，1on1場面では，変化の兆候＝「見えてきたもの」をめぐった頻繁な対話が有用である。次に「組織化」では，部下の置かれている状況をとらえ，仕事の割り当てに関する緻密な設計を行い，そして場面ではその状況を定期的に上司が把握することが期待される。これは，リアルワークのように部下の状況変化を摑みづらいリモート状況における要点の1つであろう。そして，「指示」では，アウトプットの期日や内容などを明確に指示することが求められ，1on1の場を具体的な相談の場として活用することが有用であるとされる。これは，仕事の進捗状況を，上司・部下の双方が確認しづらいリモートワーク下において，大幅な軌道修正や手戻りを防ぐためにも，そして部下のモチベーションを高いレベルで維持するためにも有用であるということだろう。「統制」では，上司も部下もリモートワークには自律性が高いレベルで求められることから，1on1場面も含めて部下の自律性を引き出すような上司の関わりが有効であることが報告されている。最後に，「調整」では，1on1という，上司・部下間の公式のコミュニケーション機会を活用することが，上司にとっても，リモートワーク時のマネジメントサイクルを機能させる鍵であることを報告している。

　つまり，上司・部下間において，1on1を両者のコミュニケーションの基

盤として活用しながら，業務の PDCA サイクルを意識してコミュニケーションをデザインすることが重要である。その結果，上司のマネジメント変革，部下が「個として立つ」（武藤，2021），つまり，部下の自律性を引き出す活動へと昇華させることもできるだろう。

　ただし，1on1 には，日常の業務進捗相談やマネジメント，評価のフィードバックやキャリア形成支援など様々な目的や文脈が重層的に包含されていることも多い。各社における 1on1 の再定義や拡張を試みる際には，日比（2019）が指摘するように「あまりに多くのことを 1on1 に負わせない」ことも肝要である。そもそもの「部下が日常的に考えていることや思っていることを率直に上司と対話する場」との原義に立ち戻った企画や検討を行う必要もあると言えよう。

2-3.　事例 3【学びの機会や経験】
　　　社内兼職や留職などの越境経験を学びや育成につなげる—
　　　SONY・Jammin'ほか—

　企業組織や個人が，激しい変化の中で新たな取り組みを創出するためには，事例 1 の企業研修の拡張や，事例 2 の日常的な上司・部下間を中心とする関係性の開発に加え，組織や個人が，新たな環境そのものに身を置くこと，それを異質な学びにつなげていくことも期待される。しかし，コロナ禍により，私たちは，海外赴任や留学，他社への出向などの，異質な経験を獲得する機会の急減に直面した。そもそも，日本企業において，国内市場の成熟化，海外事業の現地化が進展し，企業内で未知な経験が獲得できる機会は年々減少していると考えられる。他方，新規事業開発やイノベーションにつながる新たな取り組みの必要性，新規事業を担う人材へのニーズは高まっているように感じられる。では，どうすべきだろうか。

　ソニーグループでは，かねてよりフリーエージェント制度など社内の人材流動化に取り組んでいる。北島（2019）は，社員のキャリア形成を促進する仕組みとして導入した制度を紹介している。それらは，「FA 制度」「キャリア登録制度 ～SONY CAREER　LINK～」「キャリアプラス制度（兼務／プロジェクトメンバー募集）」の 3 つである。FA 制度とは，社内での高評価社員に社内のフリーエージェント（FA）権が付与されるというものであり，実際に権利保有者の 10% の異動を実現していると言う。次に，キャリア登

録制度とは，異動希望を持つ社員自らがレジュメを登録し，募集部署の面接に臨むというものである。そして，キャリアプラス制度とは，自社内副業であり，社員自身のキャリア開発のみならず，受け入れ部署にとっても異なる知見の活用や人的ネットワーク形成に効果が高いと言う。

　リモートワーク下で近年注目されるのは，ソニーグループでのキャリアプラス制度，いわゆる「兼業」である。IHI は社内兼業に加え社外兼業を解禁し，KDDI においてもイノベーション創出を目的とした社内兼業制度が導入され，86 職種に対して公募が行われて 20 歳代社員を中心に 63 名が社内兼業を開始したことが報告されている。さらに，勤務地変更を伴う異動の「リモート化」という流れでは，三井住友海上における地域限定社員が別地域での業務従事が可能になる制度の導入，東京海上日動では地方拠点の社員が担当業務を担いつつ本店のプロジェクトに参画するなどの取り組み，が展開されている。これらは，「画一的な人材活用では時代の変化に追従できない企業の動き」（日経ビジネス，2021）とされ，これからも多くの企業への導入が進んでいくであろう。結果として，組織内部も企業外部の環境変化の激しさに対応した，柔軟な組織や個人の移動可能性の拡大を指向し，組織と個人との相互作用により新たな活動の創出を目指すこととなる。また，能力や意欲は高いが，これまでは地理的・物理的な制約があった社員に対する，能力開発や仕事へのコミットメントを高める試みとしても有効であろう。

　それら，兼業の拡充による能力開発，当事者同士のネットワーク拡大による企業や組織のオープン化は積極的に進めるべきであろう。ただ，経営リーダーとしての経験や高レベルの専門性の獲得を目的に，これまでは海外駐在や海外大学院派遣などで獲得してきた，自社の経験やカルチャーを超えた協働や連携からの学びを起こそうとすると，また異なる仕掛けが必要になる。

　大手企業の中堅リーダー層を対象に実施されている「異業種型共創型リーダー育成プログラム Jammin'」には，225 名超（2021 年度）が参加し，全コースがオンライン形式で実施された。「Jammin'」とは，持続的なイノベーション創出可能なリーダー育成を目指した，異業種参画型プラットフォームを指す。参画企業から派遣される中堅リーダーが異業種のチームを組み，約半年間かけて，様々な社会課題を解決する新規事業案の検討・立案に取り組む（図 6-4）。参加するリーダーは，地方創生，ヘルスケア等 10 のコースから 1 つを選び，社会の「不」を特定し，それを解決するビジネスプ

図 6-4　「異業種型共創型リーダー育成プログラム jammin'」全体像（2020 年）

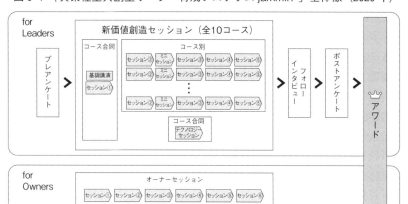

©リクルートマネジメントソリューションズ（2020）
出所：リクルートマネジメントソリューションズ提供資料

ランを，チームメンバーとともに企画・立案していく。リーダーたちにとって，「異業種」×「社会課題」×「新規事業案」という日常業務から離れた３つの越境体験をし，多様な価値観に触れながら新たな価値を生み出すことに挑戦する機会となる。さらに，それらを生み出すプロセスの中で，他社リーダーからの刺激や自身の振り返りを行い，リーダーシップ開発へとつなげていく。さらに，派遣元である企業人事の皆様の学びのコミュニティである，オーナー向けのセッションも並行して開催され，自社リーダー育成上の課題共有や対話，先進知見のインプットなどが行われている。

　井上（2020）は，Jammin' を「共創型リーダーシップ＝イノベーション創出のリーダーシップ（アジェンダ設定とネットワーク構築）を学ぶ場」と定義し，「既存業務のアジェンダ設定やネットワーク構築を学べる場は数多く存在する。しかし，共創型リーダーシップを学ぶには，異なる視点・考え方・知識を持ったチームメンバーが交わる‘カオスの場’に自ら身を置き，自分以外の視座・視界に刺激を受けながら，協働して 0 → 1 のイノベーション創出をやりきる必要がある」と述べる。オンライン環境下で実施された，2020 年の各チームからの新規事業提案は，参加者のコミットメントと質が増し，派遣元企業のリーダーとして事業や組織を担う当事者意識も涵養されたと言う。

　オンライン上の本プログラムの成功には，以下の要素が複合的に機能したであろうことがうかがえる。まず，30歳台の参加者が中心であり，デジタル上でのコミュニケーションや議論への適応が比較的スムーズであった点である。次に，本業もあり多用な参加者が，オンライン化による移動コストの削減により，業務やプライベートの隙間時間を活用した，結果的に密度の濃い企画・検討を，多頻度で行うことができた点である。さらに，プログラム内で「ひきつける・やってみる・活かしきる」というリーダー要件に照らした振り返りを意図的に繰り返すことで，リーダーとしての当事者意識が段階を追って高まっていった点である。そして無視できない点として，オンライン上での，参加者同士のよりフラットなコミュニケーションを挙げることができる。私たちが持つ文化的背景の影響もあり，対面では「場を見る，忖度する」行為が発生しがちである。これらにより関係性やコミュニケーションが円滑になる側面もあるが，率直な意見の表明や議論を阻害する側面もある。オンライン化により，結果として参加者同士が，より本質的な議論や対話に入ることができたとの解釈もできる。ただし，これらの点が一般的に機能するものかどうかについては，さらなる実践と検証が必要となろう。

　社内兼業，異業種型リーダーシップ開発プログラムいずれにおいても，企業をとりまく変化に対応し，さらにリモートワークの進展やオンライン機器の利活用により，効果性を維持しながら利便性を高めることにより，参加者の裾野を広げることに成功したと言える。これらの取り組みを本人の学びや組織全体の育成につなげるためには，制度や施策の導入にとどまらず，Jammin'で見られたような内省や振り返りの設計を適時適切に行うなど，不断の改善や更新の取り組みを継続する必要がある。Jammin' 参加者の多くが，「本気で新規事業を巡り激論を戦わせた，他社の仲間たちとのネットワークが大きな財産」と述べているように，これらの施策から新たな人的ネットワークが生み出されるというメリットも大きく，取り組みはさらに進化していくことだろう。

3.　企業人の学びや育成のあり方・今後の展望

　ここまで，企業研修，上司・部下コミュニケーション，学びの機会や経験
の各テーマについて具体的な事例を参照しながら検討した。企業研修の事例
からは，様々な学びや育成の機会がオンラインを通じて拡張し，目的に照ら
して様々な選択が可能になることが報告された。上司・部下コミュニケー
ションの事例からは，取り組み自体が様々な目的を含んでさらに重層的に拡
張されつつあり，従前の対面でのちょっとした声がけややりとりを補う，組
織内コミュニケーション基盤の役割を担っていることがうかがえた。学びの
機会と経験の事例からは，社内の様々な経験や機会を掘り起こすことができ
る可能性，境界を超えた協働や連携のデザインが現実のものとなろうとして
いることが報告された。

　すべての事例に共通して，リモートワークやオンライン下であるからこ
そ，他者の力を借りる，コミュニケーション機会を意図的にデザインする，
擬似的なチーム活動からの学習を最大限活用する等の，連携や協働の重要性
が改めて確認されたと言えよう。これらは，企業側と企業で働く人たちが，
より主体的・能動的に学びや育成をとらえるようになるための，有用な観点
の1つと言える（労働政策研究・研修機構，2021）。そして，主体的・能動
的な学びに取り組む個人や組織にとっても，学びのプロセスにおける連携や
協働の有用性が改めて実感を伴って理解されつつあると言えるのではないだ
ろうか。

　アメリカを中心とする，グローバルタレント開発を中心テーマとする国際
会議 ATD（Association for Talent Development：タレント開発協会）が，
2020 年度はオンラインで開催された[1]。全世界の企業の人材開発担当者やベ
ンダー，研究者が一堂に会するこの場で，2020 年に注目されたテーマは
「バーチャルチームでの協働」であった。嶋村（2020）は，チームでの協働
において，反応的に対処せず一歩引いて思慮すること，相手の意図に対して
ポジティブな仮定を持つこと，真のコラボレーションを実現するために弱み
もさらけ出せる関係性が必要であるなど，主要なポイントを紹介しながら，
リモートワークを含む「新しい労働環境のなかで，私たちが（言語や情動，

1　2021 年度以降は，リアル，オンラインのハイブリッドで開催。

文脈などを含むすべての）コミュニケーションのあり方を再発明しなければならない」と述べる。つまり，本章で検討した背景や事例から見いだされた示唆は，グローバルレベルでの学びのあり方の変化とも軌を一にすると言えよう。

　様々な取り組みが行われる中で，見失ってはいけないものは，当該施策の最終的な学びや育成の目的・ゴールを再認識し，関わる人たちすべてが当事者として試行錯誤を重ねることである。その中で，「連携や協働」を，抽象的な概念ではなく具体的な活動の中にどのように取り込んでいくかは大きなチャレンジであると言える。そして，その挑戦の先には，関わる人々すべての従前の環境からの「越境」が，同時に果たされることになるだろう。

参考文献・資料

藤澤理恵（2020a）．「一般社員 2040 名，管理職 618 名に聞く テレワーク緊急実態調査【前編】―温かく明快なコミュニケーションで，誰も孤立させないテレワークを―」 ㈱リクルートマネジメントソリューションズ　https://www.recruit-ms.co.jp/issue/inquiry_report/0000000846/?theme=workplace, productivity（2022 年 3 月 31 日閲覧）

藤澤理恵（2020b）．「一般社員 2040 名，管理職 618 名に聞く テレワーク緊急実態調査【後編】―テレワークがあぶりだすマネジャー依存の限界と，自律・協働志向組織への転換―」 ㈱リクルートマネジメントソリューションズ　https://www.recruit-ms.co.jp/issue/inquiry_report/0000000851/?theme=productivity（2022 年 3 月 31 日閲覧）

日比健太郎（2019）．「「1on1 ミーティング」とは？―対話する組織をつくる 1on1 ミーティングの戦略的活用に向けて―」（特集：導入の実態と留意すべき 4 つのポイント）㈱リクルートマネジメントソリューションズ，https://www.recruit-ms.co.jp/issue/feature/0000000726/（2021 年 9 月 30 日閲覧）

本間浩輔（2017）．『ヤフーの 1on1 ―部下を成長させるコミュニケーションの技法―』 ダイヤモンド社．

星野翔次（2020）．「テレワーク環境下における，1on1 ミーティングの必要性とは （特集：孤立を防ぎ自律を促す，オンラインでの 1on1）」㈱リクルートマネジメントソリューションズ，https://www.recruit-ms.co.jp/issue/feature/0000000872/（2022 年 3 月 31 日閲覧）

井上功（2020）．「1 つの企業に勤め続ける方も，Jammin' を通して「外」とつながれる社会にしたい」『共創型リーダーシップ開発プログラム Jammin' インタビュー vol.3』㈱リクルートマネジメントソリューションズ，https://www.recruit-ms.co.jp/issue/column/0000000884/（2022 年 3 月 31 日閲覧）

北島久嗣（2019）．「『就社＜就職』へ。自分のキャリアは自分で築くソニーの人事戦略」『d's JOURNAL』，https://www.dodadsj.com/content/191009_sony/（2022 年 3 月 31 日閲覧）

小仁聡 (2021). 『ブレンディッド・ラーニング―新リモート時代の人材育成学―』フローラル出版.

厚生労働省 (2020). 「今後の人材開発政策の在り方に関する研究会報告書―コロナ禍を受けて産業・就業構造や働き方が変化する中での人材開発政策の当面の課題等を踏まえて―」.

武藤久美子 (2021). 『個と組織を生かす リモートマネジメントの教科書』クロスメディア・パブリッシング.

中原淳 (2021). 「学びを止めるな（中原淳のラーニングブログ）」「2021年のオンライン研修・授業は『言い訳』がきかない！：『学びをとめない』から『学びをこなすな』へ！」『NAKAHARA-LAB. net』, http://www.nakahara-lab.net/blog/archive/12516 （2022年3月31日閲覧）

日経ビジネス (2021). 「特集：個が生きる会社へ 人材活用ニューノーマル」『日経ビジネス』2021年5月17日号.

小方真 (2020). 「管理職へのトランジションにつながる，メインプレイヤー時代の経験と職務・個人特性と関連性に関する研究」『経営行動科学学会第23回発表論文集』.

労働政策研究・研修機構 (2021). 「人材育成と能力開発の現状と課題に関する調査」㈱労働政策研究・研修機構, https://www.jil.go.jp/press/documents/20210205.pdf （2022年3月31日閲覧）

嶋村伸明 (2020). 「ATD2020 バーチャルカンファレンス参加報告」（国際的なHRD/ODの潮流）㈱リクルートマネジメントソリューションズ, https://www.recruit-ms.co.jp/research/conference_report/0000000885/ （2022年3月31日閲覧）

田原真人 (2020). 「オンラインによる人材育成・組織開発の新たな価値創造」（JMAMオンラインカンファレンス on Zoom）, J.H.倶楽部, https://jhclub.jmam.co.jp/series/04/006.html

辰巳哲子 (2019). 「アウトプットから始める学び」『研究所員の鳥瞰虫瞰』 リクルートワークス研究所, https://www.works-i.com/column/works03/detail058.html （2021年9月30日閲覧）

第Ⅲ部

IT を活用した営業・販売方法の革新

第7章
アダストリア
リモートワーク・ニューノーマルへの挑戦

　本章では，アパレル大手の株式会社アダストリアが実際に行ったリモートワークと，ニューノーマルへの対応に関する事例を紹介する。リモートワークの導入・運用において，企業が直面した問題とその解決策を例示することによって，リモートワークの可能性と限界について論じ，アフター・コロナの企業のあり方や展望などについて考察していきたい。

1.　会社概要

　2020年1月より，新型コロナウィルス感染症（COVID-19）の感染が拡大し，企業はリモートワークへの移行を余儀なくされた。アパレル業界への影響は特に深刻で，緊急事態宣言下での営業自粛や生活の変化により，深刻な売上の減少に直面した。

　アパレルは対面接客する店舗と商品の生産部門を抱えており，リモートワークへの転換が難しい。店舗の営業ができなければ売上は大きく減少するし，生産がストップしてしまえば商品が展開できない。また，ビジネスウエアを着る機会がめっきり減り，アパレル企業は新しい生活様式——ニューノーマルに向けた戦略の練り直しをも迫られた。

　アパレル大手が苦戦を強いられる中，デジタル技術を活用したマーケティングとSNSを通じたユニークな営業によって，株式会社アダストリアは7.7億円の営業利益（2021年2月期）を確保した。

　同社は国内外で34ブランド，約1300店舗を展開するファッションカジュアル専門店チェーンであり，1953年に現会長・福田三千男氏の父である福

田哲三氏によって，茨城県水戸市に紳士服小売店として創業された。1980年代よりチェーン展開を進め，2004 年に東証一部上場を果たした。積極的なビジネスモデルの変革と特徴的な生産管理，IT 技術を活用したマーケティングにより，売上高は直近 20 年で 20 倍以上の急成長を遂げている。アパレル業界が苦境にある日本において，成長を続ける数少ない企業である。

　カジュアルファッションを得意とする同社は全国約 1300 店のリアル店舗と自社 EC（電子商取引）サイトを通じた販売で，これまで好調な業績を維持している。デジタルトランスフォーメーション（DX）の導入にも早くから取り組んでおり，近年では，リアル店舗と EC サイトの垣根を超えてサービスを提供する Online Merges with Offline（OMO）の実現を目指し，経営戦略の構築を進めてきた。またコロナ禍では，オンライン接客とも言うべき SNS を通じたユニークな販売方法で，店舗の売上を EC サイトで補うなど，新たなアパレル企業のあり方を示している。

　今回，事例研究にあたって，代表取締役会長兼社長の福田三千男氏，上席執行役員経営統括本部長の岩越逸郎氏，執行役員マーケティング本部長兼広告宣伝部長の田中順一氏，広報室長の風間陽子氏，アダストリア子会社の株式会社 ADOORLINK（アドアーリンク）代表取締役社長の杉田篤氏からインタビューへのご協力を頂いた。

写真 7-1　アダストリアの社章

出所：筆者撮影

2.　アダストリアのリモートワーク

　2020 年 4 月，東京をはじめとする日本各所に緊急事態宣言が発出されると，アダストリアは全店舗の一時的営業休止に入った。創業以来初のことであり，店舗の閉鎖は，対面接客販売をメインとするアパレル企業にあっては，まさに「緊急事態」である。

2-1.　バックヤード業務のリモートワーク化

　緊急事態宣言によって，本社は強制的にリモートワークに入らざるをえなかった。コロナ禍以前にも部分的なリモートワークは行っていたが，全面的なリモートワークは初めてであり，手探りの状態が続いた。リモートワーク用の PC の不足，店舗従業員との連絡ツールがないこと，リモートツールへの知識不足など，準備不足の感は否めなかった。

　岩越氏（経営統括）

　　「例えば，パソコン持ってない人がいたりだとか，家に Wi-Fi がないんで，モバイルスティックを渡してあげなきゃいけなかったりとか。今，ものすごく情報漏洩管理っていうのをしていかなくちゃいけない。で，VPN をしっかり構築しようと，IT 部門を動かして対策をして，ほぼほぼ全員が本社に行かなくても，仕事ができるっていう体制をまず整えました。」

　多くの社員がとまどいを覚えながらも，個人とチームで工夫を重ね，働きやすいリモートワークの形づくりを始めた。リモートワークが始まると，在宅勤務が週 4 日程度になった。各チームでの工夫や取り組みを専用ウェブページで全社に共有し，スムーズな導入を図った。自分たちが一番働きやすい，無理のないリモートワークを試行したのである。

　風間氏（広報）

　　「社員たちが楽なほうに考えた結果として，今のような（リモートワークの）形になっています。社員たちが工夫して行ったことなので，続けやすいですし，仕事もスムーズに進みます。」

写真 7-2　クローゼットから改装された1人用ウェブ会議ブース

Before
クローゼット

after
ウェブ会議ブース

出所：筆者撮影

写真 7-3　明るく開放的なカフェテリア

食事はもちろん，打ち合わせや商品検討，接客コンテストなども行われる。カフェテリアの中央
には同社の理念である Play Fashion! が掲げられている。

出所：筆者撮影

　その工夫の１つが「雑相」である。雑談・相談を合わせた造語であり，管理職が部下の近況や世間話など何気ない話を傾聴することで，部下のモチベーションの向上やメンタルサポートなどにつながる取り組みである。上司は相談を持ち掛けられることで，自身が頼られているという感じがあり，部下は気軽に話ができることで安心感が得られ，モチベーションが維持される効果がある。リモートワークでは，何気ない日常の話を聞くこと，「雑相」が管理職と非管理職の双方にとって重要になっている。

　会社は設備面でリモートワークを後押しした。渋谷ヒカリエにある本社オフィスでは，クローゼットを１人用ウェブ会議ブースに改装し，出社している社員がリモートワーク中の社員とスムーズに仕事ができるように工夫が凝らされている。また，久しぶりに出勤した社員が居場所やつながりを実感できるような，おしゃれなカフェテリア風オフィスづくりを意識している。2022 年 5 月からはフリーアドレス化し，社内はもちろん社外の人々も巻き込んで，イノベーションを生み出しやすい環境を整備する。

　また，オンラインミーティングが思いもよらない効果を生むこともある。それが空間・時間の在庫化である。オンラインミーティングを録画し共有することで，空間と時間を切り取り，在庫化できるようになった。従来では，場所や時間が合わずに会議に参加できなかった社員は，その場での議論やアイデアを目の当たりにすることはできなかった。議事録だけでは熱量が伝わらず，新しいアイデアが生まれる可能性はほとんどなかった。しかし，空間・時間の在庫化によって，会議に参加できた人もできなかった人も新たな着想を持ち，イノベーションが生まれやすくなる。

　岩越氏（経営統括）
　「これまでは，（会議に）参加しなければ，それでおしまいだったわけです。（会議の）空気感を含めて，知の着想や発想を在庫化して，それを
　　別の人にも横展開していくことで，イノベーションが加速していくって
　　ことはあるんですよ。」

　同社では，例年春に，本部が主催で，ブランド店長会議を東京で開催してきた。2020 年はコロナ禍により，初めてリモートでの開催となったが，その際，各ブランドの責任者が描くビジョンを，ビデオメッセージとして配信

した。これまでブランド会議に参加できなかったスタッフも，記録されたトップの話を聞くことができ，ブランド全体の方向性を本部から末端のスタッフまで共有することができた。ビジョンの共有は，スタッフの仕事への意識を高め，彼らの組織コミットメントを強めたのである。

2-2.　店舗スタッフのリモートワーク

　アダストリアは全国に約1300店舗を配しており，本社勤務の社員よりも，店舗の社員のほうが遥かに多い。同社のリモートワークを語る上でなくてはならないのが，普段店舗で接客を行う社員の取り組みである。全店舗が閉鎖されたとき，店舗スタッフは情報発信ツールとして利用してきたインスタグラムを武器に，オンラインでのプロモーションと接客を試みたのである。本社からの通達ではなく，現場から着想された取り組みであった。

　風間氏（広報）
　「時間もあるし，お客さんにも会えないし，ちょっとやってみようかなっていう，わりと自然発生的なものが，ご好評で。横展開がすごいスピードでされていったっていうところがあります。」

　店舗スタッフには，スター店員とも言うべきタレントのような店員がいた。インスタグラムに多くのフォロワー（顧客）を抱え，スタイリングはもちろん，ライフスタイルを垣間見ることができる。お気に入りの店員が提案する商品やスタイリングはフォロワーを引き寄せ，売上につながっていた。これらのスタッフがリードして，インスタグラムのライブ配信機能を使い商品紹介を行うことで，1対N（不特定多数）の接客を行ったのである。

　ライブ配信では，スタイリングはもちろん，商品の質感，伸縮性，着心地などを視聴者に伝える。視聴者は，ライブ配信内で商品に関する質問ができ，そのまま，オンラインストア「.st」（ドットエスティー）で購入できる。ネットショッピングに比べて，オンラインで生の情報が得られるので購入につながりやすいし，商品に対する期待の食い違いも小さい。想像していたものと違うというガッカリ感は起きにくい。

　実店舗が閉鎖されている間，スタッフはライブ配信を自宅から行った。写真のプロではないから，商品の写真は見劣りがする。洗濯によるしわが写っ

たり，お世辞にもきれいとは言えなかった。しかし，これが思わぬ効果を生む。美しく撮影されたプロの写真に比べリアリティがあり，着用によるしわなどもかえってリアルな使用感がわかり，消費者の反応がよかったのだ。

　ライブ配信が自宅でできるように，本部は最新の商品をスタッフの自宅に届けた。自発的に始めたオンラインによる新しい接客方法を，本部は積極的に後押しし，全社をあげて行うように発破をかけた。

2-3.　オンライン接客成功の背景

　オンライン接客の成功を考えるときに，忘れてはならないのが社員の特徴と同社のブランドマネジメントだ。アパレル企業の社員は服装自体が自己表現であり，それが仕事と密接に関わっているが，中でもアダストリアの社員にはさらに特徴がある。

　1つは仕事への主体性だ。提供している商品で，どうすれば顧客の生活をより豊なものにできるかというミッションに，前向きに取り組んでいる。

　次はブランドへの愛着。ファッションが大好きなスタッフだからこそ，自分たちがオシャレだと思った商品を提供したいと考えている。自社のブランドや商品に強い愛着を持つことが重要であり，自らのブランドへの愛着が顧客へのプロモーションに説得力を持つようになる。

　最後は，「他者とコミュニケーションをとるのが好き」ということだ。通常，アパレル企業ではブランドや店舗ごとに SNS 公式アカウントを開設し，商品情報などを発信している。同社の場合，公式アカウント以外にも，会社認定のスタッフアカウントが数多くある。多くのスタッフが個別に各自の視点で情報を発信することで，爆発的な情報拡散能力があり，プロモーションとブランド価値向上に貢献をしている。一言で言えば，インフルエンサー的要素があるのだ。インスタグラムのフォロワーが何万人もいるようなスタッフもおり，インスタグラムを通じて，スタイリングやライフスタイルなどを発信し，多くの人に影響を与えている。このインフルエンサー的な要素は，ファストファッションや百貨店ブランドなど他社にはない特徴である。

　アパレル企業においては，どのような接客サービスを行うかが重要だ。百貨店ブランドでは，接客はていねいである。今期のトレンドから，スタイリングの提案までしてくれる。一方，ファストファッションの店では，棚いっぱいに詰め込まれた商品から選ぶ。試着はできるが，店員はスタイリングや

トレンド情報を教えてくれることはなく，売場案内や在庫確認など，最低限の接客しか行わない。店側が効率よく商品を販売できる一方で，ファッション性の追求という点では消費者はあまり満足できないかもしれない。

　ていねいな接客サービスを行う百貨店ブランドと，効率を重視し最低限の接客のファストファッションでは，意外にも共通点がある。それは接客のマニュアル化だ。本部や百貨店が作成した接客マニュアルに基づいて，スタッフは接客を行うことが求められる。統一したサービスがどの店舗でも受けられるが，自由度は低く，スタッフの意見やアイデアが活かせる機会は限られる。マニュアルから外れてしまった場合には注意を受ける「減点方式」の管理手法だ。

　では，アダストリアはどうか。同社では，多くのブランドを抱えるマルチブランド戦略を採用しており，各ブランドが独立的で，店舗運営や接客などを画一的にする意識は高くないし，他部署がやったことのない挑戦をしてやろうという気概が強い。現場スタッフのアイデアが前例のないものであっても，良いものであれば評価し，本部を通して他ブランドにも積極的に紹介する「加点方式」の管理方法を採用している。マルチブランドの特徴を活かし，敢えて，各ブランドのサービスを均一化させないことで，ブランドの特色やスタッフの主体性を高めている。こうした企業風土も，緊急事態宣言という未曽有の状況において，オンライン接客にチャレンジする店舗スタッフを後押しした（図7-1）。

　岩越氏（経営統括）

　「コンパクトな本部があって，全国に顧客接点を持っているチェーンストアっていう業態には，自立的な，現場に権限委譲させるようなマネジメントをしていくタイプと，マニュアル通りにやることが統一品質なんだっていう考えに基づくタイプ，この2パターンある。アダストリアの場合は，マルチブランドということもあり，金太郎飴みたいに全部同じにすることはなく，それぞれのブランドの創意工夫だったり，他のブランドでやってないことをやろうぜっていうカルチャーがもともと会社にあるので，創意工夫をしやすくなっている。」

図 7-1　マニュアル主義と現場尊重主義の違い

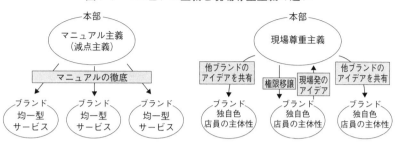

2-4.　オンライン接客の拡充

　アダストリアでは，緊急事態宣言での経験を経て，オンライン接客の拡充を図り，現在 5 つのタイプを提供している。それは 1 対 N と 1 対 1 の接客に大別される（表 7-1）。

　SNS を活用した 1 対 N の接客では，顧客が気軽に参加できるのが利点である。ライブ配信では，「接客してもらったから買わなくてはいけない」というような気遣いは不要で，気軽にショッピングができる。他の人がした Q & A で購入意欲が高まることもある。

　過去の動画は，オンラインストアの「.st CHANNEL」で視聴することができる。場所や時間に左右されず，豊富なコンテンツを見ることができる。体格情報がわかるので，自分に近い店員の動画は助けになるし，商品を購入したユーザーに質問をすることもできる。顧客同士のコミュニケーションも商品販売の支えとなっている（図 7-2）。

　1 対 1 のオンライン接客も開始した。カジュアルファッションがメインのアダストリアで，ハイブランドに位置する「バビロン」。同ブランドでは，

表 7-1　アダストリアのオンライン接客

	接客の対象	
	1 対 1	1 対 N
ライブ	LiveCall を利用した接客 Zoom を利用した接客	インスタグラムを利用したライブ配信
アーカイブ		.st CHANNEL 内の動画配信 ショートビデオを使用した接客

図7-2　インスタライブ配信から顧客誘導までの流れ

インスタライブの予告 ➡ **ライブ配信スタート** ➡ **商品・スタイリング紹介** ➡ **ECサイトへの誘導**

出所：アダストリア広報室提供

インターネットでスタッフを指名し，接客予約ができる，自宅に居ながら，Zoom を通じて，商品の説明やコーディネートなどについて聞くことが可能だ。購入した商品は自宅まで配送してくれる。ブランド「カレンソロジー」では，LiveCall（オンライン接客ツール）を利用して，1回20分間のライブ接客でスタイリングの提案などを受けることができる。1対1のオンライン接客の利点は，対面接客に近いサービスが受けられることである。要予約なので気軽さは薄れるが，そのぶん，お気に入りの店員とゆっくり話せる。

アダストリアは，ブランドのコンセプトや価格帯などによって，オンライン接客を使い分けている。ハイブランドの場合は，いろいろと相談したい顧客がいるが，リーズナブルな洋服を購入するのに Zoom での1対1の接客は必要ないと考え EC サイト上のスタイリング動画やライブ配信に注力している。ブランドコンセプトや顧客のニーズに合ったオンライン接客を目指している。

スタッフの評価制度も整いつつある。オンラインストアやインスタグラムで獲得したフォロワー数に応じた評価や，表彰制度が整備されており，スタッフの個人の売上がオンラインで記録され可視化される。

また，年1回行ってきた接客コンテストに，オンライン接客部門を新設。オンライン接客の模範事例を全社で共有することができる。コンテストの結果が資格として形に残るので，キャリア目標ともなる。

SNS を活用した1対Nの接客，オンラインツールを利用した1対1の接客など，新しい形の接客が功を奏し，アダストリアの EC における売上は前期比23％増の大きな伸びを見せた。コロナ禍でアパレル企業の業績が軒並み悪化する中で，同社は営業赤字を回避した。スタッフ自身がオンライン接客を楽しみ，工夫をしながら情報発信に努めたことが，業績に大きく貢献した。

2-5．　リモートワークの課題と限界

どんなに会社や社員が工夫をしても，リモートワークが難しい仕事はある。製造小売業であるアダストリアでは，商品開発や生産管理部門でリモートワークの限界が露呈した。

福田会長

「(リモートワークでは)作業ができないものがある。できあがった商品
を，あるいは生地，素材を触ったりはできない。そうするとやっぱり
(現場に)集まりたい。リモートではできない理由があるわけだ。」

　商品開発はメーカーにとってビジネスの根幹である。優れた商品を作り出
すには，商品そのものを確認しながら活発な議論を行い，製造から販売まで
を 1 つにつなげる必要がある。それを担当する開発・生産部門では，リモー
トワークはなかなか難しい。だが，5G や 6G(第 5・第 6 世代移動通信シス
テム)が普及すれば，開発・生産部門のリモート化，デジタル化も可能かも
しれない。

福田会長

「(生産部門のリモート化は)あると思うよ。素材感がわからないから。
これが，(生産部門のリモート化の)課題になってくると思う。5G のテ
レビ画面で異常に見えるのは，質感が見えないからだ。もっとリアルに
なったときに，初めて，デジタル化ができてくる。」

　生産部門では，経験・技術・知識といったアナログな部分が肝心であり，
そのぶんリモート化が難しい。

3.　ニューノーマルに向けた事業戦略と取り組み

　コロナ禍によって社会や生活が一変し，ニューノーマル(新しい生活様
式)という言葉がよく聞かれるようになった。ポストコロナ時代，アダスト
リアではどのようにニューノーマルに対応していくのだろうか。

3-1.　マルチブランドと製造小売業(SPA)

　アダストリアの事業戦略を見ていこう。同社では，人々の好みやライフス
タイルが多様化している今，ユーザーが「自分らしさ」をたくさんの選択肢
から選べるように，多数のブランドを揃えるマルチブランド戦略をとってい
る。毎年，新たなブランドを立ち上げるなどして，その数は 30 を超える

図7-3　アダストリアのブランド分布図

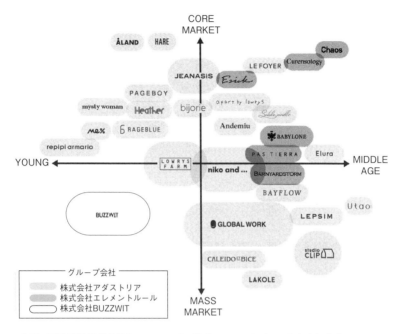

出所：同社採用情報専用ホームページの図「2.マルチブランド」より作成．https://recruit.adastria.co.jp/about/advantage/（2021年5月閲覧）

（図7-3）。各ブランドが各々のターゲットをしっかりと捉え，それぞれの色を持っている。そのため，同社全体で幅広い年代層や顧客の好みに対応することができる。同社はこれまで20代女性を中心とするヤングカジュアルブランドだったが，近年は40代以上の「大人な女性」向けのブランドや，60代以上のシニアブランドも業績を伸ばしている。

　展開するブランドのうち，売上が100億円を超えるものは2020年2月期で，グローバルワーク（417億円），ニコアンド（320億円），ローリーズファーム（237億円），スタディオクリップ（224億円），レプシィム（143億円），ジーナシス（119億円）の6ブランドだ。これだけで，同社国内売上高のうち70%を占めており，残り約30%を他のブランドで分け合っている状態だ。売れ筋のものだけに選択・集中していては，時代や消費者の変化が激しいアパレル業界では，すぐに置いてけぼりにされてしまう。だから，

図7-4　アダストリアの一貫生産体制（バリューチェーン）

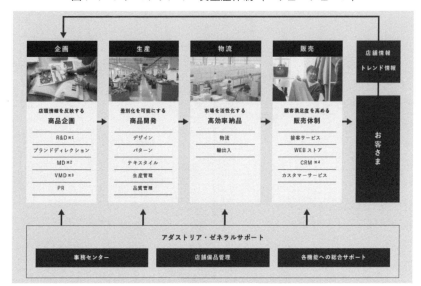

※1　R&D（リサーチ アンド ディベロプメント）トレンド情報の収集，発信
※2　MD（マーチャンダイジング）商品計画・商品企画
※3　VMD（ビジュアルマーチャンダイジング）視覚的表現を用いた演出
※4　CRM（カスタマーリレーションシップマネジメント）顧客関係管理
　出所：同社公式 HP ビジネスモデル・事業内容「バリューチェーン」, https://www.adastria.
　　　　co.jp/aboutus/business/（2022年7月閲覧）

売上が比較的小さなブランドであっても，会社の将来のために試行錯誤を繰り返しながら育てていく。それが同社のマルチブランド戦略だ。
　マルチブランド戦略を支えるのが，企画・開発・生産・流通までを自社で一貫して行う生産方式だ。良いものを安く，顧客に提供するという本物のものづくりこそが，変化が激しい時代を生き抜くカギだと考えている。そのため，2010年に，小売から企画・生産までを一貫して行う製造小売業（SPA）へと業態を変化させた。当初は，自社商品が売れず赤字に転落するような痛みを伴う改革ではあったが，生産方式とマルチブランド戦略を組み合わせることで，ファッション性と耐久性を追求しつつも，価格を抑えた商品を供給することで，成長する足場となった（図7-4）。
　自社生産だからこそ，最新のトレンドを反映させた商品を生産でき，いち早く市場に投入し，消費者の動向を探ることも可能になった。生産数や在庫

を自社で管理できることで，無駄な商品を抑制し収益率を向上させている。商品開発を自社で行うことで，高いファッション性を追求することを可能にした。それが，オシャレ好きの社員のブランドへの愛着を高めることにも寄与している。

3-2.　ファッションを持続可能なものに！

　マルチブランドと SPA，これらの事業戦略はポストコロナでも変わることはない。それに加えて，存在感を増し続けている視点が "Sustainable" だ。アダストリアでは，SDGs（持続可能な開発目標）を念頭に置き，持続可能なものづくりを目指し，"Sustainable" を企画や商品コンセプトのテーマにしている。大量生産，大量消費を前提とした従来のファッションビジネスから脱却を図ろうとしているのだ。企画から生産，流通まで一貫して自社で行うことで，無駄を省き，持続可能なものづくりを実現させる。

　コロナ禍以降，人々が外出する機会は減り，「余所行きの服」の需要は大幅に減った。今後は，オンでもオフでも着ることのできる洋服の需要が高まると見られている。丈夫で飽きのこない商品を作ることが，ファッションにおけるサステナブル（持続可能性）であり，「ファッションを持続可能なものにする」という経営ビジョンは，長期的な顧客の獲得につながる。

　杉田氏（アドアーリンク）
　　「物を買うということに対して，一歩とどまって，長く着られる物のほうがいいんじゃないかっていう発想に，20～40 代を中心にシフトしつつある。安かろう悪かろうではなく，何十回洗濯しても，劣化しない商品を作っていかなくてはいけない。」

　開発・生産部門におけるポストコロナへの対応では，サステナブルな視点を持ちつつ，人間を主体とした「アナログ」な部分と「デジタル」の両方を取り入れる。一例を挙げれば，繊維という柔らかい素材に 3DCG 技術を導入したことで，ファーストサンプル以降のプロセスで，デザインの修正，セカンドサンプルの製造，検討のための時間が劇的に短縮されるようになった。ファーストサンプルを 3DCG でスキャンしてデジタル化すれば，修正やセカンドサンプルもすべて画面上で完結する。そのため，100 日前後か

かっていた企画から製造・流通までの流れを，最大で2週間にまで短縮することが可能となった。

杉田氏（アドアーリンク）
「商品の開発プロセスで必要な企画・設計・素材調達・生産を，3DCGのシステムで網羅できるようになるんですね。いままではファーストサンプル作って，修正して，各色作って，また修正して，本生産です。その工程そのものを省くことができるんですよ。」

3-3.　DXを活用した販売戦略

　販売戦略では，どのような取り組みが行われていくのだろうか。アダストリアは一貫して，デジタルトランスフォーメーション（DX）を活かした販売戦略を構築してきた。DXによって，OMOやオムニチャネルに基づいた販売戦略を実現させている。

　オムニチャネルとは，実店舗やECサイト，SNSといった様々なチャネルを通じて顧客とつながり，各チャネルを連携させながら商品販売を行う事業戦略のことである。同社では，店舗やECサイトの既存チャネル，ブランド，従業員，コミュニティの4つを顧客接点の中心に据えて，DX戦略を構築している。店舗を顧客が訪れることで接点が生まれ，商品・ブランドによっても接点ができる。お気に入りのスタッフを通じて接点を持ち，購買データやスタッフとのリレーションシップ情報をもとに，カスタマイズした情報を提供する。嗜好が近い顧客同士がつながればコミュニティが形成され，それがアダストリアとの新たな接点になる（図7-5）。

田中氏（マーケティング）
「顧客接点には，お客さんを中心にして，4つある。1つ目がリアル店舗。ふらっと入る時あるじゃないですか。リアルのお店を構えることで顧客接点になる可能性がありますよね。2つ目はブランド自体。ブランドが好きなら，そのブランドめがけていくじゃないですか。3つ目は人。あのスタッフが好きだから，あの人に相談してみようっていうやつね。4つ目がコミュニティね。走るのが好きでランニングコミュニティに参加したとして，そのコミュニティの人たちが着ていたブランド，い

図 7-5　アダストリアの DX 戦略概略図

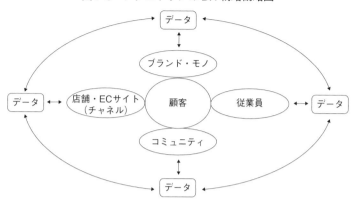

　　いですね！みたいなことで，コミュニティが顧客接点になるよね。」

　いかに顧客がファッションを楽しむことができるか，いかに快適にアダストリアの商品を手にすることができるかを考え，この 4 つの接点を軸に，絶えず DX 戦略をアップデートし続けている。

3-4.　EC サイト「.st」

　同社は DX 戦略の中心として，EC サイト「.st」の強化を挙げている。.st は 2013 年に誕生し，会員数は 1000 万人を超える。スマートフォン向けアプリも配信しており，同社ブランドのすべてを網羅，アプリで手軽に購入することができる。店舗で購入した際にはポイントが獲得でき，購買データがアカウントに記録される。オススメ商品のレコメンドや，スタイリングの提案を動画でしてくれる。.st はオンラインの利便性と店舗の強み（スタッフによる接客や実際に商品に触れること）を併せ持ち，オンラインと実店舗の垣根を超えて，マーケティングやサービスを行う OMO のコンセプトを実現させた事例である。

　.st を実店舗化するという試みが 2021 年から始まる。アパレル企業の慣行によって，店舗では単一ブランドだけを扱っている。一方，.st では全ブランド商品を購入することができる。オンラインストアの利便性を実店舗でも提供できないかというのが，.st 店舗化のキーコンセプトである。

　商品はブランド横断で展開し，.st でのランキングをもとに随時入れ替えられる。そのため，顧客は全ブランドから人気のある商品を，実際に手に取ってイメージや質感を確かめたり，スタイリングを考えたりすることができる。購入した商品の自宅配送も可能だ。将来的には，店舗内に設置されたモニターを通じて，オンラインで接客を行う可能性もあり，オンラインストアとリアルを結びつける新しい店頭販売のあり方になりそうだ。

田中氏（マーケティング）

　「.st の会員様は EC も店舗も両方使う方が多いです。今日は店舗に行こうとか，時間がないので EC にしようとか。お客様が EC で得られるメリットと楽しさを，店舗でも提供できるようにしようというのが今回の試み。」

岩越氏（経営統括）

　「例えば，売り場に大きな画面があって，タッチすれば全国の販売員が出てきて，いらっしゃいませって。リアル店舗なんだけどデジタル接客をして，購買して，手ぶらで帰られるっていうところまで行きつくと，OMO が完全に進化できるし，販売員のリモートワークを考えることができる。」

　近未来的な販売方法も構想している。ヴァーチャル・リアリティ（VR）を利用した仮想店舗の実用化である。専用ゴーグルをかければ，自宅でもどこでも VR 店舗が現れ，その場で商品を吟味し，購入し，そのまま自宅へ配送できる。おとぎの世界のようだが，技術の確立とともに実現可能性が高まっている。

　アダストリアの DX 戦略の最終的な目標とは何か。驚くなかれ。それは，顧客同士がコミュニケーションをとれるプラットフォームとして，アダストリアを利用することである。カスタマイズされた個人情報を軸に，嗜好が近い顧客同士がつながりを持てるのが理想である。好きなブランドや商品を接点に，顧客同士がコミュニケーションをとる場を作り，コミュニティに発展し，ライフスタイルの一部となる。それが実現するとき，アダストリアは単なるファッションブランドではなく，人々をつなぐプラットフォームとして

の役割を担う。トヨタ自動車が進めるウーブン・シティのように，メーカーとしての役割を大きく超える先進的な取り組みだ。

田中氏（マーケティング）
「コミュニティは人と人がつながるから，アダストリアっていうブランドを場所（プラットフォーム）として提供して，お客様同士がつながれるような世界を作っていきたい。」

3-5. 人事評価とマネジメント

アダストリアでは，今後，働き方がさらに多様化していくと考えており，その対応として，メンバーシップ型雇用からジョブ型雇用へと寄せていく方針である。ただし，一足飛びにジョブ型雇用を導入すれば，管理職・非管理職両者に混乱をもたらすため，現状を見極めながら，ていねいなプロセスを踏むことを重視している。

評価は姿勢やプロセスといった定性的なものから，成果をもとにした定量的なものへと基準を変えていく。評価への納得感が得られなければ，モチベーションや生産性はかえって下がってしまう。管理職は部下の進捗状況や仕事ぶりを確認し，部下は上司のアドバイスやサポートを受けて業務を進める。働き方が多様化する時代においては，マネジメントスタイルをも変えていく必要がある。

従業員間のコミュニケーションは，非対面型が大幅に増えることが予想される。したがって，これまでの間柄や職場の雰囲気による曖昧な指示や，「細かく言わなくても，わかってくれるだろう」と部下に忖度を求めるのではなく，はっきりと理解できる伝達を心がけ，1on1ミーティングを通じて，目標や仕事の進捗状況をフィードバックする。部下育成にしても，「見て覚えろ」，「技を盗め」といった投げやりな姿勢ではなく，コーチングを通して部下に積極的に働きかけていく必要がある。リモートワークでメンバーが頻繁に顔を合わせることのない状況でも，円滑な組織運営を目指し，効率よく成果を出せるようにメンバーに寄り添うマネジメントをしなくてはならない。

岩越氏（経営統括）

「いままでは同じ場所，同じ時間を共有した働き方が前提で，価値観も
同じであったが，これからは多様な価値観を持ち，毎日出社しなくて
も，効率的に働いて，成果が出せるマネジメントにしていく必要があ
る。明示的な伝達をしないといけないし，管理職がいま何を考えている
のか，何を期待しているのか，進捗状況はどうなのかを，1on1などを
通じて意識的にフィードバックする必要がある。」

岩越氏

「背中で教えるというような従来のような指導方法はリモートワークで
はできないので，管理職はコーチングやティーチングなどのスキルを身
に付ける必要がある。」

　同社では，コロナ禍以前から，フレックス勤務が認められており，社員は
それぞれ自分が決めたペースで仕事をしていた。だが，個人のタスクプラン
はなく，目標・状況・成果が不明瞭で，管理職のチームや部下のタスク管理
も疎かにされていた。リモートワーク導入後，各部署において，社員それぞ
れの仕事や状況を共通のスプレッドシートに記録し，進捗状況を共有するこ
とで，タスクの「見える化」を行った。進捗状況が把握できることで，管理
職は効果的なフィードバック，社員間のタスク平準化などが可能になった。
また，同僚の状況も把握できるので，お互いに協力して仕事をする機会も増
え，チーム全体の生産性向上につながった（図7-6）。
　定量評価にとって重要なのは「見える化」であり，雇用形態がジョブ型な
のかメンバーシップ型なのかにかかわらず，評価基準が可視化できる。リ
モートワークによってもたらされた組織の危機を見つめ直し，社員一人ひと
りに向き合うことで，会社全体の成長へのチャンスだととらえ直している。

岩越氏（経営統括）

「リモートが進むと評価がしづらくなるっていう人がやっぱり社内にも
多いし，世の中的にも言われているんですけど，でも，本当にそうなの
か？いままでも，部下の仕事ぶりを正しく見てましたか？　っていうと
かなり疑問なんですよ，僕から言わせると。いままでも見てなかったん

図7-6　タスク見える化の効果

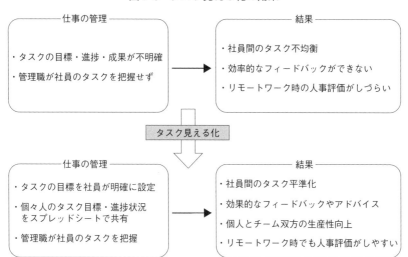

だけど，ちゃんと部下とかに向き合ってなかったんだけど，リモートに
なったことで，より見えなくなるって，騒がれてるだけではないか
と。ってことは，逆に見えてなかったことがわかったっていう状態だと
思うので，これをプラスに転じて，じゃ，見えてなかったってことは何
だったんですか？　と。」

　また，副業を含めた多様な働き方を念頭に置き，就業ルールの整備を行
い，評価・報酬制度の見直しにも着手する。定量評価のためには，成果を査
定する明確な評価基準を設定し，社員にははっきりとした目標を設ける。隔
週で1on1ミーティングを行うことで，管理職・非管理職の双方で目標へ
の進捗状況や評価を共有し，認識のズレが起きないように努めるなど，てい
ねいなフォローアップを行っている。

　岩越氏（経営統括）
　「成果を重視した評価に変えていく。最終評価を伝える時に，突然C評
　価ですと言われても，非対面の状態では部下は困るし，上司は納得感を
　持って伝えることもできないので，成果に至る進捗状況を（上司と部

下）でお互いに相互確認する必要がある。最終評価の内容に納得感がないと上司も部下もお互いに不幸になる。」

3-6.　労働環境の改善

働き方についても，持続可能な仕組みを整備している。アパレル業界は新3K（きつい，給料が安い，帰れない）とも呼ばれ，優秀な人材を確保するのが難しい。アダストリアでは，持続可能な企業経営と人材確保を行うため，2021年から新静岡セノバ・ショッピングセンター（SC）に出店する店舗の営業時間を短縮する試みを始める。一般的にSCでは営業時間が決まっているために，午前や夜間など，客がおらず売上が少ない時間帯であっても，営業していなければならず，それが長時間労働につながっていた。同社と新静岡セノバは商業施設の営業時間を見直し，店舗スタッフが無理せず働ける環境を目指し，「ささえあう 働く時間プロジェクト」を立ち上げた。営業時間にコアタイム（11〜19時）を設定し，各ショップの裁量で，開店・閉店時間を自由に設定できるというものだ。

福田会長

「アパレル業界の労働時間っていうのは，他に比べて広い。接客って肉体労働だから，新3Kと呼ぶようになっちゃう。そうすると人材が来ませんから，SCと組んで（労働環境の改善を）推進していこうと。」

3-7.　多様な人材による組織

組織の多様化やデジタル化の推進のため，今後，社内人材だけでなく，社外の人々もリソースとして活用していく。ファッションに興味のある社外のシステムエンジニアを，副業として雇用する「服業制度」がスタートした。ECサイトの整備やDXの強化などに，社外の優秀な人材に携わってもらうことが狙いだ。もちろん，社員自身の副業も認めており，本部スタッフがファッションモデル，カフェスタッフ，占い師など様々な副業を行っている。アパレル企業ならではのおしゃれな働き方といえるだろう。

ファッション業界は転職の多い業界であり，中途採用も多い。驚くべきことは，同社には「出戻り」社員が多いことだ。アダストリアを離れてみて初めて気がつく居心地の良さや，再チャレンジの場を求めて戻ってくる。会社

側にもメリットがある。経験とスキルを社外で積み重ねたことで，より優秀な人材となって戻ってきてくれるからだ。新社長の木村治氏も「出戻り」だ。

　顧客すらも自社をサポートしてくれる存在としてとらえ，内包していく姿勢を打ち出している。SNSにより，従来とは異なる経路での情報発信が拡大している。消費者がSNSでお気に入りの商品を紹介し，企業の手を離れたところで製品のプロモーションが行われることも珍しくない。そのような「サポーター」とも言うべき顧客を，いかに事業戦略やシステムの中に組み込んでいくかも，ポストコロナ時代では求められている。

3-8.　会社をみんなが活躍できるプラットフォームに！

　ポストコロナ時代，社員，社外の人材，顧客など様々な人々が，自らの能力を積極的に発揮できる場を提供すること，それを会社が求めている。「企業のプラットフォーム化」だ。アダストリアでは，ECサイトの強化をDX戦略の核にしてきた。オンライン接客機能などを拡充する中で，サイトは従業員が活躍できる舞台——プラットフォームに変質した。スタッフは自らがプロデュースした場から情報発信を行う。オンライン接客によって，自身のセンス，知識，経験を発揮できる場所を手に入れた。

　会社自体が社員の活躍できるプラットフォームになることで職務満足度を高め，企業理念として掲げる「顧客も社員もみんながファッションを楽しむ=Play Fashion!」の実現にもつながる。

　オンライン接客により，スタッフはアパレル店員としての能力を最大限に発揮することができた。その上，生産性の向上にも貢献した。スタッフが売り場で1人の顧客に行っていた営業活動が，ライブ配信を活用することで，不特定多数の顧客に伝わるようになった。ライブ配信を視聴した顧客がECサイトで商品を購入することにより，労働生産性は格段に向上したはずだ。また，オンライン接客の評価制度が導入されていることも，スタッフのモチベーションや仕事への主体的な姿勢につながっている。

　そして，顧客を中心に社外の人々が集えるコミュニティを，オンラインで実現させようとしている。人々が自由にコミュニティを作ることのできる場——プラットフォームになることを目指す。アパレル企業に甘んじることなく，プラットフォーマーとして発展しようとしているのである。

田中氏（マーケティング）

「ブランドは何をしなければいけないかっていうと，（顧客にも商品情報を発信してもらえるように）本当にブランドを磨くっていうことよ。お客様やアダストリアで働いている人たちが活躍できる場を作りたいんだよね。」

社会の変化と新しいアイデアを積極的に受容し，自らが変化することを恐れず，業界で初めての試みに挑戦する姿そのものが，「ニューノーマル」を生き抜く組織のあり方なのかもしれない。

アダストリアの社名は，「Per aspera adastra」すなわち「困難を克服して栄光を獲得する」というラテン語をもとにした造語である。アパレル業界にとって空前の危機と，リモートワークという新しい働き方に，同時に向き合わなくてはならなかったわけだが，社名の通り，困難を克服して栄光を獲得するべく，これまで以上に大胆にその歩みを進めている。

取材協力

福田三千男氏	株式会社アダストリア	代表取締役 会長
岩越逸郎氏	同	上席執行役員 経営統括本部長
田中順一氏	同	執行役員 マーケティング本部長兼広告宣伝部長
風間陽子氏	同	広報室長
杉田篤氏	株式会社 ADOORLINK （アダストリア子会社）	代表取締役 社長

参考文献

アダストリア（2020）.「2020年2月期決算短信」㈱アダストリア.
https://www.adastria.co.jp/archives/001/202102/e4c08267f57dc08cf50e7accd2e46510f8d3
　　11409326025adebbbca1a82d383f.pdf（2021年4月6日閲覧）.
アダストリア（2021）.「2021年2月期決算短信」㈱アダストリア.
https://www.adastria.co.jp/archives/001/202105/a2e1ff11f24983b87421c8cb3f238487f5036
　　8f5cfc675509c82849e3169fbdc.pdf（2021年4月6日閲覧）.

第 **8** 章
旭化成ホームズ
オンラインを活用した CX の進化―中核的顧客体験に着眼―

　本章では，旭化成グループの中で住宅事業を行う旭化成ホームズ株式会社のリモートワーク事例を紹介する。

1.　会社概要

　旭化成ホームズ株式会社は，1972 年に旭化成グループの住宅会社として設立された。日本が高度成長を実現した昭和 40 年代にそれまで日本になかった ALC コンクリート「ヘーベル」を建築材料として導入して以来，「ヘーベルハウス」を販売しており，現在は「HEBEL HAUS」というマスターブランドを掲げている。1983 年に集合住宅「ヘーベルメゾン」，2005 年にシニア向け安心賃貸住宅「ヘーベル Village（ヴィレッジ）」を販売開始するなど，多岐にわたる住宅関連事業を現在までに展開している。

　2020 年度の旭化成ホームズグループの連結売上高は 6448 億円にのぼり，旭化成グループ全体の売上高の 30.6％を占めている。従業員数は連結 7418名（2021 年 3 月末時点）である。グループにおける旭化成ホームズの位置づけを図 8-1 に示した。

　住宅展示場などで実際にモデルハウスを見てから購入し，その後もメンテナンスサービスなどでお客様の人生と長く関わっていくという事業を展開する同社が，リモートワークにどのように取り組んでいったのだろうか。住宅という現場で，お客様と対面でひざをつき合わせながら，人生最大の買い物をご案内するという「リアルな場での顧客体験」がきわめて重要な住宅販売において，オンライン・リモートワークに同社がどのように向き合ったのだ

図8-1　旭化成グループと旭化成ホームズ株式会社の位置づけ

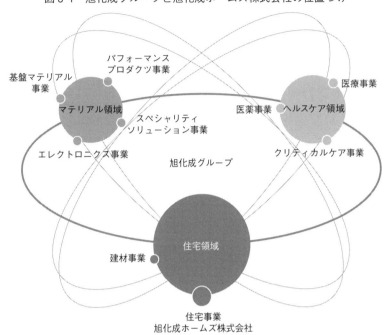

出所：旭化成ホームズ提供資料

ろうか。また，それに伴い，マネジメントにはどのような変化が求められた
のだろうか。

　今回の事例研究にあたって，同社人事部次長原田光浩氏にインタビュー調
査へのご協力を頂いた。

2.　カスタマーエクスペリエンスを高める

　住宅事業では，お客様が実際に住宅そのものを現場で見て，感じるという
顧客体験（customer experience：CX）が購入決定に大きな影響を与える。
具体的には，住宅展示場など住宅が実際にある現場にお客様が足を運んで，
モデルハウスを実際に見ながら営業担当者と人生設計を含む深く濃いコミュ
ニケーションを交わすことを通して，「この家・この人なら任せられる」と

写真 8-1　原田人事部次長

出所：旭化成ホームズ提供

いう安心をお客様に感じてもらうことが重要な顧客体験になる。さらに，「建築現場・ご入居宅見学会」と呼ばれる，半日〜一日をかけて建築現場やご入居宅を見て回るバスツアーに参加していただき，さらなる安心を感じてもらうという顧客体験を加えることで，人生で最大の買い物とも呼ばれる住宅をお客様により安心して購入していただけるような工夫も行われている。

　このように住宅事業では現場での顧客体験がきわめて重要であるため，リモートワークやオンラインの活用が事業にマイナスに働くことはあってもプラスに働くことはないようにも一見思える。特に，住宅展示場での接客を競合他社に比した強みとしていた旭化成ホームズにとっては，新型コロナウイルス感染症（COVID-19）感染拡大による外出自粛の影響で住宅展示場への来場者数が減少したことは当初大きな損失であった。それに加えて，内部が密になりがちなバスによる見学会が難しくなった時期もあった。顧客体験をどのように構築していくべきか，再検討が求められることになった。

　原田次長
　　「新型コロナウイルス感染拡大に伴って，お客様との出会いの場であった住宅展示場への来場が大幅に減少しました。それに加え，当社の住宅の特徴を体感しながらご理解いただける『建築現場・ご入居宅見学会』の実施にも大きな制約を受けることになりました。」

　ビフォー・コロナの環境下においては，住宅展示場や見学会という現場における対面でのお客様との深く濃いコミュニケーションによるやりとりを中心に検討を進めていただくお客様が多かった。しかし，コロナ禍の環境下においては，住宅展示場や見学会というリアルな対面の場だけではなく，ウェブを通した資料請求や，電子メール・電話・オンライン会議ツールなどによる対面以外でのお客様との折衝が増えた。結果，従来の仕事の進め方やコミュニケーション方法にとらわれない形での対応が求められる状況となった。

　　原田次長
　　「ウェブからの資料請求をいただいたお客様や，オンラインでのお客様のご応対としてどのような形が望ましいのか，手探りの部分がかなり大きかったと思います。」

　旭化成ホームズは，従来から強みとしていた住宅展示場における対面での顧客体験をコロナ禍の事業環境下においてもいかに維持・強化するかという事業課題だけではなく，新たな顧客体験の場としてのオンラインの活用をどのように進めていくかという事業課題にも直面したのであった。対面での顧客体験において競合のハウスメーカーに優位性を持っていた同社であったが，それだけに頼らずに新たな顧客体験を創出する必要性に迫られた。
　顧客体験は企業がそれまで培ったノウハウが凝縮されており，新たな顧客体験を創出することはしばしば大変な困難を伴うものである。旭化成ホームズにおいても困難な課題ではあったが，同社ならではの様々な工夫を行うことで業績は回復に向かった。なかには，ビフォー・コロナの時期も含めて過去最高の受注棟数を記録した支店まで見られたのである。
　同社が行った主な工夫を図8-2に示した。第1に，中核的顧客体験の強化を行った。同社が従来から大切にしてきた現場における対面での中核的な顧客体験について，オンラインでも同じような体験ができる仕組みを整えたのだ。これによってお客様のメリットを損なうことなく，逆に顧客にとっての利便性を高めることに成功した。第2に，人材育成への組織的支援・定点観測を行った。オンラインの活用に手間取る社員が出ることを想定し，ITツールの操作や，ITツールを活用した新たな営業手法に関する情報を展開

図 8-2　経営成果を創出するための工夫と今後の人事課題

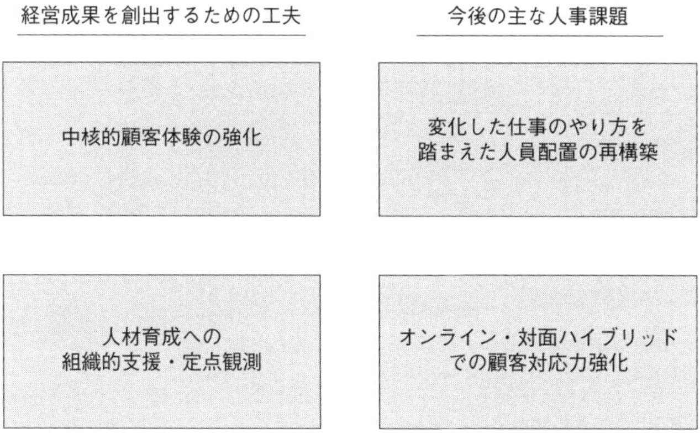

経営成果を創出するための工夫　　　　今後の主な人事課題

中核的顧客体験の強化

変化した仕事のやり方を
踏まえた人員配置の再構築

人材育成への
組織的支援・定点観測

オンライン・対面ハイブリッド
での顧客対応力強化

出所：旭化成ホームズへのインタビュー調査に基づいて筆者作成

し，個別相談にも対応するなど組織的な支援を行った。それとともに，リモートワークの進展によって職場で接する情報が限られてしまうことで，若手層の業務能力習熟に悪影響があるのではないかという懸念に対して，人事部が中心となって，定点観測を行う体制を整えた。

　さらに同社が考える，今後の主な人事課題についても同図に示した。上述の２つの工夫によって業績が上向いているものの，それでもまだ不十分であると同社は考えている。まず，仕事のやり方が変化したことを受け，それに対応した人員配置の再構築が必要と同社では認識している。次に，オンラインと対面ハイブリッドの顧客対応力を組織的に強化してくことも今後必要になるという。以下，それぞれについて詳述する。なお，打ち手については営業拠点によって取り組み内容に差があるが，代表的な営業拠点における取り組みを以下に述べる。

3.　中核的顧客体験の強化

　旭化成ホームズでは，コロナ禍，そしてアフター・コロナの事業環境下においても対面で提供する顧客体験の重要性は引き続き高いと考えた。そこで，対面での顧客体験をさらに高めるための手段としてのリモートワークのあり方を検討することにした。つまり，リモートワークの強みを活かして中

図 8-3　オンラインを活用した展示場や建築現場見学の取り組み例

出所：旭化成ホームズ提供資料

核的顧客体験の強化を図ったのであった。

　具体的には，まず，ビフォー・コロナの時期に対面で行っていた顧客接点業務をすべて洗い出した。その1つひとつの業務について，本当に対面であるべき業務なのか，それともオンラインによる面談によって代替可能な業務なのかを検討した。その結果，契約に際しての重要事項説明，インテリアに関する初回打ち合わせなどの非常に細かい業務単位において，お客様の了承が得られれば対面ではなくオンラインでの面談によって代替することにした。この際，一部の営業拠点ではオンラインでの面談を行うIT環境が整っていないお客様へ，同社からノートパソコンを貸し出す対応まで行った。さらに，対面で行っていた展示場，建築現場，ご入居宅などの見学を，オンラインでも体験していただけるように，様々な仕組みを用意した（図8-3）。従来は現場でしか実施できなかった中核的顧客体験をオンラインで代替することに成功したのだ。さらに，オンラインを活用したことで顧客にとっての利便性が高まり，より多くのお客様に体験していただけるようになったのである。

　COVID-19感染拡大によって，実はオンラインでできたような仕事でも従来は対面にこだわっていたことが明らかになった。お客様にとっても，本当に対面が必要なコミュニケーション以外はオンラインを活用することによって利便性が向上した。

　これらの取り組みによって，営業社員・設計社員の移動時間の削減にもつながった。住宅事業では，住宅の現場が仕事の拠点となる。そのため，支店などの営業拠点から現場への移動，現場から別の現場への移動，社員の自宅から営業拠点への移動というように諸々の移動時間が，業務時間の少なくない割合を占めていた。オンラインでのサービスや面談を活用することでこの移動時間の削減にもつながったのである。

　これによって浮いた業務時間が中核的顧客体験の強化のための大きな元手となった。営業社員はお客様との重要な折衝に備えた事前準備を入念に行うことができるようになった。これまで以上にじっくりとお客様のことを考えることができるようになった。これによって打ち合わせ1回あたりの精度が増して，顧客満足度が向上した。設計社員はより多くの時間を住宅設計やお客様との打ち合わせに使うことができるようになり，新規受注のための提案業務に充てられる時間も増えた。これらの結果，コロナ禍で落ち込んだ業績

が少しずつ回復に向かっていったのであった。

　大幅に削減されたとはいえ，移動時間は引き続き業務時間のある程度の割合を占めていた。そのため，移動時間の活用方法についてまで検討は及んだ。コロナ禍の事業環境下で一気に進んだITツール活用の流れを活かして，営業拠点に戻らなくても業務ができるような工夫を施す拠点も出てきたのだ。

　具体的には，駐車中の社用車の中で，ITツールが搭載されたPCを用いて業務ができるような作業台を同社の工事課が試作して，その成果を確かめてから工事店に大量発注し，社用車を使うメンバー全員分の作業台を用意した。これによって営業拠点に戻らなくても，現場から別の現場へ向かう隙間時間に車中で業務を完結できるようにしたのである。車中で簡単に取り付けられる作業台が市販されていないのであれば自社で作ってしまおうという，いわばハウスメーカーならではの発想が活かされた。これも移動時間が多い同社においては生産性向上に寄与する取り組みの1つとなった。

　リモートワークやオンラインを活用すれば，対面での顧客接点の量は減ってしまう。しかし，顧客接点の質を高めるために中核的な顧客体験とは何かという問いを立てたところに旭化成ホームズならではの工夫がある。同社では，従来の既成概念にとらわれることなく新たな発想でオンラインを有効活用することで，中核的な顧客体験の強化を図り，業績回復へとつなげた。

　リモートワークに取り組むことでリアルな対面での顧客接点が減ることを危惧する声が他社でもしばしば聞かれる。旭化成ホームズにおける取り組みは，対面での顧客接点の減少を悲観的にとらえるのではなく，顧客接点を「顧客体験」という新たな枠組みにおいて見直すことで経営成果を創出したものととらえられる。

4.　人材育成への組織的支援・定点観測

　旭化成ホームズでは，ビフォー・コロナの時期には主な販売のきっかけとなるチャネルではなかったウェブ経由での資料請求からの販売の流れについても，COVID-19感染拡大後の事業環境に対応するために再検討を行った。

原田次長

「従来は住宅展示場における対面でのコミュニケーションに強みを持っていたため，ウェブ経由での資料請求をきっかけとした販売は以前から課題ではあったものの，あまり検討がなされていませんでした。それが新型コロナウイルス感染拡大をきっかけに，当社も本格的な検討をスタートしました。」

ウェブ経由での資料請求をきっかけとして，電子メール・電話・オンライン会議ツールなどを用いた対面以外での顧客接点からお客様のニーズを把握していくことに最初は苦労する社員も多かった。オンライン会議ツールなどの使い方になかなか慣れずに悪戦苦闘しているベテラン層の社員もいた。

旭化成ホームズでは，社員個々人任せにせずに，対応に苦労する社員に対する組織的支援を提供した。具体的には，IT 関連の部署だけではなく，マーケティングを推進する部署までを巻き込んで IT ツールの操作方法や，IT ツールを使った新たな営業手法に関する情報展開や個別の問い合わせへの対応を行った。

若手層の社員の多くは IT ツールに慣れている者が多く，ウェブ経由からの販売の流れについても柔軟な対応を見せた。当初は若手層の場合，オンライン場面を活用した業務について何ら問題がないように思えたのだが，潜在的な課題にまで人事部は目を光らせた。

原田次長

「1 つの支店は 5〜6 のチームによって構成されており，1 つのチームは 5〜6 人によって構成されています。通常は 30 人前後の営業社員が 1 つの支店にいるため，若手営業社員は支店内で様々なタイプの先輩や同僚の社員と交流して，日々刺激をもらいながら業務に慣れていきます。参考になる売り方をチーム外の先輩から教わることも珍しくありません。しかし，COVID-19 感染拡大後は，支店内で社員同士が密になるのを防ぐために，支店への通勤を制限し，基本的には支店ではなく直接住宅展示場に自宅から毎日出勤するようにしました。その結果，住宅展示場にいる同じチームの 5〜6 人としか日々顔を合わせなくなってしまったのです。特に，若手社員の場合，社内人脈の幅を含めた，業務の熟達に

　　影響がないかを懸念しました。」

　若手層の場合には業務の熟達途上にある者が多いため，リモートワークが
進むことによって業務熟達への悪影響がないかが懸念されたのであった。そ
こで同社では，コロナ禍の年度に入社した若手社員（2020年度入社，2021
年度入社の各新卒社員）について，全社の販売棟数に占めるそれらの若手社
員の販売棟数の割合がビフォー・コロナとCOVID-19感染拡大後の事業環
境の違いによって変化していないかを定点観測することにした。すなわち，
COVID-19感染拡大後にそれらの若手社員の販売棟数の割合が仮にビ
フォー・コロナよりも下がっていれば，若手社員の販売力が落ちていること
を意味した。
　これまでに検証を行った結果では，その割合に変化は見られなかった。
COVID-19感染拡大後の事業環境下において，同じ住宅展示場内の1つの
チームのみでの業務活動が基本となった後も若手社員の販売力は下がってい
ないことが明らかになった。
　関東圏のある支店では，営業社員の席のフリーアドレス化が行われた。フ
リーアドレス化はオフィス関連費用削減が主な目的とされることが他社では
多いが，旭化成ホームズでは当該費用削減だけではなく，それぞれの住宅展
示場から支店にたまに戻ったときにチーム員以外の人とも相談しやすい物理
的環境を作ることを目的とした。その結果，「普段あまり話したことのない
人ともコミュニケーションが生まれた」，「仕事について相談していたら，ど
んどん周りの人が入ってきてアドバイスが増えた」，「若手が質問しやすい環
境になった。チームというより支店全体で仕事をしている雰囲気になった」
という声が現場から得られた。リモートワークの推進によって若手社員の経
験の幅が狭くなってしまうことにフリーアドレス化によって対応したことに
よる成果であった。
　同社では，今後も若手社員の販売業績の定点観測の比較をビフォー・コロ
ナとそれ以降で行いながら，若手社員の人材育成を継続的に検討することを
考えている。
　ただし，通勤によるCOVID-19感染拡大への懸念も忘れたわけではない。
ある事務所では事務所に入室可能な時間帯をチームごとに割り振って事務所
への入室制限を行った。この事務所では各チームが事務所に滞在できる時間

を最大で半日までと定めた。これによって組織としての感染拡大への配慮と
ITツールの活用によるリモートワークの推進・生産性向上を目指した。

5. 今後の主な人事課題

　以上のように，旭化成ホームズではオンラインを有効活用しながら中核的
顧客体験を強化して，それを実現する人材の育成とモニタリングに取り組ん
できた。「しかし……」と原田次長は続ける。

　原田次長
　「業績が回復に向かっているとはいえ，新たな事業環境における課題は
　まだまだあると考えています。世の中の状況変化に合わせて，仕事のや
　り方も急速に変わってきているため，それに対応した人員の再配置は重
　要な人事課題です。それに加えて，今後はオンラインと対面での活動を
　各社員が自分自身で上手く使い分ける力を身に付けることが重要だと考
　えていますので，そのための人材育成をどう進めるか。これも大きな課
　題です。環境変化に対応するのに手いっぱいになるのではなく，こちら
　からどう仕掛けていくかという段階にあると考えています。」

　まず，リモートワークや新たな仕事のやり方の導入を推進した結果，それ
に合わせた人員の再配置が人事課題となっている。従来の営業・設計・工
事・事務という職種ごとの人員数比率などを見直して，新たな働き方に対応
した望ましい人員数比率を見いだし，その比率に基づいた配置転換を行う必
要があると考えているのだ。そのためには各拠点の状況を本社が吸い上げて
実態を正しく把握しながら，今後数年間をかけて社員の働きがいと組織の最
適配置を両立できる体制を構築することを同社では目指している。

　次に，オンラインの活用が進む中で，従来から強みとしている現場におけ
る対面での活動と，新たに導入したオンラインを活用した活動について，そ
れぞれの特徴を踏まえて適切に使い分けていくための組織知の形成と人材育
成も今後の人事課題としてとらえている。従来のように対面でお客様と接す
る際には，施主様以外にも配偶者，お子様，ご両親などが同席することが
あった。そこで営業社員は皆さまの顔を見て，例えば「住宅購入の費用の多

くを負担するのは施主様ではなく実はお父様であり，お父様の御意向と施主様の御意向をうまく両立させることで思い描く生活設計のお手伝いができないか」，「お子様の希望をどれだけ反映した設計プランをお出しすればよいのか」など，まさに現場での臨機応変な判断を下し，お客様への最適な住宅を提案してきた。ビフォー・コロナの環境下ではこの高度な判断が対面で行われていた。

　しかし，オンラインでの面談となると，場合によってはモニター画面に現れるのが施主様 1 名だけであったりする。新しい住宅への夢や希望を持っているのは施主様だけではなく，配偶者やご両親も持っていることにはコロナ前後で変わりがない。このような難しい場面であってもお客様とうまく折衝し，お客様の真のニーズを察知する力が求められ，時には対面でのやりとりを組み合わせて進めていく必要があるのである。現在は，各拠点で最適な対面とオンラインの組み合わせ方を模索しているが，今後は組織的にオンラインと対面ハイブリッドでの顧客対応力強化を進めていく必要があり，それができる人材を育成することが人事課題になると同社では認識している。

取材協力
　旭化成ホームズ株式会社　人事部次長　原田光浩氏
　　略歴：1990 年に旭化成ホームズ株式会社入社，初任配属は神奈川営業本部（ヘーベルハウスの営業担当）。その後人事部での採用・教育担当，千葉・茨城営業本部での営業担当を経て，2017 年人事部 採用・人財開発グループ長。2021 年に人事部次長に就任。
　　（インタビュアー：鈴木智之）

参考文献
旭化成ホームズ株式会社からの提供資料

参照 URL
旭化成ホームズ株式会社ウェブサイト　https://www.asahi-kasei.co.jp/j-koho/index.html/
　（2021 年 8 月 26 日閲覧）

第 IV 部

業務活動と事業活動の構造改革

第9章
コマニー
リモートワーク・マネジメントと新規事業の創出

　本章では，リモートワークの活用が難しい環境下に置かれながらも，リモートワークを積極的に推進してきた企業として，コマニー株式会社を取り上げる。同社では，その業界特性や地域特性から全社一律のリモートワークの推進が難しい状況でありながらも，会社の方針としてリモートワークをあくまで働き方の選択肢の1つとして位置づけることで，社員のリモートワーク活用に取り組んできた。さらに，本事例で注目されるのは，コロナ禍においてリモートワークを円滑に実施する段階にとどまらず，新たな状況に積極的に対応して，新規事業の創出を進めてきた点である。

　このように，コマニーがリモートワークを推進してきた背景には，従来からのSDGsへの取り組みがある。同社では，SDGsへの全社的な意識改革への取り組みを基盤として，その中でリモートワーク活用を含めた多様な働き方の実現を促してきた。ここでは，このような環境で，リモートワークの実践における課題をどのように乗り越え，コロナ禍を事業機会としてとらえ，最終的に新規事業創出に結びつけたのかについて，同社のSDGsへの取り組みと併せて見ていきたい。

1.　はじめに

　コマニーは，石川県小松市に本社を置く，日本最大手のパーティションメーカーである。2021年3月31日時点での従業員数は連結で1252名，売上高は288億1200万円，当期純利益は8億800万円である。業界構造として，パーティションメーカーは主に販売代理店，ゼネコン，設計士を顧客と

することが多く，エンドユーザーを直接顧客にすることが少ない B2B 企業である。顧客企業の多くは建設業に属していることから，コマニー自体は製造業に属しているものの建設業界の特性に強く影響を受けている。

1-1.　コマニーのリモートワークへの取り組み

コマニーでは，コロナ禍以前より社員のワークライフバランス推進の観点からリモートワークの活用を進めていたものの，社内の利用率は約5%にとどまっていた。

その大きな要因の1つに，所属する業種の特性が挙げられる。パーソル総合研究所の調査によれば，リモートワーク実施率は業界によって差があり，製造業は全国平均とほぼ同じ値の 27.2% であるものの，建設業は 15.7% であり，医療／介護／福祉業（4.3%），宿泊業／飲食サービス業（11.1%），運輸業／郵便業（11.3%）に次いでリモートワークが普及していない業界である（パーソル総合研究所，2021a）。そのため，建設業界の影響を強く受けているコマニーは，製造業でありながらも建設業界の慣行に順ずるがゆえに，リモートワークを比較的行いにくい環境に置かれていたといえる。

また，本社の所在地も影響を与えている。地域別のリモートワークの実施率は，最も高い東京は 47.3% であったのに対して，地方都市におけるリモートワーク実施率は低く，コマニーの本社がある石川県では全国平均（27.5%）を下回る 18.6% にとどまっている（パーソル総合研究所，2021b）。このようにコマニーをとりまく外部環境は，リモートワークが進まない要因の1つとなっていた。

状況が一転したのは，新型コロナ

写真 9-1　不燃スチールパーティション

写真提供：コマニー

ウイルス感染症（COVID-19）の感染拡大であった。2020 年 4 月に第 1 回
目の緊急事態宣言に伴い，すべての事業所・営業所において原則として在宅
勤務を実施し，4～5 月は 67.2％がリモートワークを利用するようになった。
緊急事態宣言の解除後は，リモートワーク利用に関する方針を「利用できる
人は利用する」ことに切り替えながらも，引き続きリモートワーク推進を継
続し，2021 年現在までおおよそ 25～30％の利用率を維持している。

1-2.　コマニーにおけるリモートワークの目的：SDGs への取り組みとリモートワーク

　コマニーは「すべての人が光り輝く人生を送るために，より良く働き，よ
り良く学び，より良く生きるための持続可能な環境づくり，人づくり」を
ミッションとしている。「すべての人が光り輝く人生を送る」ということと
SDGs（sustainable development goals）が目指す「より大きな自由における
普遍的な平和の強化を追求する」ことは一致しているという考え方に基づ
き，石川県の企業としてはかなり早い時期から SDGs に賛同し，2018 年 4

図 9-1　コマニー SDGs ∞（メビウス）モデル

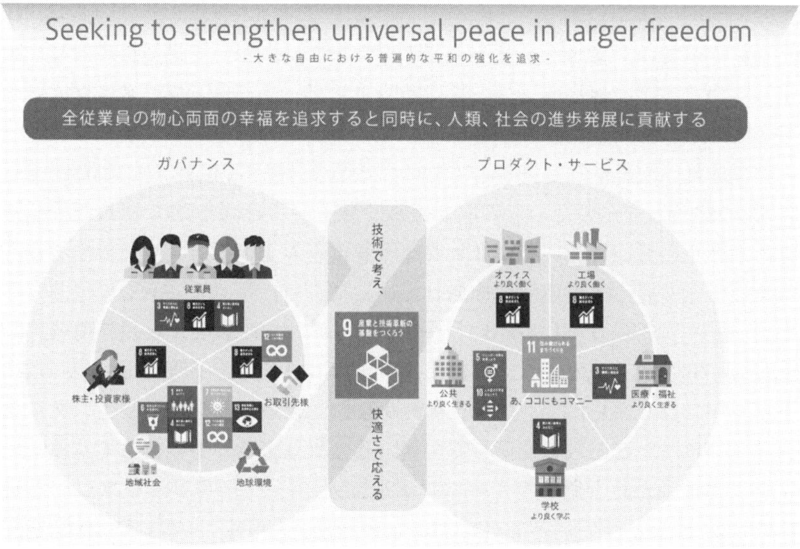

図提供：コマニー

月には「コマニー SDGs 宣言」を行い，2030 年に目指す姿の実現に向けて策定した独自の事業モデルである「コマニー SDGs ∞（メビウス）モデル」（以下，メビウスモデル）に沿って活動を展開している（図 9-1）。

　メビウスモデルは，ステークホルダーの幸福への貢献を目指す「ガバナンス」の輪と「プロダクト・サービス」を通じた世の中への貢献を目指す輪から構成され，各々の活動で達成を目指す SDGs のゴールが設定されている。そして 2 つの輪が交差する「レバレッジポイント」においてそれぞれの活動を有機的につなぎ合わせることにより，技術革新を通じた貢献と発展の持続的循環を目指している。コマニーではメビウスモデルをもとに SDGs が掲げる目標の実現に向けた取り組みを通じて貢献することを目指すことで，新たなイノベーションや事業展開を図り，企業価値の向上を目指している。以下では，コマニーにおけるリモートワークへの取り組みをメビウスモデルに沿って紹介していく。

2.　メビウスモデル「ガバナンス─従業員─」
Goal 3「すべての人に健康と福祉を」／ Goal 8「働きがいも経済成長も」

　コマニーでは，メビウスモデル「ガバナンス」において従業員に対して設定している SDGs の目標（ゴール）と関連して，リモートワークには大きく 2 種類の目的があると考えている。

　1 つ目は，SDGs のゴール 3「すべての人に健康と福祉を」に関連する「社員の健康と安全のため」の取り組みである。これはまさに COVID-19 感染拡大防止の側面において最も重要な取り組みの 1 つであり，業界や所在地の特性にかかわらず積極的に推進していった。

　2 つ目は，SDGs のゴール 8 である「働きがいも経済成長も」に関連する「これからの社会にあるべき多様な働き方実現のため」の取り組みである。コマニーでは，SDGs に関する取り組みとしてダイバーシティ＆インクルージョン（以下，D&I）を推進しており，その取り組みの 1 つとしてリモートワークの推進が行われてきた。コロナ禍以前には D&I やリモートワークは社内においてなかなか広まることがなかった。しかし，COVID-19 の拡大を契機に，社員の健康と安全を守るためにリモートワークへ積極的に取り組

むこととなり，D&I の取り組みの１つとしてのリモートワークのみならず，D&I 全体に関する取り組みが加速的に推進されるようになった。多様な働き方自体への取り組みを拡充するために，リモートワークに加え，「勤務間インターバル制度」「フレックス制度」等や，対象者を拡大した「時差勤務」「短時間勤務」制度の新設など，より柔軟に働くことのできる環境づくりを推進している。また，最も効率的な働き方としてオフィスへの出社を選択する社員のために，「子ども連れ出社制度」を新たに導入した。COVID-19 の影響による小学校等の休校時にもオフィスへの出社が可能となり，新たな勤務様式が少しずつみられるようになってきている。

　このようにコマニーでは，リモートワークは D&I 推進における１つの選択肢であるという考え方に基づき，リモートワークの活用に対して積極的な推進は継続するものの，緊急事態宣言下を除いてはコロナ禍においてもリモートワークを基本的な勤務形態とする方針はとっていない。したがって，社内にはリモートワークを行う社員と従来通り出勤する社員の両方が存在する。経営層からは，「各業務において最も効率的な働き方を行ってほしい」というメッセージを全社に送っており，「自身が最もパフォーマンス良く働ける選択をする」ための働き方の選択肢の１つとしてリモートワークを位置づけている。

2-1.　リモートワーク適用可否に際する公平性：製造現場に対する対応

　製造業であるコマニーは，製造現場である工場を有している。製造事業を継続するためには，工場に勤務する社員の健康と安全を確保しながら，工場を運営し続けることが大きな課題となる。一般的に，工場勤務の社員は，職種や所属職場単位でリモートワーク制度の対象から除外とされることが多い。しかし，コマニーにおいては「各業務において最も効率的な働き方を行ってほしい」という方針に基づいて，工場勤務の社員は製造業務においてベストパフォーマンスを発揮できる場所として工場を選択している。こうした経営層のメッセージが浸透していることもあり，リモートワークの適用に対する不公平感が表立つことはないという。

　このように社員自身による働く場所の選択を前提にしていることから，工場で勤務する社員に対しては，リモートワーク適用とは異なる手段によっ

て，健康と安全を守るための取り組みを徹底することが，より重要となる。そこで，コマニーでは，工場勤務者間の感染を防止する取り組みはもとより，工場に勤務する社員が工場外と極力接触しないことを徹底している。例えば，緊急事態宣言下においては，工場への関係者以外の立ち入りを禁止するとともに，工場勤務の社員が社内を含め工場勤務以外の人との打ち合わせを行う際には，Zoom 等のツールを活用することとしている。また，より安全な職場環境を整備するための設備投資を積極的に行っている。例えば，工場内に大型シーリングファンを複数導入し，工場内で大規模な空気の流れを作り出すことで換気効果を向上させ，COVID-19 感染防止への対策を強化している。また，工場内にて完成品や部材を輸送するためのモバイルロボットを開発して，本社工場に導入した。このモバイルロボットは，輸送に関わる人の移動を減らすことができることから，将来的な商品化を目指している。

　このように，工場勤務の社員の感染リスクを最小化する工夫を徹底的に行い，製造に携わる社員が安心して勤務できる環境を確保することで，リモートワーク適用に対する不公平感を極小化し，安定的な製造事業の継続を可能としている。

2-2.　D&I への取り組みの1つとしてのリモートワーク推進

　先述の通り，コマニーではリモートワークを D&I の取り組みの1つとして推進していることから，社内におけるリモートワーク推進の働きかけは基本的には D&I 推進の一環として行われている点が，特徴的である。そのため，現在のリモートワーク推進における課題は，D&I やそれに包含される多様な働き方の実現に向けた社内の意識改革として取り組んでいる。

　コマニーでは，多様性の尊重をイノベーションを実現する上で成長戦略の中心軸を成すものとして位置づけ，経営層における SDGs に関する会議体である「サステナビリティ経営推進委員会」内に「D&I 推進分科会」を発足し，経営陣自ら D&I に対する意識変革に取り組んでいる。D&I 推進分科会では，各部門長を務める執行役員が心理的安全性や多様な働き方を社員に提供することで，社員一人ひとりが活躍できる環境を提供できているか，一人ひとりに対して挑戦の機会を提供できているか，といった視点から目標設定を行い，四半期に1回 PDCA サイクルによる目標管理を行っている。この

目標管理には，リモートワーク推進に関する目標も含まれている。

　一方，現場の管理職層に対してはリモートワークに関する目標設定を行う代わりに，教育機会による意識変革を試みている。社内でのアンケート調査によれば，現在リモートワークを行っていない部署においても，リモートワークの日常的な活用希望が多く挙がっているが，実施率は横ばいである。特に，製造現場ではない職場では，このようなリモートワークに関する希望と実態のギャップが生じる要因として，管理職のリモートワークに対する考え方が職場におけるリモートワーク実施率に大きな影響を及ぼしていることが想定される。先に紹介した製造現場とは異なり，業務遂行上リモートワークを「適用」可能な職場では，リモートワークを「選択」できるかどうかという点で不公平感が生じる恐れがある。こうした問題は，リモートワークで円滑に業務が遂行できるかどうかといった点で，上司と本人の間で認識の違いがあることに起因すると考えられる。そこで，課長以上を対象としたD&I研修の中で，多様な働き方の１つとしてのリモートワーク活用について取り扱うことで，リモートワークに対する管理職の認識を変え，部下との認識ギャップの解消に取り組んでいる。

　また，すべての社員に向けて，新しい働き方を受け入れていく，前向きにとらえていくための取り組みとして，D&Iに関連した情報発信を積極的に行っている。社内向け啓発イベントである「COMANY SDGs WEEK」では，2030年SDGs実現に向けた取り組みを社内に広く周知・浸透を図るために社外の有識者を迎えたオンラインセッションを開催し，社内の活動をより加速化させSDGs達成への貢献を目指すことを全社で共有している。また，D&Iを正しく理解し施策を推進するために，社員向け「D&Iセミナー」をオンラインで開催し，D&Iの重要性に関する啓発を行っている。さらに，社内の情報共有システムにおいて，社員自らが内省を促して成長ができるきっかけになるような情報を１日２件配信している。基本的には強制的な意識変革を行うことはせず，様々な機会の中でその重要性を社員に訴求し，自発的な意識変革を促している。

2-3.　リモートワーク下におけるコミュニケーション不足を補う部署独自の取り組み

　頻度の高い情報発信は，リモートワーク実施率の高い部署において，より

積極的に行われている。ここでは，その一例として，研究開発部門の事例を紹介する。

　コマニーの研究開発部門では，リモートワークにおけるコミュニケーションの質と量を確保するために，意思決定や情報共有のための会議は Zoom を活用し，ブレーンストーミングや雑談は対面形式を意識的に取り入れた職場運営を行っているが，対面業務遂行時に比べるとコミュニケーション減少が課題となっている。そこで，まずはコミュニケーション量の不足を補うために，担当役員が様々な視点からのメッセージ動画を自ら撮影し配信を始めた。メッセージ動画は，毎日 10 分程度配信するとともに，年度替わりや長期休暇明けといった節目には，会社がいま何を考えているのかについて発信している。毎日配信されるメッセージ動画では，売上などの実務的な連絡事項にとどまらず，コロナ禍において日々変化する現状に対して担当役員自身がどのようなことを考えているのかを伝えるとともに，コロナ禍においても普遍的な価値観となるコマニーの理念を共有している。このように，コミュニケーションの量だけではなく質も担保しながら，コロナ禍以前とは異なるアプローチを継続することが，社員の安心感や一体感の醸成に寄与しているという。

　こうした動画配信は一方向のコミュニケーションとなりがちであることから，双方向のコミュニケーション機会を創出する工夫も行っている。例えば，オンライン上で情報発信を行う場合には，任意のアンケートフォームを設けることを基本とし，常に発信に対して社員からの意見を受けられるような仕組みを整えている。また，毎月部署共通のテーマを設定した上で，1 カ月間の取り組みのポイントを発信してもらうことも，工夫の 1 つである。取り組みの報告というよりは，課題や問題点を発信してもらうことを重視しており，社員からの意見に対してタイムリーに対応した上で，その結果を報告することを徹底している。これらの取り組みは，社員の自律的な行動を促進する仕組みとして機能しているという。

3. メビウスモデル「レバレッジポイント」
Goal 9「産業と技術革新の基盤をつくろう」―技術で考え，快適さで応える―

　メビウスモデルの中心となるレバレッジポイントでは，SDGsのゴール9「産業と技術革新の基盤をつくろう」を達成目標として，「技術で考え，快適さで応える」ことを目指している。その目標達成に向けた重要なプロセスの1つである研究開発の実務においても，当初はリモートワーク環境が創造性発揮の阻害要因となっていた。本節では引き続き研究開発部門の事例を取り上げ，リモートワークによってもたらされたデメリットを克服する中で，リモートワークのメリットを取り入れることで社員の創造性を担保し，さらに自律的行動を促す効果を得られた取り組みを見ていく。

3-1. オンラインにおける課内デザインレビュー

　課内デザインレビューは，各課において毎日メンバー全員が参加するオンラインミーティングにおいて行われる。もともとはリモートワークを推進する中で，ホワイトボードを用いたディスカッション等の創造性を生み出す対話が行いにくいという状況を打破するために始まった取り組みであるが，現在は課内のコミュニケーション活性化という重要な役割を果たしている。

　一般的にデザインレビュー（以下，DR）とは，製品開発プロセスにおいて仕様書や設計書，開発当初の計画と照らし合わせ，進捗の確認，問題点の抽出，情報の共有を行う組織的な活動であり，フォーマルなDRでは関連部署や専門家を交えて成果物の評価・審査が行われる。コマニーの研究開発部門における課内DRは，課内に限定したインフォーマルなDRとしてオンライン上で実施され，課のメンバーが現在取り組んでいるテーマに関する現状や課題について紹介し，メンバー全員で議論をするといった取り組みである。課内オンラインDRの運用にあたっては，部門で定められている運用ルールに基づき，各課の裁量による様々な工夫のもとで実施されている。

　課内DRは，各課において毎日行われることとなっている。実施のタイミングは各課の裁量に任されており，毎朝メンバー全員が出席するオンラインミーティング後に実施されることが多い。課内DRには，若手社員からベテラン社員まで全員が出席する。毎日1名のメンバーのテーマを取り上げ，そ

の時点で乗り越えなければならない課題について議論を行う。所要時間は15分から1時間程度とテーマによって異なるが，テーマによっては翌日にも同じテーマの議論を継続するなど，時間に制限を設けず，参加者全員で徹底的に議論をすることとしている。そこでは，若手社員からベテラン社員まで必ず全員が発言することが前提である。研究開発部門を統括する常務執行役員塚本直之氏は，「これによって，若手社員は正解を聞くのではなく自ら考える習慣をつけることと，ベテラン社員は固定概念にとらわれない若手社員の意見から発想する可能性を醸成しています」と述べている。この目的を実現するために，若手社員から発言をすることによって若手社員の自発的な発言を促進するなど，創造性を生み出すための工夫が各課でなされているという。

　このようにリモートワークにおけるコミュニケーション効率化という観点から始まった課内DRは，各自のテーマに対してメンバー全員が関与する仕組みへと発展する中で，「毎日繰り返すことにより，テーマ解決のスピードアップと各人の教育が同時に実現できる，合理的なOJT」（塚本氏）となり，各自の進捗管理のみならずメンバー全員の人材育成に貢献する場となった。また，この取り組みを行うことで，各自が担う1つひとつのテーマに対して個人ではなくチームで取り組んでいるという意識や一体感を醸成することができ，リモートワークにおける孤独感を弱める効果が見られるという。こうした実務のオペレーションに深く根づいた取り組みは，課内のコミュニケーションのみならず課全体の創造性を向上に寄与していると考えられる。

3-2.　既存資源の応用：実験オフィス機能の取り込み

　コマニーでは，2018年に東京オフィスの一部をリニューアルし，「COMANY LAB TOKYO」（以下，コマニーラボ）という実験オフィスを設置している。ここでは，次世代の働き方にあった製品・サービスのアイデアを生み出すことを目指して，仕事の生産性やコミュニケーションのとり方，集中スペースとしての環境といった実験を自社内で検証し，これからのオフィス空間のあり方を研究してきた。例えば，「個人とチーム」や「集中とコミュニケーション」をテーマに個人が集中しやすい視界まで仕切る個人ブースや，移動パネル・スクリーンなどで境界を作りミーティングも可能にするフレキシブルな空間など，様々なエリアが設定されている。コマニーで

は，実験オフィスの活用により，プロトタイプの製品や新しいアイデアを実際に社員が通常業務の中で試してバージョンアップを行いながら，開発に役立つ科学的なデータを収集するために利用した社員のバイタルデータを取得して分析し，結果を開発に反映させてきた。

こうしたコマニーラボにおける取り組みは，コロナ禍におけるリモートワークの活用をきっかけに，実際の職場である本社の研究開発部門内でも展開されるようになった。コロナ禍において最も効率的な環境を社員が選択するという方針のもとで，研究開発担当者自らの発案により，従来は島型デスクを設置していたオフィスをリモートワーク時代に適したフリーアドレス型に変更するなど，「コロナ禍において最も働きやすい環境」の構築に注力している。

さらには，コマニーラボにおいて行われている実証実験に基づく取り組みを取り入れ，社員によっては自宅を実験の場として試行するなど，利用者視点をより強めていくための自発的な提案を積極的に推奨し実現することで，さらなる自律的な行動を促す効果が見られるようになった。

4.　メビウスモデル「プロダクト・サービス」
Goal 8「働きがいも経済成長も」—より良く働く—

ここでは，メビウスモデル「プロダクト・サービス」にて設定される，エンドユーザーの「より良く働く」を目指す SDGs のゴール 8「働きがいも経済成長も」の達成に向けた事例を紹介する。これまで見てきたコマニーにおけるリモートワークの実践に促された社員の自律的な行動は，コロナ禍におけるエンドユーザーの「より良く働く」の実現に貢献する新規事業開発につながり，最終的には企業のミッションに大きな影響を及ぼしている。

4-1.　事業領域の拡大

コマニーは，リモートワークが社会に広がっていく中で，従来のパーティションメーカーのあり方を再定義している。

以前のコマニーでは，パーティションという製品を社会に供給していく役割を重視した事業活動が展開されてきた。しかしながら，SDGs に関する取り組みを進める中で，社会のニーズに向き合って企業としての役割を見直し

てきた。その中で，コマニーは空間を分断するパーティションを供給するのではなく，間や空間の一部分を再定義することで価値を創出していく企業であるととらえ，事業範囲を従来のパーティション製造から拡大してきた。「間仕切屋さん」から「パーティションで快適空間・機能空間を創造するメーカー」へ事業内容を再定義したのである。

　そうした流れの中で取り組んだのが，「Health Bright Evolution」という内装や什器に塗布することで抗ウイルス・抗菌加工することができる，無色透明・無臭の天然ミネラル100%の特殊な液体を活用した抗菌・抗ウイルスコーティング事業である[1]。この事業はコロナ禍以前に新規事業として立ち上げ，コロナ禍において市場が急拡大し，事業を始めて1年余りで3億円を超える事業に成長したという。

　こうした取り組みは，コマニーのように建設業界において部材を提供していたメーカーにおいては革新的であった。一般的に，日本の中小・中堅の製造業においては，社会のニーズに向き合った新製品開発を行っている企業は限られている。特に，建設業界のようにエンドユーザーとメーカーの距離が遠い業界においては，その特徴はより顕著に現れる。大企業に製品を提供していたり，もしくは建設業界のようなピラミッド構造における企業間取引を中心としていたりする日本の中小・中堅の製造業においては，新製品開発とは，海外企業を含めた競合企業の製品を模倣して，自社でも供給できるようにすることを指すことが多い。つまり，他社が提供する製品を自社でも提供できるようにすることが，新製品開発と言われているのである。そのような新製品開発では，基本的に最初の段階から競合企業が存在し，価格競争に勝つためにコスト削減の圧力がかかってくる。こうした状況から抜け出すためには，自社とエンドユーザーとの接点を増やし，直接エンドユーザーのニーズを理解することで，だれも開発していない新製品を開発することが必要となる。しかし，業界の慣習に従わざるをえない部材メーカーは，エンドユーザーと直接接点を持つ機会を作ることが難しい。

　こうした状況下において，業界を超えて地球規模の課題解決にどの企業も直接取り組むことが求められるSDGsは，現状を打破する契機となった。特に新型コロナウイルス感染拡大に対する取り組みは，SDGsのゴール3「す

1　「Health Bright Evolution」ホームページ http://hbe.comany.co.jp/（2021年8月22日閲覧）.

べての人に健康と福祉を」に内包される地球規模での課題であり，こうした突発的な社会変化やそこから生じる新たなニーズに対応することが，従来の事業環境からの脱却につながったのである。コマニーにおいては，パーティションという部材提供を介さず，直接エンドユーザーにサービスを提供できる Health Bright Evolution 事業は従来とはまったく異なる事業であった。この異分子的な新規事業がコロナ禍によって急成長したことも，社内の意識を変革することにつながり，リモートワークに関する取り組みにも大きな影響を与えることとなった。

4-2.　新たな働き方に向けた新規事業開発

　コマニーは，コロナ禍において，社会の変化に伴って生じたニーズに目を向け，新たな事業開発に取り組むようになった。コマニーにおけるこれまでの製品開発は短くても数年かけて行うものであったのに対して，コロナ禍での新たな事業開発は数カ月で行われた。

　例えば，自社でもリモートワークが進む中で，消費者としての立場と開発者としての立場の双方の視点から開発を進めた製品に自立型パーティション「どこでもブース "KAKOU"」がある。これは手軽に自分の空間を作れるテレワーク用パーティションであり，自宅で仕事を行う際の間仕切りや目隠し，テレビ会議の際のグリーンバックとして活用できる製品である。この製品は個人向けの製品であり，これまでの B2B としての事業領域から大きく外れるが，社会的なニーズも高い製品であることから，コマニーでは EC サ

写真 9-2　どこでもブース "KAKOU"

写真提供：コマニー

写真 9-3　Mile

写真提供：コマニー

写真 9-4　Remote cabin

写真提供：コマニー

イトを新設し，事業展開を行っている[2]。

　アウトドアワークセットである「Mile」も，コロナ禍に開発された製品である。この製品は，リモートワークを行っていたプロダクトデザイナーが緊急事態宣言下に「外で仕事ができたらいいのに」と感じたことをきっかけに開発されており，作業用デスク，汚れ防止シート，日除け，目線隠し，寄りかかれるチェアをパッケージ化して，リュック1つ持っていけば外で個人空間が作ることができるように構成されている。Mile は，ダイレクトに顧客とつながるための初の試みとしてクラウドファンディングの活用によってモニターを募集し，モニターからのフィードバックをもとに改良を加え，その後製品版を販売するという開発形式をとり，テレビ東京のワールドビジネスサテライトで紹介されるなど，社会的にも注目を集めた[3]。その後，2021年秋の先行販売をへて，2022年4月より EC サイトにて一般販売されている。

　さらに，従来の製品のエンドユーザーにも提供できる製品として，低価格

2　「COMANY SHOP」ホームページ https://comany.theshop.jp/items/30698443（2021年8月22日閲覧）.

3　クラウドファンディングサイト CAMPFIRE「外で働くための，ミニマムな空間。新しいワークスタイルのモニターを募集！！」https://camp-fire.jp/projects/view/374880?ranMID=45574&utm_source=linkshare&utm_medium=affiliate&utm_campaign=ls_affiliate&argument=33pKQw5N&dmai=a5e65df2ca320a（2021年8月22日閲覧）.

でありかつ短納期・短時間での施工を可能とした「Remote cabin」という
オフィス内の個人ブースも開発し，発売されている[4]。この製品には先述し
た Health Bright Evolution が塗布されており，感染症対策が織り込まれて
いる。

　こうしたコマニーによる新たな取り組みは，既存事業の単純な延長線上に
あるように見える。しかしながら，業界における新規製品の考え方や，直接
エンドユーザーの意見を知ることが難しい業界構造，その中で企業内に根づ
いたパーティションを販売する企業だという固定観念といった，従来の事業
をとりまく状況のもとにおいて展開することは容易ではなかった。

　そのような従来の状況を打破する上で大きな役割を果たしたのが，SDGs
をベースとした大規模なリモートワークの推進である。リモートワークが適
用しにくい市場環境である上に，地方都市に本社を有するために周辺企業の
リモートワーク実施率も低い中で，リモートワークを積極的に行ったこと
が，企業が進むべき方向への強い推進力となり，社員へのメッセージとなっ
たのである。また，リモートワークの経験が，社会のニーズに気づかせる
きっかけを社員に提供し，従来の固定観念や行動形式を打ち破るような自律
的な行動を促し，それによって従来では実現が難しかった領域に取り組んで
いった。

　そして，一連の取り組みは，最終的には企業のミッションにまで影響を及
ぼすこととなった。自宅でのリモートワーク向け製品の開発によって事業領
域が拡大したことから，「人が家を一歩出た瞬間から，より良く働き，より
良く学び，より良く生きるための持続可能な環境づくり，人づくりに貢献す
る」と掲げていたミッションを，2020 年には「すべての人が光り輝く人生
を送るために，（以下同文）」へ変更することとなった。コマニーでは，リ
モートワークに積極的に取り組むだけにとどまらず，従来の枠組みを超えた
新規事業の展開をもたらし，最終的に事業領域の拡大によってミッションを
変更するほどの企業変革を実現したのである。

4　「Remote cabin」ホームページ https://remote-comany.studio.site/（2021 年 8 月 22 日閲覧）.

5.　おわりに

　以上，リモートワークの積極活用が難しい環境下に置かれているにもかかわらず，リモートワークをきっかけに既存の事業慣習を打破し，新規事業創出を成し遂げた企業変革の取り組みを紹介してきた。

　コマニーの事例において最も重要な点は，企業ミッションに基づくSDGs実現への取り組みにリモートワークが包含されている点である。コマニーは，SDGs実現に向けた独自の事業モデルであるメビウスモデルを基軸とした企業活動を行っている。本章で見てきた通り，コマニーにおけるリモートワークに関する取り組みは，すべてSDGs実現に向けて制定されたメビウスモデルにおいて説明できる。

　コマニーにおけるリモートワークは，従業員に関するSDGsのゴール達成のための「手段」（ゴール3「すべての人に健康と福祉を」）であり，「目的」（ゴール8「働きがいも経済成長も」）でもある。これにより，コロナ禍での生産性の維持もしくは向上を果たしつつ，従業員の多様な働き方の実現を後押しした。また，エンドユーザーのゴール3・8の達成という観点から「市場機会」としてとらえることで，リモートワークへの取り組みそのものが「技術で考え，快適さで応える」活動の創造性の源泉となり，新規事業創出を果たした（ゴール9「産業と技術革新の基盤をつくろう」）。このことから，コマニーはリモートワークを，単なる従業員の働き方のバリエーションとしてだけではなく，SDGsのゴール実現の推進力としてとらえて，実際に多面的に活用してきたといえる。社員側から見ても，企業として目指すSDGsのゴール達成を意識した取り組みであったからこそ，自分自身の働き方に意識がとどまることなく，リモートワーク自体を新常態における市場機会をとらえた新規事業創出を果たすという成果につなげることができたと考えられる。

　本章のまとめとして，以下では，コマニーの事例から示唆されるリモートワークを実践する上でのポイントを，3点挙げておきたい。

①　パフォーマンスを判断基準とした働き方の選択
　第1に，社員が最もパフォーマンスを発揮できる環境を自ら選択することを前提として，その選択肢の1つとしてリモートワークを位置づけている点

である。このような前提を置くことで，リモートワークを行うか否かは，会
社によって一方的に決められるのではなく，社員自身が主に業務の効率性や
生産性といったパフォーマンスへの影響を自ら判断し，自らの判断に基づい
て自発的に選択することになる。そうすることで，リモートワークの適用の
可否をめぐる不公平感を和らげる効果が生み出されている。

　また，働き方の選択に際する公平性の担保という観点においては，各々の
働き方に対する支援や職場への設備投資といった資源配分をなるべく偏らず
に行うことが重要となる。コマニーでは，リモートワーク推進に伴う環境整
備を行う一方で，リモートワークの実施が難しい製造現場に対しては，感染
防止に寄与する積極的な設備投資や感染対策の徹底管理をすることで，安
心・安全の担保という点でリモートワークと同等の水準の環境を提供してい
る。また，従来通りの出社を選択する社員に対しても，「子ども連れ出社制
度」の導入など，最適な働き方選択を支援するための新たな施策を導入し，
働き方の如何にかかわらず社員のパフォーマンス向上を全面的に後押しして
いる。このように，どの働き方を選択しても，できるだけ差が出ないように
することで，社員の判断基準をパフォーマンスに絞れるようにしている点
は，注目すべきである。

　その一方で，未解決の課題も残されている。働き方によるパフォーマンス
の認識が社員とその上司の間で異なる場合には，社員自身が希望する働き方
を実際に選択することは依然として難しい。例えば，社員個人がリモート
ワークで最善のパフォーマンスが出せると思っても，上司がそのように考え
ていなければ，リモートワークをできないといったことである。

　こうした課題の解決については，企業活動の基軸であるSDGsへの取り組
みに立ち戻ることが解決の糸口になるかもしれない。社員個人としては，組
織の一員としてのSDGsの目標達成への貢献という観点から自身のパフォー
マンスを検討し，上司にとっては，個人およびチームのパフォーマンスを重
視すると同時に，多様な働き方の実現という観点から部下のリモートワーク
を評価することによって，解決する可能性があるということである。実際
に，コマニーでは，SDGsの取り組みの1つであるD&Iにおける意識改革
の中でこうした課題に取り組むこととしている。

②　リモートワーク下におけるコミュニケーション機会の量と質の担保

第2に，コミュニケーションの量と質を高めるために，オンライン上で様々な形態のコミュニケーション機会を用意している点である。

コマニーでは，全社的なSDGs啓蒙活動や担当役員によるメッセージ動画配信など，オンラインのメリットを活用した社内コミュニケーションを活性化するための施策を，積極的に展開している。このような方策を通じて，オンライン上の発信頻度を高め，従来よりも会社の考えに触れる機会を増やすことで，会社が目指す姿への理解が深まり，会社の一員であるという意識を高めている。

また，コミュニケーションの量を増やすだけでなく，オンラインだからこそ実現が可能となる双方向コミュニケーションの仕組みを組み込むことで，社員の自発的な発言や行動を促すきっかけを創出している。

このような全社的な方策を基盤として，チーム単位の活動の核となるコミュニケーションが定着していることも，注目すべき点である。前述のように，研究開発部門では，毎日オンライン上で行われる課内DRが，個人の業務に対してチーム全員の衆知を結集し，企業目標の達成に取り組むチーム活動の場となっている。ここでは，リモートワーク下における不安感や孤独感の払拭といったリモートワークによるデメリットを克服するだけではなく，一体感の醸成や心理的安全性の向上といった効果が見られる。

以上のようにオンライン上でのコミュニケーションを量と質の両面から融合することにより，リモートワーク下において失われたコミュニケーションを補完するだけでなく，個人およびチーム双方の生産性向上を支援し，その結果として創造性の発揮や新規事業創出に望ましい影響を与えたと言えよう。

③　進捗管理や人材育成との連関

第3に，リモートワークを個人の働き方としてとらえるのではなく，リモートワークに関する取り組みをチームとしての進捗管理や人材育成と連関させている点である。

例えば，研究開発部門における課内DRでは，前述のように部署内でのコミュニケーションの手段として定着しているだけではなく，人材マネジメントの核となって機能している。一般に，リモートワーク下では，従来のミー

ティングのオンライン化を試みる場合は少なくないが，その大半はリモート
ワークによって失われたコミュニケーションの補塡にとどまり，従来以上の
付加価値を生み出すケースは少ない。しかし，本事例では，課内 DR のオン
ライン化にあたり，チーム全員による人材育成や相互議論による創造性発揮
の場として位置づけて，取り組んでいる。参加者全員が毎日 1 つの課題に取
り込む協働の場として進捗管理や問題解決の機能を組み込むことで，単なる
コミュニケーションの手段を超え，生産性の向上や創造性の創出を担う実務
的意義の高い活動となるとともに，人材マネジメントの仕組みとして効果的
に機能しているのである。

　以上のように，コマニーでは，リモートワークへの移行を新規事業の創出
の機会としてとらえて，新たな環境下で「より良く働く」を実現する新たな
製品を生み出した。その背景には，以前からの SDGs の実現に対する全社的
な取り組みがあった。リモートワークの活用を，コロナ禍での一時的な対応
ではなく，目指すべき働き方への改善活動のみならず，新たに出現した市場
機会ととらえられたからこそ，リモートワークに関連した新規事業の創出に
成功したのである。さらに，こうした新規事業への取り組みは，最終的に全
社的なミッションにまで影響を及ぼすこととなった。このことからは，リ
モートワークは，単なる働き方のバリエーションにとどまらず，企業経営の
根幹部分に変革をもたらす機会となりうることを示唆している。
　COVID-19 拡大を契機として，リモートワークの活用に取り組んだ企業
は少なくない。しかし，従来の働き方とは異なる問題点に着目してリモート
ワークをとらえる限り，リモートワークによるマイナスの効果を打ち消すこ
とに注力することとなり，リモートワーク環境だからこそ得られる生産性の
向上や創造性の創出といったプラスの効果を実現することは難しいだろう。
　今回のようなコロナ禍におけるリモートワーク活用といった新常態への潮
流の中で，マイナスの効果を克服するだけではなく，プラスの効果を積極的
に獲得していくためには，コマニーの事例で見られるように，リモートワー
クがもたらす機会を多面的に活用していくことが，重要となる。また，その
ような取り組みが実を結ぶためには，企業としての理念やミッションを確立
し，その理念やミッションに基づいて，具体的な方策を実行していくこと
が，必要となる。直面する環境が大きく変化する状況だからこそ，その場に

応じてうまくやり過ごすのではなく，ぶれない基軸を企業として有し，それを基盤として新たな方策に取り組んでいくことが，結果として適切な対応につながるといえよう。

謝辞

　本章の作成にあたり，加藤俊彦先生（一橋大学）および島貫智行先生（一橋大学）より有益なコメントをいただきました。ここに深く感謝いたします。また，コマニー株式会社の事例作成にあたってインタビューを実施し，コマニー株式会社取締役常務執行役員塚本直之氏および金沢工業大学 SDGs 推進センター長平本督太郎氏にご協力をいただきました。この場を借りてお礼申し上げます。

参考文献

コマニー（2020）．『コマニーグループ統合報告書 2020』．
パーソル総合研究所（2021a）．「第四回・新型コロナウイルス対策によるテレワークへの
　影響に関する緊急調査」．
パーソル総合研究所（2021b）．「第五回・新型コロナウイルス対策によるテレワークへの
　影響に関する緊急調査」．

参照 URL

コマニーホームページ，https://www.comany.co.jp/（2021 年 8 月 22 日閲覧）

第10章
BorderLeSS
ボーダレスなサポートのあり方

本章では，メンタルトレーニングやキャリアデザイン事業を行うベンチャー企業の株式会社 BorderLeSS が実際に行った，ニューノーマル時代での組織のあり方と，対面での実施が重要な心理サポートサービスを，遠隔心理学の考えも活用し，現場のアスリートにアプローチをした事例を紹介する。在宅でのリモートワークにおいて，人と人とのつながりが希薄になることを懸念する企業にとっても，ヒントになるだろう。

1. BorderLeSS とは

1-1. 会社概要

株式会社 BorderLeSS は，心理学およびスポーツ心理学の学術的根拠をベースとして，2つの事業に取り組む会社である。1つは，心理学およびスポーツ心理学の専門家による心理コンサルティングやメンタルトレーニング事業，もう1つは，多領域の専門家によるキャリアデザイン事業である。社が掲げるミッションは「世界のキャリアデザインに革新を」であり，「すべての人が自律的に人としての包括的なキャリアを形成し人生を豊かに歩むことができる世界を構築する」をビジョンに掲げている。

1-2. 全員副業／複業[1]！多地域・多領域メンバーで構成

BorderLeSS は創業当初 10 名，1 周年を迎えて 15 名のメンバーで構成さ

---

1 「副業」は本業以外に有する仕事を意味するが，「複業」は本業を複数もつことを表す。新たな

れている。小人数だが，東北，東海，近畿，四国，オーストラリアと所在地は幅広く点在しており，メンバー全員が BorderLeSS での役割以外に仕事を持つ複線型キャリアを歩んでいる。こうした雇用形態とコロナ禍が重なり，ウェブ会議でのコミュニケーションが中心で，メンバー同士がリアルでの対面なしに働いている。BorderLeSS は，コロナ禍の影響を除いても，オンラインを用いた組織運営が必須の会社である。

1-3.　緊急事態宣言とともに立ち上がった会社の命運

　2020 年 1 月より，新型コロナウイルス感染症（COVID-19）の感染拡大の影響を受け，世界中が未知のウイルスへ恐怖を抱きながらの生活を送ることとなった。2020 年 4 月 7 日には，日本に初めて，COVID-19 による「緊急事態宣言」が出される事態となった。その前日の 4 月 6 日，株式会社 BorderLeSS は創業した。まさに，コロナ禍とともにスタートした会社である。在宅でのリモートワークが推奨され，都道府県をまたぐ移動は制限されるという，100 年に一度とも言われる事態になり，社名を「ボーダレス」としながらも，様々な「ボーダー」があることを思い知ることとなった。起業し，様々な方と人脈を築こう，様々なクライアントを対象に事業を展開しようとした矢先の出来事だった。

　しかし，これを契機にこれまでの「普通」が大きく変わる，まさにニューノーマル時代が始まった。企業では Zoom，G Suite（現 Google Workspace），Microsoft Teams，CISCO Webex Meetings などのオンラインツールを用いたウェブ会議が多用されるようになった。今の時代を生きる者は，「普通」はひざを突き合わせて会議をするもの，「普通」は初対面でオンラインのあいさつはありえない，などといった常識が変わる瞬間の目撃者である。

　「普通」が変わったことで，初対面であっても，日本全国または海外在住の方々とウェブ会議で対面することへのハードルが低くなった。これが BorderLeSS にとっては，事業を拡大する追い風になった。BorderLeSS は日本全国，または海外にメンバーが点在しているが，ウェブ会議の利用が普通になったことで，各地に在住するメンバーと営業先やクライアントとが，違和感なく同時にミーティングできる機会が数多く生まれることとなった。

　「複業」の生き方を BorderLeSS は応援したいと考えている。

コロナ下の世界には様々な「ボーダー」もあるが，社名の通り「ボーダレス」な世界になったわけである。

1-4.　社内チームビルディング

COVID-19 感染防止によってリモートワークが推奨され，出社しなくても仕事はできるという新たな発見をした会社も多くあった。同時に，社内における人とのつながりが希薄になり，ミスコミュニケーションが生じることを懸念する声も耳にする。

BorderLeSS は会社の形態から，メンバー同士が直接対面してのコミュニケーションをとる機会はもともと限られている。心理学を専門に扱う会社で，こうした状況下でいかに社内の関係づくりを行ったのか。

BorderLeSS には代表取締役の筒井に加えて，計 3 名のスポーツメンタルトレーニング指導士が在籍している。メンバーを 3 グループに分け，各スポーツメンタルトレーニング指導士がファシリテーターとなり，チャットを用いた「日々のメンタルの振り返り」というメンタルトレーニングを，毎日実施している。新たなメンバーと組めるように，グループが毎月再編成され，振り返り項目も月ごとに変更している。以下はその具体例である（表10-1，図 10-1）。

メンバー全員が振り返り項目について，朝や夜にチャットに投稿すると，スポーツメンタルトレーニング指導士がコメントや質問をしていく。それが次第に，メンバー同士でコメントや質問が飛び交うようになる。こうして自己理解を深めながらも，グループ間で他者理解を深めていく構造であった。

表 10-1　「日々のメンタルの振り返り」振り返り項目

感情について	今日どのような感情を経験したか？ 今日の感情の予期と対処は？
モチベーションについて	今朝のモチベーションレベルは？ 今日のモチベーションの生み出し方は？ 仕事開始前のモチベーションは？
取り組みの評価	1 週間で自分を褒めてあげられることは？ 明日より良くできることは？

図 10-1　「日々のメンタルの振り返り」チャットでの振り返りの様子の一例

2021年4月24日　23：52

保護者向けメントレ講座に，メンバーの紹介で参加してくださった方から，次回は有料で参加したいと連絡がきて，めちゃくちゃ嬉しい！！
明日の講座のスライドづくり，いつも以上に時間がかかった。流れがいくつか考えられて，どれもいける！と思って，スライドの順番を入れ替え入れ替えで，，そういう時は，イライラと憂鬱の狭間な感じ。でも，最後は納得いく順番に収まって，スッキリ爽快な気分！

2021年4月26日　0：45

今日はパフォーマンス向上を目指す皆さま向けオンライン講座！　総勢19人が参加やった！　多種多様な職業の方と，働くことに何を求めるか？から，自分のキャリアをデザインする時間を過ごせた。緊張感は高いけど，参加者同士が学べる良い空間やなぁと感じられて幸せ。

2021年5月8日　0：19

メンタルトレーニングで携わる選手が，東京オリパラの最終選考の合宿中で，日々振り返りの日記が届く。その選手は今年で代表引退を決めている。その文字からも「覚悟」が感じられる。重く濃い。最終選考で選ばれなかったら，さらに選ばれたのに東京オリパラが中止になったら，，と考えると私も怖い。
私にその時何ができるか？　選手が選ばれるのをもちろん応援してるけど，スポーツメンタルトレーニング指導士としては，力を尽くしてダメやった時のことや，大会中止の可能性を考えておかなければいけないと思う。　あらゆることを予期して備えないといけない。うーん辛い。
でもこの私の今の気持ちも，選手に伝えるのと同じく，本気の証ってことなんやと思う。

2021年6月8日　7：29

①起床時のモチベーションレベル：4
②モチベーションレベルを上げる「対処法」：亡くなった伯母に夢で会えて良い目覚めで朝から気分が良い。京都での非常勤は通勤が面倒，，でも行き帰りの電車で取り組む仕事の整理をして，これが終わったらスッキリする！と考えた。
③活動開始時のモチベーションレベル：5

2021年6月20日　8：44

①起床時のモチベーションレベル：4
②モチベーションレベルを上げる「対処法」：昨夜，スライド作成のネタになる研究を見つけて，朝からそれを元にスライド作成する！と思うと朝からエネルギーがあった。
③活動開始時のモチベーションレベル：5

2021年6月21日　8：57

①起床時のモチベーションレベル：2
②モチベーションレベルを上げる「対処法」：今月は休みという休みがなく，来月7/3まで無さそうやなぁとスケジュールを見てると疲れそうってなった。でも，落ち着いてみると，一日のうち数時間の休みはあるわけで，その中で休める休み方を考えることが大事やと考えた。「休み上手」になろう！とモチベーション高める。
③活動開始時のモチベーションレベル：4

筒井代表取締役

「私たちの会社は，設立当初から，チャットやオンラインツールを用い
た会議を通じて，講座を作成するといった業務に関する話をすることが
中心だった。各々本業となる仕事を抱えながらわざわざ集まるのだか
ら，効率良く進めることが大事なのは当然のことだと思う。でもそこに
は『余白』，『遊び』といったものがない，という感覚があった。そこで
思いついたのが『グループメンタルトレーニング』だった。継続してい
くと，メンバーからは『毎日慌ただしく過ぎていく中で，自分と向き合
う習慣を作ることができて自分の整理につながった』という感想や，普
段の仕事に取り組んでいる様子や，家庭のことなどを知ることができる
ようになったことで，『いままで知らなかった一面を知ることができて，
会えない中でも人となりがよくわかるようになり，安心感が増した』な
どの感想があった。心理的に安全な空間を創ることは，活発な議論を行
うには重要であるため，最初はやり方にとまどうメンバーや，面倒に感
じていたメンバーもいたと思うが，この取り組みはチャレンジして良
かったと感じている。」

　移動時間の節約や出張経費削減といったメリットも知った今日では，オン
ラインを用いた働き方を引き続き取り入れていく可能性が考えられる。その
ような際に，こうした自己理解と他者理解を深められる取り組みは，他の企
業にとってもヒントになるだろう。

2.　COVID-19 によるアスリートへの影響

2-1.　心理面への影響

　東京 2020 オリンピック・パラリンピックは，開催が 1 年延期された。そ
れはアスリートにとって，活動自粛を余儀なくされながらも，1 年後に向け
てパフォーマンスを維持しなければならないということを意味し，さらに，
必ず 1 年後に開催される保証もなかったことから，心理的負担が大きいと考
えられた。
　BorderLeSS の主たるクライアントであるアスリートは，COVID-19 によ
りどのような影響を受けたのだろうか。日本オリンピック委員会（JOC）が

各競技の強化指定選手を対象に，「新型コロナウイルスに関するアンケート調査」を実施した結果，東京オリンピックが延期となった夏季種目の選手は高ストレス反応を示しており，うつや不安（ストレス）の高さに注意が必要なアスリートが 10% にのぼったことが明らかになった（デイリースポーツ，2020 年 10 月 23 日）。また，United States Olympic Committee と United States Olympic & Paralympic Committee は，東京 2020 大会延期の事態を受けて，タスクフォースを立ち上げ，選手が延期に対処するためのメンタルヘルスへの対応を行ったとされる。オリンピックやパラリンピック出場を目指すアスリート，プロアスリートといったトップアスリートにとって，練習ができないという事態は，身体にも心にも大きな影響を与えたと考えられる。

　筒井代表取締役
　　「トップのアスリートは，驚くほど感覚が敏感である。身体が重たい，タッチが悪い，水が違う，床が違う，氷が違うというような具合に。練習が長期間できないことによって，体力や筋力が低下することの不安もさることながら，自分自身が大事にしている感覚が変わってしまうことへの恐怖感は非常に強かったと感じた。」

　　「オリンピックやパラリンピック出場を目指すアスリートは，4 年という単位で計画的にパフォーマンス向上に取り組んでいる。最後の 1 年は，心身のコンディションをピークに合わせるための調整を行うこととなる。1 年の延期によって，コンディションの再調整という課題を突きつけられたアスリートもサポートスタッフも，心理的負担が大きかったと思われる。」

　1 年の延期を経て開催された東京 2020 オリンピック・パラリンピックだが，日本各地に緊急事態宣言が出され，世界中がパンデミックの状況であったため，開催国である日本では，開催に関して否定的な声も上がっていた。SNS を通して，アスリートにもダイレクトに声が届くようになったことが，選手のメンタルヘルスにネガティブな影響を及ぼす危険性が懸念された。

筒井代表取締役

「メンタルトレーニングで大切なことの1つに，自分がコントロールで
きることに集中する，ということがある。アスリートには開催の可否を
決定することはできない。開催されるとなっている以上，アスリートは
そこで最高のパフォーマンスを発揮できるように準備するもの。しか
し，アスリートも1人の人間であり，新型コロナウイルスに感染するこ
とや，自分が感染することでチームが出場できない可能性への不安を感
じていた人もいた。さらに，日本国内から開催に否定的な意見があるこ
とに心を痛めていたのも事実である。」

　また，トップアスリートに限らず，緊急事態宣言以降は，子どもたちや学
生のスポーツ活動も大きく制限され，心理状態に大きな影響を及ぼした。
BorderLeSS のもとにも，アスリートや指導者，保護者から，「モチベー
ションが維持できない」「目標の立て方がわからない」といった相談の声が
届けられ，新たなクライアントからの依頼もあった。

筒井代表取締役

「今回の事態は，自分がスポーツをする意義や，スポーツの価値を再考
する機会となり，アスリートのアイデンティティを揺るがすことにも
なった。ここでアイデンティティを再構築できたかどうかは，とても重
要な分岐点になったと思う。」

2-2.　キャリアへの影響

　東京 2020 オリンピック・パラリンピックの開催延期は，アスリートとし
てのキャリアにも影響を与えた。就職情報大手のマイナビが 2020 年 5 月 26
日～6 月 4 日にかけて，アスリート 373 人に実施した調査では，半数以上が
新型コロナウイルスによる活動自粛を経験したと回答した。その中には，
「目標を考え直す」「スポーツ以外の取り組みに目を向ける」「時間の使い方
を見直す」といった声もあった（産経新聞，2020 年 9 月 14 日）。競技継続
への不安を感じたアスリートが多かったことが推察される。
　体操の内村航平選手とスポンサー契約を結んでいた外食チェーンが，「コ
ロナ禍における想定をはるかに上回る業績の悪化」を理由に，契約の継続を

断念したという報道もあった。コロナ禍による経済状況の悪化は，契約の打ち切りという形でアスリートにも影響を与えた。スポンサー企業にとっては，アスリートを支援することが企業イメージにつながると考えられていた。しかし，2021年1月に行われた「NHK世論調査」では，東京2020オリンピック・パラリンピックを「中止すべき」が38%，「さらに延期すべき」39%であり，「中止すべき」「さらに延期すべき」が合計77%と，「開催すべき」の16%を大幅に上回る結果となった（NHK政治マガジン，2021年1月13日）。

筒井代表取締役

「コロナ禍で，開催に反対する世論の声が届く中，企業側もスポンサー契約に宣伝効果などのメリットを感じづらくなっている可能性が考えられた。同時に，アスリート自身も，スポンサー契約をしてもらうことに対して申し訳ないという気持ちを抱くことも十分に考えられる。」

「スポンサー契約の打ち切りによって競技継続が困難になることだけではなく，年齢や怪我の影響，進路選択など様々な理由によって，1年延期したオリンピック・パラリンピックは目指さずに，自身が想定していない形でアスリートキャリアを終えた選手もいた。」

2-3.　オンラインツールを用いた心理サポート

先述したように，多くのアスリートが心理的に悩みを抱え，キャリアにおいても不安な日々を過ごす事態となった。アスリートの心理とキャリアに携わることを専門とする立場として，いま，何ができるかという問いを突きつけられたBorderLeSSは，オンラインツールを活用した心理サポートを実施する方向を選択した。

心理サポートを活用したアスリートは，とまどいなどを自分の言葉で語ることによって，心の整理を行った。なぜ自分は競技をするのかという大義と向き合うことで，今できることに集中するようになり，また，スポーツを通じて伝えたいことが明確になり，心の成長を遂げていった。

従来の心理サポートは，面談室での対面実施が基本であり，緊急事態宣言中は心理サポートを中断したケースもあった。そのような中で，

BorderLeSS が実施した取り組みを見ていくこととする。

2-3-1.　オンラインメンタルトレーニング講座の実施

　2020 年 4 月 7 日に，初めて日本に緊急事態宣言が出された時には，COVID-19 は未知の存在であり，何が良くて何がダメなのか，どう対処すれば良いのかがわかっていない状況であった。そのため，スポーツ活動や大会の中止が相次いだ。BorderLeSS として何ができるかとメンバーで話し合い，ゴールデンウィーク期間中に 2 回，緊急のオンラインメンタルトレーニング講座を開催した。Zoom を用いてのオンライン講座は初の試みであった。

　それを皮切りに，3 人のスポーツメンタルトレーニング指導士が，半年間実施したメンタルトレーニング講座を含め，数多くのオンライン講座が展開された。移動が難しい地域に住む選手や，スペインやドイツにサッカー留学をしていて国外でロックダウンを経験した日本人選手など，あらゆる地域からの依頼に応えていった。

2-3-2.　オンライン個別心理サポートの実施

　グループを対象としたオンライン講座は，COVID-19 の影響によって新たに始めたものである。一方，個別の心理サポートは，国外に在住する日本人アスリートを中心に，以前から実施していたこともあり，他府県在住のアスリートやプロゴルファー，プロテニスプレーヤーなど日本中または世界中を遠征して回るアスリートの遠征先からの依頼にも，積極的に応えてきた。そして COVID-19 の影響によって，これまで以上に個別の心理サポートの需要は増加した。増加した理由は 2 つ考えられた。1 つ目は，大会の延期や中止によって心理葛藤を抱えるアスリートが増加したこと，2 つ目は，心理サポートを求めるアスリートの特徴として，自覚する心理的課題・問題を抱えていること（中込，2016a）が挙げられる。自粛生活で時間的に余裕ができたことで，競技や自分自身について考える時間が増え，自身の課題・問題と向き合い，それを自覚するようになったアスリートが増加したのである。

　緊急事態宣言が出され，対面での活動に規制がかかる中，あらゆる分野でオンラインツールを用いたサービスが発展してきている。心理サポートも例外ではなく，従来の形態では実施が困難なケースも出てくる。対面での実施

を重要視し，心理サポートを一旦中断することも 1 つの選択肢であるが，BorderLeSS では，アスリートの要望がある限りは実施するという道を選択した。その背景には，遠隔心理学（telepsychology）による支えがあった。

3.　遠隔心理学を活用して作る新たなサポートの形

3-1.　遠隔心理療法の強みと弱み

　オンラインによる心理サポートのあり方には，遠隔心理学（telepsychology）と遠隔心理療法（videoconferencing psychotherapy）の知見が重要である。日本心理学会（2020）のガイドラインでは，遠隔心理学とは，「遠隔でのコミュニケーションのための情報技術を用いた心理支援サービスの提供のことである」と定義されている。また，遠隔心理療法とは，こうした遠隔心理学の 1 分野で，ビデオ会議ツールで映像と音声を双方向型で通信する心理療法のことであり（平泉，2020），その強みとして，クライアントは自身に最も適したサービスを，物理的距離というものを理由に諦めることなく受け取ることができること，また移動にかかる時間と費用を節約できることと考えられており，これらの強みは COVID-19 感染予防のために政府が推奨するリモートワークの方針にも合致する。

　筒井（2021）は『体育の科学』への寄稿の中で，遠隔心理療法の研究を包括的にレビューした報告（Backhaus et al., 2012）を参照して，対面式と遠隔式の心理療法の治療成績は差がないことを示した。その理由の 1 つとして，遠隔心理療法は移動のコストがかからないので，対面型よりも満足度が高くなることを述べている。一方，対面と同等のサービスは提供できないことには注意が必要である（平泉，2020）ことも明らかにしている。

　筒井代表取締役
　　「対面での触れ合いという失ったものに目を向けると，対面の強みと遠隔の弱みばかりに着目してしまいがち。どのようなサービスにも，強みと弱みは存在するものであるため，今回の事態で，遠隔心理療法の強みと弱みにも改めて目を向ける機会になった。私はパラリンピックを目指すパラアスリートから，失ったものを数えるのではなく，しっかりと今あるものに目を向ける大切さを教わった。それがここで活きていると感

じている。」

3-2.　心理サポートの「枠」

　前述の日本オリンピック委員会の調査結果（デイリースポーツ，2020 年
10 月 23 日）をみても，遠隔心理療法の強みを活かしながら，アスリートを
対象としたオンラインによる心理サポートが求められる。だが，実際にサ
ポートを提供する立場からのとまどいや懸念が生じることも予想される。心
理療法には，面接を行う際に，決められた時間と場所（空間）を設定する
「枠」という考え方が重視されており，日常（枠外）とは分断された面接室
（枠内）の時空間において，初めて自分の内面が強調されて意識されると考
えられているからである（坂井・松下，2009）。スポーツメンタルトレーニ
ングの教本（中込，2016b）においても，アスリートとの関係づくりの重要
な視点の 1 つとして，「場の設定」に関する記載がある。メンタルトレーニ
ングを行う環境は，お互いにとって心理・物理的に「守られた空間」でなけ
ればならないのである。

　　筒井代表取締役
　　「枠を守ることの重要性も理解していたし，対面でないと感じられない
　　ものがあるとも思っていたので，最初からオンラインでの心理サポート
　　に不安がなかったかと言えば嘘になる。でも，『できることはやってみ
　　る』という想いでやってきたように思う。新型コロナウイルスの影響か
　　ら，これまでの対面での面談を行うことが難しくなり，さらにオンライ
　　ンでの心理サポートが増加したが，その時にも，たとえ対面のほうが良
　　かったとしても，それができない以上は『やらないよりはやったほうが
　　良い』『こんな時こそ心の成長のプロセスを止めない』という想いが
　　勝っていた。これまで以上に，オンラインツールを用いた心理サポート
　　が必要になったことで，従来の方法を重んじながらも，『枠』のあり方
　　について再考するチャンスではないかと考えている。」

　　「特に，チームスポーツに携わってアスリートの心理サポートを行う際
　　には，練習場面や大会への帯同を伴うことも多いため，従来大切である
　　とされる日常（枠外）と分断された面談室という時空間（枠内）を作り

図 10-2　心理サポートにおける枠のあり方の変化

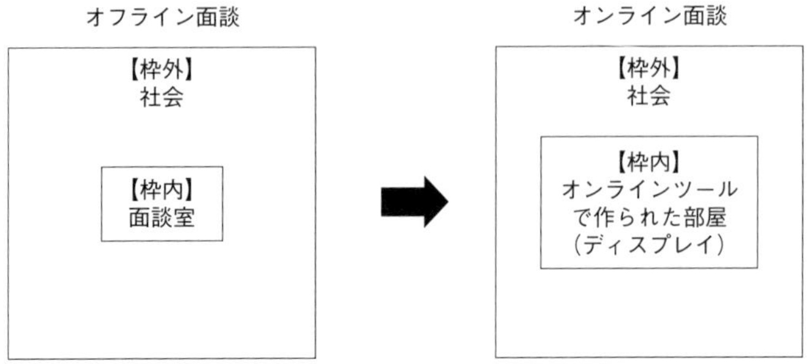

出すことはもともと難しい。スポーツメンタルトレーニング指導士は，従来の心理療法における『枠』を越えていくことが求められており，その意味ではオンラインツールを通じた部屋もまた，新たな『枠』の存在になりうると思われる（図 10-2）。」

　重要なのは，枠の形ではなく，枠の意義である。枠の意義とは，自分の内面が強調されて意識されることによって，効果的に心理療法やメンタルトレーニングが実施されることである。枠の形は変わったとしても，その意義を満たす新たな枠の構築を試みる取り組みは，今後も求められるであろう。

3-3.　ラポールの形成

　当然ながら，オンラインで生じるトラブルもたくさん経験している。第1はインターネット環境によって音声や映像に乱れが生じることであり，お互いに聞こえているのか不安になったり，煩わしさを感じたりすることがある。それがラポール（クライアントとの信頼関係）の形成にマイナスの影響を与える可能性も懸念される。その際のスタンスは，煩わしさをなかったことにするのではなく，「困りましたね」「オンラインではしょうがないですね」などと一声かけることで，煩わしさを共に経験している仲間という意識を生み出し，結果的にはラポールの形成につなげていくことにある。デメリットを逆手にとりラポールの形成につなげられる力も，専門家として求められる。

　また，ディスプレイ越しでは相手の上半身しか見えず，初めて対面で会っ

図 10-3　遠隔心理療法の強みと弱みを把握したラポールの形成

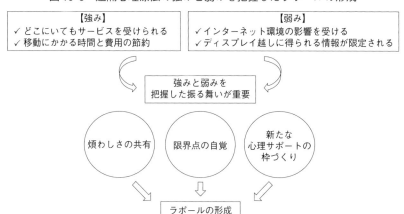

た時に，イメージとのギャップに驚いたということは，多くの方が経験しているであろう。「オンラインはダメ！」と決めつけるのも思い込みだが，「オンラインで大丈夫！」というのも思い込みの可能性がある。オンラインの限界点を自覚しておくこともまた，専門家として求められる。

　上述したような遠隔心理療法の強みと弱みを把握し，ラポールを形成する姿勢が大切になるだろう（図 10-3）。

4.　BorderLeSS が目指す社会

筒井代表取締役

　「『諦めない心』と『良い諦めの心』，この両方を私は日々アスリートの皆さんとともにスポーツを通じて育んでいる。つまり，コントロールできることは，とことんコントロールすることを諦めず，コントロールできないことは，良い意味で諦めるということである。コロナ禍を通じて，アスリートに限らず，この2つの心がとても大切であることを改めて体感した。遠隔心理学の活用もその1つだった。私たち BorderLeSS も含めたすべての人が，どのような時でも『心の成長のプロセスを止めない』でいられるように，今後も挑戦を続けていきたい。」

　BorderLeSS という社名に込められた意味に，「自分の思い込みを越えて可能性を広げる」というものがある。COVID-19 の影響により，今なお生きることに苦しむ方が世界中にいることは紛れもない事実である。だからといって，「何もできない」と諦めてしまうのは一種の「思い込み」だろう。コントロールできないことは諦めるが，「より良く生きることは決して諦めず，思い込みを越えて，できることに目を向ける」という考えのもとで生きることが大切である。BorderLeSS はこれまでの常識にとらわれず，社名を体現するボーダレスな取り組みを続け，今後もクライアントの心の成長の歩みに寄り添っていく。

取材協力
株式会社 BorderLeSS

参考文献

Backhaus, A., Agha, Z., Maglione, M. L., Repp, A., Ross, B., Zuest, D., Rice-Thorp, N. M., Lohr, J., & Thorp, S. R. (2012). Videoconferencing psychotherapy: A systematic review. *Psychological Services*, 9(2), 111-131.

デイリースポーツ (2020).「新型コロナで夏季選手に高ストレス　うつや不安注意必要な人は 10％に　ＪＯＣ調査」㈱デイリースポーツ，https://www.daily.co.jp/general/2020/10/23/0013805977.shtml（2021 年 7 月 23 日閲覧）.

平泉拓 (2020).「遠隔心理療法の実際」（特集：こころのディスタンス）㈱金子書房，https://www.note.kanekoshobo.co.jp/n/n81626d6c4460（2021 年 9 月 5 日閲覧）.

中込四郎 (2016a).「競技生活の心理サポート」日本スポーツ心理学会（編）『スポーツメンタルトレーニング教本　三訂版』(pp. 2-6). 大修館書店.

中込四郎 (2016b).「アスリートとの関係づくり」日本スポーツ心理学会（編）『スポーツメンタルトレーニング教本 三訂版』(pp. 24-28). 大修館書店.

NHK 政治マガジン (2021).「五輪「開催すべき」16%　先月より 11 ポイント減」日本放送協会，https://www.nhk.or.jp/politics/articles/lastweek/51524.html（2021 年 7 月 23 日閲覧）.

日本心理学会 (2020).「遠隔心理学（Telepsychology）実践のためのガイドライン」（公社）日本心理学会，https://psych.or.jp/special/covid19/telepsychology/guidelines_for_the_practice_of_telepsychology（2021 年 9 月 5 日閲覧）.

坂井友美・松下姫歌 (2009).「holding の観点からみた心理臨床面接における枠の機能」『広島大学大学院心理臨床教育研究センター紀要』8, 78-86.

産経新聞 (2020).「コロナ禍で競技生活に不安　アスリートのキャリア支援が活況」㈱産経新聞社，https://www.sankei.com/article/20200914-BAW3FV3VZJP6HMRLFUKNP2LJFM/（2021 年 8 月 24 日閲覧）.

筒井香 (2021).「オンラインツールを活用した心理サポート」『体育の科学』7(1), 27-31.

第11章
大手機械機器メーカー
リモートワークと新たなビジネス展開

　本章では大手機械機器メーカー（以下，X社）を事例として取り上げる。同社は以前から，部分的にリモートワークを採用していたが，新型コロナウイルス感染症（COVID-19）の拡大を受けて迅速に対応策を検討し，2020年2月早々，全面的にリモートワークに切り替えた。それに伴う業務遂行の方法における変化，COVID-19のビジネスへの影響，収束後を見据えた新たな事業展開についての展望を紹介する。

1.　事例企業の概要

　X社は，国内外に事業展開している大手機械機器メーカーである。理想的な工場のオペレーションを実現するための提案とその施行，既存工場の設備保守と効率的なオペレーションへの転換，顧客の問題に対する解決策の提案と実施などを総合的に行うソリューション事業を展開している。単に機械，機器を販売するのではなく，顧客企業のビジネスを熟知した上で，顧客の問題解決のために最適な方法を提案できることが，同社の強みである。

　今回，X社のコロナ感染症対策委員として全社的な観点からCOVID-19対策の検討と実行に携わる立場にあり，かつX社の顧客向け最適操業支援を統括する部門の責任者であるA氏から，X社のリモートワークをめぐるトピックについて話を聞くことができた（2021年7月9日インタビュー実施）。リモートワークのあり方に加え，後半ではCOVID-19収束後を見据えた新しいビジネスの方向性について言及する。

2.　リモートワークへの移行と運用

2-1.　COVID-19 発生当初の対応

　X社の COVID-19 への対応は早かった。WHO が「国際的に懸念される公衆衛生上の緊急事態（PHEIC）」を宣言したのは 2020 年 1 月 30 日。同社はこの少し前，中国・武漢での感染拡大が話題になり始めた頃から，対応策の検討を開始していた。国内・海外の顧客の動向，日本政府や海外の政治的動向をいち早く収集し，同社の経営に対するインパクトのシミュレーションを行った。また COVID-19 感染拡大に伴う国内・海外の事業拠点の従業員の安全確保に関する対応策を検討し，迅速にリモートワークに切り替えるべきとの結論に至り，2020 年 2 月早々に完全リモートワークに移行した。このように同社が素早くリモートワークに移行できた理由として，COVID-19 感染拡大以前から週 1〜2 回の割合でリモートワークを導入しており，効果的な運用方法についての蓄積がすでにあったことが挙げられる。原則として業務すべてにリモートワークを拡大し切り替えることに，大きな混乱は生じなかったのである。

2-2.　リモートワーク移行後の課題と対応

　COVID-19 により全面的に導入されたリモートワークの影響を大きく受けたのは，2020 年 4 月に入社した社員である。入社した時には，すでに全面リモートワークに移行しており，社内で必要な手続きはすべてオンライン化されていた。彼らに OJT でトレーニングを行う際も，コミュニケーションをとる頻度が通常出社時より少なく，コミュニケーションが希薄になりがちなぶん，トレーニングの成果にも少なからず影響がある。A 氏自身，最初に当該年度の新入社員に対面したのは，彼らの入社から一年以上経った，3 回目の緊急事態宣言の解除後であった。首都圏以外からの地方出身者は，賃貸ワンルームマンション等の狭い空間で一日のほとんどの時間を一人で過ごしていることになる。孤独感など，世間で言われている若年層のメンタル面の不調に配慮が必要となる。

　A 氏にとって最も大きな問題は，会社の方針により国内外への出張がまったくできなくなったことである。COVID-19 以前は，月に 3 回程度の海外出張によって，顧客や社員と直接会ってコミュニケーションをとること

ができていた。しかし，COVID-19 感染拡大以降は出張ができなくなり，顧客や社員とのコミュニケーションの手段が，すべてオンライン会議となった。まず問題になるのは，海外の顧客や社員と会議を行う時の時差である。会議の開始時間は，基本的に現地の時間に合わせて設定される。そのため必然的に，日本時間の深夜・早朝にオンラインで現地と打ち合わせをしなければならないケースが増えたのである。相手とのコミュニケーションの質も対面時と同じというわけにはいかない。対面の場合は，相手と目線を合わせて話ができる上，しぐさなどに表れる言語外の情報を見ながら適切なコミュニケーションの方法が選択できる。オンライン会議では相手はカメラを見ているのであって，こちらの目を見て話しているわけではない。まして，顔から下のしぐさは通常は見えない。また現地にいれば，会議以外の時間帯でも相手の様子を見ながら必要に応じて会話できるが，オンラインでは会議以外の時間帯に相手の様子をうかがうことはできない。そのような様々な制約から，オンライン会議によるコミュニケーションには限界がある。

　全社員のリモートワーク環境が整っているわけではない点も，課題となった。自宅に書斎がなく，家族と一緒に過ごす空間であるリビングで終日リモートワークをしなければならない場合，まとまった時間仕事に集中することは困難である。そのような従業員に対しては，事業所内に，フリーアクセスのフロア（役職や所属によって着席する場所が決まっている本来のオフィスとは別に設けられている，従業員であればだれもが任意の場所に着席して業務をすることができるフロア）を設けたり，駅前などの便利な場所にサテ

図 11-1　リモートワークを行う場所のイメージ

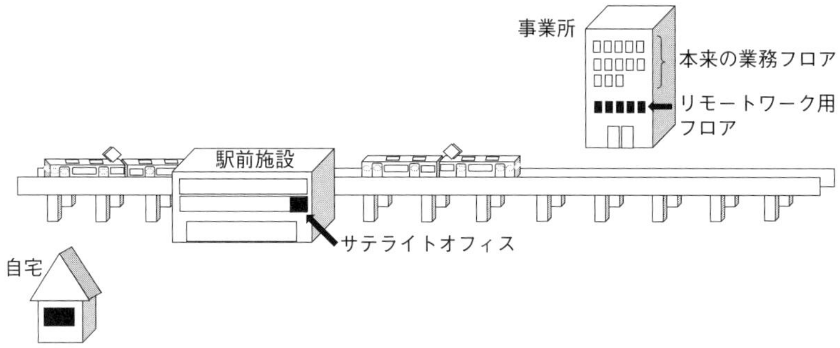

出所：筆者作成

ライトオフィス（会社がレンタルオフィス事業を展開している企業の法人会員となって契約しているレンタルオフィス）を用意して，会社と自宅以外で仕事に集中できる業務場所を確保した（図11-1）。

2-3.　リモートワーク下の勤務管理

　X社のリモートワークの運用は徹底している。工場などを除いた通常の事業所では，出社できるのは従業員の3割までと決められている。やむをえない理由で事業所への出社が必要となった場合は，緊急事態宣言下とまん延防止等重点措置下では経営層の承認が必要となるなど，段階的に承認権限者が決められている。しかも，申請すれば無条件で承認されるというわけではない。社内のどのエリアに立ち入るのか，そのエリアに出社する社員の人数が定員の3割を超えないか，2メートル以上のソーシャルディスタンスの確保ができるか，窓を定期的に開けて換気できるか，対面で会議を実施する場合は飛沫防止のためのアクリル板が必要箇所に設置できるかなど，適切な感染拡大防止のための社内ルール遵守が出社承認の条件である。

　出社の際は，社員証を入口のゲートにかざして認証されなければ事業所内に入ることができない。事業所内は，いくつかのセキュリティーエリアに分かれており，セキュリティーエリアをまたいで移動する際は，その都度社員証による本人確認が必要である。いつ，だれが事業所内のどのエリアに出社して，その後，いつ，どこに移動したのかが自動的に記録されるようになっている。つまり，出社申請時に提出された立ち入りエリアや立ち入る時間が遵守されているかどうかを，自動的にチェックできる仕組みになっているのである。役員や部門の責任者は，出社した全社員の記録を適宜閲覧して確認することが可能で，申請とは異なった行動をとった場合は，理由の確認などを行う。もともとはセキュリティーを確保するために構築された仕組みを，万一社内でCOVID-19の感染者が出た場合に，感染ルートや濃厚接触者を確実に特定するための手段としても，利用できるようになっているのである。

　また，リモートワークによって自宅から深夜・早朝のオンライン会議に出席する場合，時間外勤務，深夜勤務などの出退勤管理が一般的に難しくなる。しかし，X社ではそのような状況下でも，従業員が過重労働に陥ることがないよう，健康管理への対策が検討された。リモートワークで仕事をす

る場合，従業員が個人で所有するパソコンの使用は禁止され，会社貸与のパソコンを必ず使用することを義務づけている。パソコンへのログイン・ログアウトの時刻，社内ネットワークへのログイン・ログアウトの時刻，社内外のリソースへのアクセス履歴など，いわゆるアクセスログを自動的に収集し，これらの情報から出退勤を管理し，勤務時間を算出している。万一従業員の労働時間が，労働安全衛生法に基づいて社内で設定された上限勤務時間を超過しそうになった場合は，役員や所属長に自動でアラートを発する仕組みも構築されている。

3.　COVID-19 感染拡大のビジネスへの影響

　A 氏が統括する部門の 2020 年度の売上高は，対前年度比で 70% にまで落ち込んだ。世界的に企業は経営不振に陥り，顧客の新規投資案件自体が凍結・延期になる事態が続出した。顧客が経済停滞のため生産調整を実施すると同時に，CAPEX（Capital Expenditure：設備投資のための支出）が減少してしまったことが，売上高の下落の大きな原因であるが，それだけではない。部品の半導体の生産が，消費に追いつかないことによる顧客の生産活動への影響や，航空便の大幅減便による物流の停滞等，様々な問題が噴出した。顧客の新規事業（工場）のプロジェクトに立ち上げから参画し，総合的なソリューションを提供する X 社のビジネスの場合，プロジェクト初期段階での入札において，いかに有効な提案活動を展開できるかが重要なポイントとなる。そのために X 社は，顧客の業界事情を顧客以上に熟知した，専門の部隊を擁している。しかし，現地への出張ができなくなったことによって，同社が得意とする営業，すなわち専門の部隊による提案活動もできなくなった。その結果，受注した案件の開始時期の延期，あるいは本来なら受注できたはずの案件の失注が増えてしまったのである。専門部隊が現地に行って，直接提案活動を行っていれば，凍結・延期せずに済んだ案件や，新規に受注できた案件があった可能性は否定できない。また，A 氏が統括する部門は，主として大型工場を対象としているため金額も桁違いに大きい。売上高の対前年度比 30% 減は，X 社全体の業績にも少なからず影響を与えることとなった。

　しかし，逆にその程度の売上高の減少で済んでいる，という見方もある。

　A氏が統括する部門には，X社のソリューションを過去に受け入れて稼働している工場，つまり既存顧客が多数ある。すでに稼働している工場については，COVID-19が感染拡大したからといって設備を止めるという事態には至っていない。新規投資を凍結・延期したぶん，逆に既存の設備の稼働率を高めて事業を継続するという，顧客のOPEX投資（Operating Expense：業務費や運営費など，事業を運営していくために継続して必要とされる費用の総称）は維持されたのである。結果として，X社のサービス事業，つまり設備の保守サービスのビジネスが堅調に上向きに推移し，業績の落ち込みを70%程度に抑えることができている，とも考えられる。

　業務上の影響としては，社内の諸手続きのデジタル化が挙げられる。ほぼすべての手続きがオンライン化され，これまで必要だった稟議等に関わる各種申請書類の捺印は一切不要となった。オンラインで画面から必要事項を入力すると，通知メールが自動送信され，承認が行われるようになった点は，オンライン化による業務の効率化といえるだろう。

4.　新規ビジネス展開の可能性

　COVID-19の収束の見通しがなかなか立たない状況下で，X社はCOVID-19の収束を座して待つのではなく，新たな商機ととらえ，確実に業績を上げるためのビジネスの可能性を模索した。

　1つは，環境問題に対応するビジネスの展開である。コロナ禍であっても，世界の企業は環境問題への取り組みを加速させている。国内のデータではあるが，2017年9月29日に実施された，環境省のカーボンプライシング（排出される二酸化炭素に価格をつけて，排出した企業にお金を負担させる仕組み：排出量取引，炭素税など）のあり方に関する検討会の第4回議事資料の参考資料3（環境省，2017，p. 6）によれば，2015年度の日本の二酸化炭素排出量は12億2700万トン，うち8割が企業や公共部門による排出である。このようなデータをもとに，企業は，ビルや工場を対象にした環境問題に関する新規ビジネスについて，検討を進めている。環境問題は，COVOID-19に関係なく，世界で取り組まなければならない課題であり，このようなビジネスは以前から検討されていたが，COVID-19の感染拡大によるビジネスの停滞を機に，X社も検討を加速させることとなった。

　2つ目は，情報通信技術や人工知能技術の進展に伴う，デジタルトランスフォーメーション（DX）[1]の，事業への応用である。例えば近年工場では，熟練技術者の多くが定年退職し，技術の継承が大きな課題となっている。一方，若い世代は小さいときからスマートフォンを手にし，デジタル技術を当然のように使いこなしている。工場の業務において，若い世代の技術者が熟練技術者と同じレベルで操業を行うためには，熟練技術者が経験と勘で行っていた暗黙知を，形式知に変換した上で機械化し，若い世代の技術者がそれを継承して操業できるようなデジタル技術の開発と導入が不可欠である。また X 社は，いわゆるデジタルツインの技術を応用して，顧客の既存の工場を仮想空間に「双子のように」構築し，最適な工場のオペレーションや問題解決の提案を行っている。顧客の実工場と同じものを社内に仮想的に構築し，IoT（Internet of Things：あらゆるものをインターネットに接続してデータのやりとりを行うこと）の考え方を応用した技術によって，実工場のオペレーションデータを仮想工場にリアルタイムに送り，AI の技術を駆使して分析する。これらの新しい技術により，専門家や技術者が顧客の工場に赴くことなく，診断や提案が可能となったのである。しかも単に，実工場の状態をリアルタイムに仮想工場に反映させているだけではない。仮想工場側で，3分後，5分後といった直近の工場の状態を予測することができ，それに応じた最適なオペレーションを計算し，実工場のオペレーションに反映させる，ということが可能になっているのである。仮に問題が起こった場合も，AI が分析して解決方法を技術者に提案することが可能となる。実工場と仮想工場がお互いに情報を自動的にやりとりし，人の判断を介することなく工場が自分で問題解決をして最適なオペレーションを実施するという，工場の自動化をさらに進化させた，いわば工場の自律化が可能となるのである（図 11-2）。

　X 社は，このサービスに以前から取り組んでいたが，COVID-19 感染拡大の影響および，ここ数年の DX の進展を背景に，この事業を加速させることが可能となった。工場の立ち上げから保守まで，一括して請け負う事業

1　経済産業省が 2018 年にまとめた，デジタルトランスフォーメーションを推進するためのガイドライン（DX 推進ガイドライン）によれば，DX は「企業がビジネス環境の激しい変化に対応し，データとデジタル技術を活用して，顧客や社会のニーズを基に，製品やサービス，ビジネスモデルを変革するとともに，業務そのものや，組織，プロセス，企業文化・風土を変革し，競争上の優位性を確立すること。」と定義されている。

図 11-2　デジタルツイン技術による自律化のイメージ

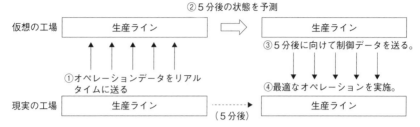

出所：筆者作成

を展開しているX社ならではのサービスであり，今のところ，このサービスに関する業績は堅調に推移している。このような新しい事業が，X社の業績の悪化を，最小限にくい止めているのである。

5.　今後の展望

　COVID-19は収束するのか，収束するとすればいつになるのか，どのような形で収束するのか，現状ではまだ完全には予測がつかない。仮に何らかの形で収束したとしても，COVID-19以前のビジネスの進め方には戻らないだろう。COVID-19の感染拡大を経験する中で，COVID-19以前よりも，より効率的な働き方，ビジネスの方法を手に入れつつあるからである。

　X社においても，より効率的な働き方を目指したリモートワークのあり方が，積極的に議論されるだろう。リモートワークのよい面として，時間の有効活用が挙げられる。例えば時差の関係で，海外の顧客とのオンライン会議を日本時間の深夜に実施することになった場合，事業所に出勤していると会議終了まで社内にいなければならない。社内規定に定められた通常の終業時刻後，会議開始までに社内でできることは限られている。会議終了が深夜になれば，タクシーか，翌朝の公共交通機関を使って帰宅しなければならない。他方，リモートワークで自宅から会議に出席する場合は，終業後会議開始までの間，買い物，食事，家事，趣味等に時間を充てることができる。家族揃って食卓を囲むこともでき，小さな子どもがいる社員は，パートナーとの家事分担もしやすくなる。そして，会議終了後はすぐに就寝することができる。通勤時間に関しても，首都圏の場合往復にかかる2〜3時間の通勤時

間を，別の時間に振り向けることができる。

　COVID-19 により，働き方改革は奇しくも加速されたのである。COVID-19 収束後は，確実に DX を活用した新しい働き方に移行していくであろう。これまで通り，会社は従業員に通勤費を支給するかどうかを検討する必要が出てくる。また，リモートワーク時の自宅での光熱費や通信費の負担に関しても，個人と会社が何をどこまで負担するのか検討しなければならない。さらには，事業所内に従業員全員分の席が必要かどうかという議論も必要だろう。

　対面で開催する必要がある会議等は出社を基本とするが，それ以外の業務は在宅でのリモートワークになる可能性が大きい。それにより従業員は，通勤時間を考慮に入れず，生活環境とライフスタイルを優先して自宅の場所を選択することができるようになる。また勤務時間についても，それぞれのライフスタイルに合わせて調整することが当たり前になるだろう。

　ビジネス面では，いままで以上に DX が広がり，仕事の効率化が急速に進んでいく。国内外の多くの企業が参入しつつある DX に関連するこの巨大市場で，他社には模倣できない新しいソリューション事業を展開できるか否かが，今後の X 社の発展の鍵を握る。A 氏の言葉を借りれば，新しい技術やサービスのそれぞれは，あくまで「製品」であって，技術やサービスは時間がたてば，必ず他社に追随される。自社の「製品」を顧客に選んでもらえるかどうかは，技術やサービスのそれぞれの性能や価格だけではなく，顧客の課題を十分に理解した専門家による，技術とサービスを組み合わせた，その課題に対するソリューション提案力にかかっている。顧客の新規事業立ち上げの時に，競合他社を抑えて受注していくためには，顧客以上に顧客の操業を熟知した専門家の活躍が必要となる。顧客も自社の成長産業分野に DX を急速に導入しており，X 社は，ある意味顧客の見本となるような働き方とビジネスの両方における DX による改革を進めることが急務である。「製品」の拡充と専門家による優れた提案力を両輪として，自社の成長産業を見極め，そこに焦点を当てたビジネスに素早く切り替えていかなければならない。

　現在は，VUCA ワールド（Volatility：変動性，Uncertainty：不確実性，Complexity：複雑性，Ambiguity：曖昧性の頭文字をとった言葉で，安定せず複雑で，曖昧模糊とした予測不可能な時代）といわれている。仮に

COVID-19 が収束したとしても，別の想定外の何かがやってくるかも知れない。予測不可能な時代に従来のやり方に執着し，「トランスフォーメーション」が遅れると，企業にとっては命取りになる。この VUCA ワールドで自在に事業を展開していくためには，スピードをもってトランスフォーメーションを実行し続けなければならない。COVID-19 禍の中で，勝ち残るための経営戦略，想定外の出来事への対応力を獲得した企業は，その経験を活かし，次の不測の事態に備えて，先見性を磨き，競争優位性を高めようとしているのである。

参考文献

環境省（2017）.「カーボンプライシングのあり方に関する検討会第 4 回議事次第・資料」参考資料 3，環境省，https://www.env.go.jp/earth/ondanka/cp/arikata/conf04/cp04_ref03r.pdf（2021 年 7 月 11 日閲覧）
経済産業省（2018）.「デジタルトランスフォーメーションを推進するためのガイドライン（DX 推進ガイドライン）」経済産業省，https://www.meti.go.jp/press/2018/12/20181212004/20181212004-1.pdf（2021 年 7 月 25 日閲覧）

第 V 部

コロナ禍における製薬産業の状況

第**12**章
COVID-19 感染拡大と製薬産業

　本章においては，はじめに新型コロナウイルス感染症（COVID-19）の感染拡大が医療に与えた影響について俯瞰し，患者・医師の行動変容のもと，製薬産業がどのような影響を受けたのか，定性，定量の実証分析に基づき明らかにする。また今後の製薬産業のあり方についても模索する。

1.　本章の目的

　2020 年 1 月から突如として発生した新型コロナウイルスが，国民一人ひとりをはじめ，国民経済と産業界に与えたインパクトは計り知れない。リーマンショックをしのぐ甚大な影響は，将来に向けた大きな変革への序章であるのかもしれない。

　感染症という疾患は，人類が過去何千年にもわたって経験し，乗り越えてきたものである。戦後，主に細菌による感染症については，ペニシリンやセファメジンに代表されるセファロ系抗生物質，さらには合成抗菌剤などが相当な効果を上げ，日本の製薬企業も大きく貢献してきた経緯がある。

　一方，2003 年の SARS，2009 年の新型インフルエンザ，2012 年の MERSなどのウイルスによる感染症が発生し，その後新たな未知のウイルスの発生が予見される中，ワクチン開発をはじめ公衆衛生という視点での感染症対策が，日本の政治，行政，医療界においてなおざりにされてきた経緯がある。ここに新型コロナが直撃した。

　COVID-19 感染拡大は各産業に大きな影響を与え，航空，旅客鉄道，飲食，観光，宿泊，百貨店等において企業業績はとりわけ厳しく，一方，

GAFA をはじめとする情報通信，サービス，巣ごもり消費といわれる食品，宅配等の業種は大きく上振れするなど，いわゆる K 字型の 2 極分化となった。

　製薬産業については，発生から 1 年を過ぎた時点で，全体的には患者・医師の行動変容により数量ベースで厳しい影響を受けたが，医薬品の薬効領域（がん，免疫，糖尿病，循環器，抗生物質の感染症他）や薬価改定（2020 年 4 月実施），さらには海外展開の状況等により，各社の影響度にはばらつきが生じている。

　世界各国の対応の違いはきわめて顕著であった。日本の対応がどうであったか，評価はまだ定まっていない。

　1 つ明確に言えることは，今回のコロナ禍において，日本は米国，EU からのワクチン輸入に全面的に依存せざるをえなかったということである。当初必要量のワクチン輸入が制限される中，創薬先進国といわれる日本でなぜ自前のワクチンが接種できないのか，家庭や職場をはじめとして多くの国民が強い疑問を抱いた。これほど日本の創薬力や開発力は落ちていたのか，ではどうすれば欧米並みになれるのか，今回の COVID-19 拡大が日本政府と国内製薬産業に突き付けた大きな課題なのである。これについては詳細を後述する。

　医療体制のひっ迫，患者・医師の行動変容，在宅勤務，リモートワーク，人事マネジメント，DX（デジタルトランスフォーメーション）の急激な進展，格差の拡大などの変化の中で，2 年半を経てもなお感染が収束したとは言えない状況下で，製薬産業について，一旦ここで起きたことの整理と影響について検証することは意味があることと考える。

　製薬産業への影響についての検証を進めるにあたり，本章では，はじめに医薬品市場の分析結果について述べ，その後，創薬，開発，生産，営業までの各機能における影響を整理し，最後に将来のあり方についてまとめる。

2.　医療・医薬品市場と製薬企業の業績への影響

　日本国内において初めて COVID-19 の患者が確認されたのは，2020 年 1 月 15 日であり，その後 4 月中旬～下旬に第 1 波，7 月下旬～8 月中旬にかけて第 2 波，そして 11 月に入り急激に上昇する第 3 波が到来する。2021 年 2

月中旬になり第 3 波の新規陽性者数は減少したものの，4 月に入りイギリス型 N501Y という変異株の影響で再び第 4 波が関西圏，首都圏を中心に襲い，その後も 2021 年 6 月下旬からの第 5 波，2022 年 1 月からの第 6 波と続く。今後変異株に有効なワクチンが多くの国民に行き渡り集団免疫が形成されない限り完全収束は難しい。世界において過去 20 年に 4〜5 回のパンデミックが起きていることを考えると今後も新種のウイルスが発生することは十分考えられる。

　医療患者の受診動向については，日本医師会の調査（2020 年 4〜5 月調査，n＝562）によれば，医療機関の受診が不安と答えた人は約 7 割にのぼる。また，第 1 波時に対面での受診を控えた人の割合は約 15％であり，そのうち約半数は慢性疾患を有する人であった。

　IQVIA ジャパン[1]（以下，IQVIA）の調査によれば，2020 年 11〜12 月の第 3 波時は，外来調剤数の診療科別にみると耳鼻科と小児科で，対前年比25〜30％の減少がみられる。また新型コロナの対応で大病院の病床が制限されたため，病床規模の大きい病院ほどコロナの影響を大きく受けた。

　公益財団法人日本対がん協会は，COVID-19 の流行ががん検診の受診者数に与える影響の実態を把握するため，全国のグループ支部の協力を得て2020 年（1〜12 月）の受診者数を調査した。回答があった 32 支部が 2020 年に実施した 5 つのがん検診（胃，肺，大腸，乳，子宮頸）の受診者は，のべ394 万 1491 人で，2019 年の 567 万 796 人から 172 万 9305 人減少し，対前年比 30.5％の大幅減としている。

　COVID-19 の流行は医薬品市場全体へ影響を与えた。図 12-1 は，医薬品市場の 1〜12 月の医薬品販売数量の推移（週次の移動平均）である。影響が本格化する前には医薬品の在庫確保で前年比は増えているものの，第 1 波がピークを迎えた 2020 年 4〜5 月期から影響が本格化し，第 2 波の 7 月下旬には対前年比 95％近くまで落ち込んだ。

1　IQVIA は世界の 100 を超える国や地域でヘルスケアサービスを提供するグローバル企業であり，その日本法人である。日本の従業員は約 5000 名で医薬品・医療機器の臨床試験，承認申請・審査，営業・マーケティング，製造販売後調査まで一気通貫のサービスを提供している。加えてヘルスケア分野におけるリアルワールドなどのビッグデータを保有し，これらのデータを活用した戦略提案や，CRO としての経験と実績を活かした開発戦略・コンサルティングサービスを展開している。唯一無二の医療データベースと最先端のテクノロジーをもとに，エビデンスに基づくインサイトを結集して，医療ステークホルダーの課題解決に寄与している。

図12-1　2020年度週次医薬品販売数量の累積推移：対2019年（2019年＝基準値100）

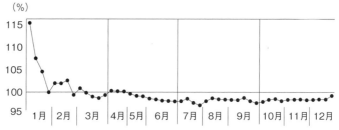

注：第16～18週（ゴールデンウィーク），および第51～52週（年末）は前年
との休日のタイミング調整のため平均値にて分析した。
出所：IQVIAデータによる分析

図12-2　インフルエンザ治療薬数量の推移

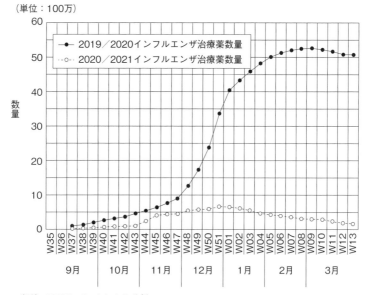

出所：IQVIAデータによる分析

　その後，数量累積は前年の97～98％で推移し，2020年を通して前年比は
マイナスとなり，新規患者や切り替え処方等は依然低位にとどまっている。
　COVID-19アウトブレークは医薬品市場動態に様々な変化をもたらし，
患者の受診抑制，医師の新規・切り替え姿勢，製薬企業の製品販売・マーケ

表 12-1　国内主要製薬企業の決算内容

(単位：億円)

	2020 年 4 月～12 月				通期（2020 年 4 月～2021 年 3 月）			
	売上	前年比	営業利益	前年比	売上	前年比	営業利益	前年比
武田薬品工業	24,275	▲ 3.6	3,587	120.7	31,978	▲ 2.8	5,093	407.2
アステラス製薬	9,410	▲ 4.8	1,595	▲ 32.9	12,495	▲ 3.9	1,361	▲ 44.2
第一三共	7,388	▲ 2.4	895	▲ 42.5	9,625	▲ 2.0	638	▲ 54.0
エーザイ	4,983	2.5	577	▲ 21.3	6,459	▲ 7.1	518	▲ 58.8
大日本住友製薬	3,948	10.6	875	7.5	5,160	6.9	712	▲ 14.4
小野薬品工業	2,349	4.3	822	24.4	3,093	5.8	983	26.9
塩野義製薬	2,244	▲ 11.9	1,022	▲ 4.2	2,972	▲ 10.9	1,174	▲ 10.1
合計	54,597	▲ 2.6	9,373	6.1	71,782	▲ 2.7	10,479	16.4

注 1：通期で武田薬品工業（事業売却等の特殊要因あり）を除くと 6 社の営業利益の前年比平均は▲ 32.2%。
注 2：大日本住友製薬は，2022 年に住友ファーマへ商号変更。
出所：各社の決算資料より筆者作成

ティング戦略などに多くの影響を与えた。

　図 12-2 の通りインフルエンザ治療薬も COVID-19 により大きく影響を受けた。インフルエンザワクチン接種が前年よりも早く始まり，数量も増加したことに加え，衛生管理（マスク，手洗い，ソーシャルディスタンス，3 密回避，緊急事態宣言の発令による人の移動制限等）が徹底された結果，2020 年シーズンのインフルエンザ発生はきわめて少なく，治療薬の数量は激減した。

　IQVIA による 2020 年 1～12 月の製品の各薬効別の対前年比を見ると抗腫瘍剤や糖尿病治療薬，免疫抑制剤（抗リウマチ薬等）は数パーセントン伸びているものの，高血圧治療薬（▲ 7.3%），脂質調整剤（▲ 8.7%），喘息治療薬等（▲ 10.4%）はかなりの減少となった。抗生物質等も耳鼻科への患者数減の影響を大きく受けて減少（▲ 23.7%）した。

　世界市場の医薬品市場の伸びはどうであったのか，IQVIA による 2020 年 7～9 月における世界医薬品市場の伸びは 4.3% であり，地域別にみるとアメリカ 5%，欧州 4%，中国 4% と伸ばしている。さらに新興国では 8% を超える伸びとなっている。日本はコロナによる影響に加えて 2020 年 4 月の薬価改定もあり，マイナス 4.1%（世界市場との比較調整後）となっている。

　表12-1は製薬各社の決算（2020年4～12月および通期4～3月）を示している。通期で事業売却等の特殊要因を有する武田薬品工業を除くと，6社平均で営業利益は▲32.6％と大幅な減益となった。

3.　創薬研究

　製薬企業の研究開発は，創薬を中心とする研究探索と，発見された候補物質を医薬品へと仕上げていく臨床開発に分けることができる。開発は次項で述べるとして，ここではCOVID-19との関連で創薬研究について，2つの視点から見ていきたい。

　1つは，世界のコロナワクチン開発競争の中で，創薬先進国といわれる日本がなぜ大きく出遅れたのか，コロナ禍において改めて浮き彫りになったワクチン研究の問題点は何か，ワクチン以外の研究においてどのような影響があったのかということである。

　次に，創薬研究員は今回のコロナ禍において，研究活動でどのような影響があったのかについて，インタビューも含めて記述する。

　新型コロナワクチンの承認状況であるが，米国においてはファイザー製が2020年12月11日に，モデルナ製が12月8日に，J&J社製が2021年2月27日に緊急使用許可され，2021年1月からアメリカ国内において本格接種が始まり成果を上げた。イギリスのアストラゼネカ製は欧州で1月29日承認された。WHOは中国医薬集団（シノファーム）が開発したワクチンの緊急使用を5月7日に承認した。シノファームはすでに中国国内では承認済で，その他ロシア1製品が承認されている。

　日本においては2021年2月14日にファイザー製が，5月21日にモデルナ製とアストラゼネカ製が特例承認された。

　一方，日本製のワクチンは，塩野義，第一三共，アンジェス，KMバイオロジックスの4社であり，2022年7月時点で承認はされていない。圧倒的に出遅れていることは否めない。

　今回の新型コロナワクチンと創薬研究を関連づけて議論すれば，なぜ創薬先進国の中で日本が遅れているのか，この問題が提起されなければならない。

　ワクチン開発にあたり，各国は大規模な資金支援を打ち出している。なか

図 12-3　新型コロナウイルス関連論文数

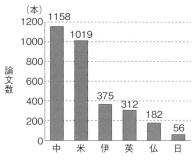

出所：文部科学省科学技術・学術政策研究
所調べ，2020 年 4 月時点，WHO
データより筆者作成

でも米・中は群を抜く。アメリカは官民を挙げてワクチン開発や供給を支援する「ワープ・スピード作戦」を推進している。2020 年 3 月下旬にまとめた追加予算のうち 100 億ドル（1 兆 7000 億円）を投入した。中国は 2020 年に感染症対策として 1 兆元（約 15 兆円）の特別国債を発行し，ワクチンや治療薬の研究開発をテコ入れしている。

　日本は 2 次補正予算に，ワクチン・治療薬の開発に，2055 億円を盛り込んだだけである。米・中とも感染症は国家防衛という明確な理念の中，国家主導のもとワクチン開発が急ピッチで行われた。

　平常時においても，アメリカは国立衛生研究所（NIH）が医療分野の研究開発を統括しており，2020 年度の予算は 421 億ドル（約 7 兆 1600 億円）である。一方，日本は日本医療研究開発機構（AMED）[2]が約 1400 億円の予算で研究開発と環境の整備，助成を行っている。

　図 12-3 の通り，2020 年 4 月の時点での新型コロナウイルスに関する論文数を見てみると，日本は 6 番目で米，中，欧州に比して大きく劣っている。

　2020 年世界のワクチン市場における企業別シェア（IQVIA 概算）を見るとトップ 4 はファイザー（米)，グラクソスミスクライン（英)，メルク

2　内閣府所管の国立研究開発法人である。国が定める「医療分野研究開発推進計画」に基づき，再生医療，がんなど 9 つの連携分野を中心とする医療分野の基礎から臨床までの研究開発を一貫して推進し，その成果を円滑に実用化につなげるとともに，それら研究開発の環境整備を総合的，効果的に行うことを目的とした各種事業を行っている。

（米），サノフィ（仏）で，全体の8割強を占めている。これに2021年から接種が始まった新型コロナワクチン（ファイザー（米），モデルナ（米），アストラゼネカ（英），ジョンソン＆ジョンソン（米），シノバック（中））などが加わると，2021年における日本勢のシェアはより低下し，数パーセントにも満たないと推測される。

　日本での新型コロナワクチンの開発がここまで遅れたことについては，複数の要因が考えられるが，まず基本的な認識として，世界における日本のワクチンシェアはコロナ前において数パーセント程度であり，1社あたりで見れば，外資大手とは売上規模においても基礎研究資金においても圧倒的に劣っている。

　欧米および中国は，新型コロナワクチンの開発について，公衆衛生という概念の前に国家防衛という視点で取り組み，数兆円の国家予算を投入している。特に米国政府は新型コロナウイルスが感染し始めた当初，中国の武漢で何が起きているのかを情報収集し国家防衛という視点で即座に政府主導でワクチン開発を強力に推し進めた。いわば横綱が本気で俊敏に動いたのである。

　日本においては，過去追い上げるチャンスはいくつかあった。その内の1つが2009年春頃から世界的に流行した新型インフルエンザである。同年6月専門家による新型インフルエンザ対策総括会議は「ワクチン製造業者を支援し（略）開発の推進を行うとともにワクチン生産体制を強化すべき」と結論づけた。当時政府は，国産ワクチンに加え，9900万人分を輸入し備え，生産体制については，国産ワクチンメーカーへの資金支援を行ったが，ワクチンの基礎研究については，アメリカのように国家による強力な研究開発のサポートやその後の継続的フォローを行った形跡は見あたらない。

　1900年代初めにライト兄弟は世界初の有人動力飛行に成功したが，この時点ではまだインベンション（発明）であった。その後，空港の整備やパイロット・客室乗務員の訓練，さらには航空機による旅行という概念を作り，1933年に航空会社が初めてお客を乗せて大陸間を移動することに成功した。これがイノベーションである。つまり「顧客にとっての新たな価値の創造」がイノベーションであり，日本のワクチン研究を考える上で示唆を与えてくれる。

　mRNAワクチンは，ウイルスの表面にあるスパイクたんぱく質の遺伝情

報を複写して投与し，細胞内にスパイクたんぱく質を作らせることで人が自ら抗体を作るものであり，いままでのインフルエンザワクチンなどの不活性化ウイルスを培養して投与し抗体ができるものと本質的に異なる。ファイザーとドイツのビオンテックが共同開発したワクチンとモデルナのワクチンはこの方法で作られている。

　mRNA の技術は，アメリカ在住でハンガリー出身の生化学者カタリン・カリコ博士が，長年取り組んできたもので，その後この技術の応用で，iPS 細胞を作成したのがカナダの幹細胞学者でモデルナの創業者であるデリック・ロッシ博士である。すなわち，山中伸弥教授の iPS 細胞があったからこそ，カタリン・カリコ博士たちが 2005 年に発表した mRNA の技術が再び注目されてワクチン開発に結びついたのである。

　iPS 細胞をステップにした研究が mRNA ワクチンにつながったと考えると，iPS 細胞の発見というインベンション（発明）は日本だが，これを発展させ顧客にとっての新たな価値創造すなわちイノベーションを成し遂げたのはアメリカである。

　また経営者側からみた経営予見性の不確かさがワクチンビジネスには存在する。ワクチンは一企業が投資し回収に至るにはリスクが高すぎるのである。いままでインフルエンザワクチン等については日本では主として数社が担ってきたが，インフルエンザが流行しない場合に余ったワクチン在庫はすべて製薬企業が回収・廃棄し損失計上する。ワクチンの廃棄については生物由来のため専門業者に任せて手間もかかり費用もばかにならない。特にパンデミックがいつ起こるかわからない中で一企業として投資することは経営の予見性という点からしてもハードルは高い。

　したがってワクチン開発は民間企業に任せるのでなく，国家機関として行い，販売・情報提供等を民間に委ねるべきであるという考え方もある。

　新型コロナウイルスのワクチン開発で，日本はなぜ出遅れたのか。

　ノンフィクション作家の広野真嗣氏が，2020 年 9 月に，国内で開発の先頭を走るバイオ製薬企業アンジェスの創業者森下竜一氏（医師で大阪大学寄附講座教授でもある）にインタビューした記事内容（News week 日本版 2020 年 11 月 17 日配信記事）が興味深い。

　当初感染者数が急増し，新型コロナの抑え込みに失敗した欧米のワクチンを，なぜ日本が多額の税金で買わなければならないのか，日本に何が欠けて

いるのか，広野氏は森下氏に取材を始めた。記事内容を要約すると，

　「米国は軍が民間と一緒に積み上げてきたものがあって，日本とは全然違う。念頭にあるのは，世界の開発競争の先頭を走る米バイオ企業モデルナ[3]のmRNA[4]ワクチンだ。モデルナは生物学者デリック・ロッシが2010年に創業し，14年からワクチン開発に参入した。新型コロナ禍が発生すると，今年2020年3月半ばにはもう臨床試験を開始していた。「ワープ・スピード」を掲げるトランプ政権の支援は桁違いで，モデルナには保健福祉省の生物医学先端研究開発局（BARDA）経由で9億5500万ドルの補助金を出し，1億回分を15億2500万ドルで買い取る契約を結んだ。今回の見事なワクチン供給は，科学者の知性の差というより国家の安全保障投資の差なのである。森下は日本にはワクチンの戦略が欠けているとみる。」

　次に広野氏は，防衛省防衛研究所の社会・経済研究室長，塚本勝也氏にインタビューをしている。記事（News week日本版2020年11月17日配信記事）を要約すると下記の通りである。

　「冷戦終結で脅威は核から生物化学兵器に移り，ワクチンの重要性が高まった。危機感を強めた米軍は自らワクチン開発への関与を始める。注目された新しい技術が，RNAやDNAのワクチンだった。」

　日本がワクチン開発で出遅れた理由について，国立感染症研究所所長の脇田隆字氏に問うと，こう答えたとのこと。

　「この20年間を振り返れば，新型コロナを含め繰り返し新興・再興感染症が起きているのに警戒感は維持されなかった。今後感染症やこれに伴うワクチン研究費等は，国家防衛の視点から予算面，体制面から至急検討する必要があるかもしれない。」

　一方，世界における新型コロナウイルス治療薬の研究は進み，ギリアド・サイエンシズの世界初の新型コロナウイルス治療薬レムデシビル（ベクル

3　アメリカ合衆国マサチューセッツ州ケンブリッジに本社を置くバイオテクノロジー企業。メッセンジャーRNA（mRNA）のみに基づく創薬，医薬品開発，ワクチン技術に焦点を当てている。

4　遺伝子ワクチンにはウイルスベクターワクチン，DNAワクチン，mRNAワクチンがあり，安全で期待されているのがmRNAワクチンである。mRNAワクチンはインフルエンザやジカ熱などのウイルスに対して研究されてきたが，今年に入り新型コロナウイルス感染症（COVID-19）のパンデミックに対してその有効性が証明された。DNAから異なるタンパク質を作るメカニズムに欠かせないのが，mRNAで，身体の外から特定のmRNAを薬物として導入することによって，目的とするタンパク質を体内で人工的に作らせ，その結果擬似的なウイルス感染を体内で生じさせ，細胞性免疫，液性免疫の両方を活性化する技術である。

リー）はエボラ出血熱を対象疾患に開発されていたが，新型コロナ治療薬として 2020 年 2 月から臨床試験を開始。5 月 1 日にはアメリカで緊急使用許可を取得し，日本でも同月 7 日に特例承認された。（点滴静注）

レムデシビル[5]のケースは，すでにヒトでの使用実績がある薬剤を，本来の治療対象以外の疾患に転用する "ドラッグ・リポジショニング" である。

また COVID-19 の発症を抑制する初の抗体カクテル療法としてロシュ/中外製薬のカシリビマブ＋イムデビマブ（商品名ロナプリーブ）が日本において 2021 年 11 月 5 日に特例承認された。（点滴静注・皮下注射）

その後，経口薬として，MSD 社製の抗ウイルス薬モラヌラビル（商品名ラゲブリオ）が日本において 2021 年 12 月に特例承認され，ファイザー製の抗ウイルス薬ニルマトレルビル＋リトナビル（商品名パキロビッド）が 2020 年 2 月に同じく特例承認された。

コロナ治療薬以外の新薬研究は，今後どのような影響を受けるのであろうか。

IQVIA の分析によれば，グローバルにおいては，新薬パイプラインは潤沢である。しかしながら，新薬パイプラインの多くは海外の新興バイオファーマにより創薬されたものであり，この傾向は今後も続くことが予想される。日本では新興バイオファーマの存在感が低く，低分子の開発品は世界の中で 10％近いシェアを持つが，革新的バイオ医薬品といわれる新モダリティ領域[6]での新薬開発品目数は，3％程度のシェアにとどまる。

特に米英仏独は，国家防衛の視点から多大な資金をワクチン開発や新興バイオファーマに注ぎ込んでいるが，これらの膨大な資金がすでにワクチン以外の基礎研究にも流れていると指摘する科学者もいる。このようなことから，新型コロナウイルスをきっかけに創薬の世界においても日本が大きく遅

5　レムデシビルには，ウイルスの複製に関する RNA ポリメラーゼを阻害する効果があり，これによりウイルスの増殖を抑え，症状を改善する効果が期待されている。

6　近年，核酸医薬品，遺伝子治療，遺伝子細胞治療など，新しい創薬モダリティを活用した医薬品が登場し，これまで治療が困難であった，がんや遺伝性疾患といった領域の治療に大きなインパクトをもたらしている。一般に新モダリティ分類は以下のようである。
　抗体医薬品：monoclonal antibody, monoclonal antibody（conjugated）
　核酸医薬品：DNA & RNA therapeutics
　遺伝子治療：gene therapy, genome editing, oncolytic virus
　遺伝子細胞治療：gene-modified cell therapy
　細胞治療：cell Therapy

図 12-4　医薬品の貿易収支の推移

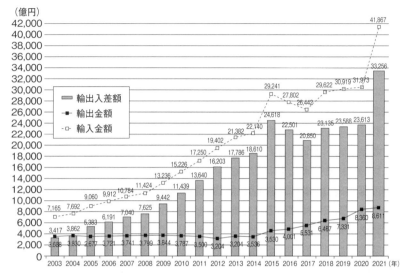

注：2018 年の医薬品における輸入差額（＝貿易収支）は，約 2 兆 3135 億円の赤字。
出所：財務省「貿易統計」

れることが懸念される。

『経営者と研究開発―画期的新薬創出の実証研究―』（栗原，2018）でも述べたが，今後の国内医薬品市場においては，新薬パイプライン数からますます外資系企業が優位に立つことは明らかである。

IQVIA 分析資料によれば，過去 10 年間における日本企業オリジナルな医薬品の国内市場における売上ウエイトは，2009 年の 45％から 2019 年には 37.9％まで低下している。

図 12-4 は財務省貿易統計による日本の医薬品貿易収支の推移を示したものである。赤字額は年々拡大し，2018 年には 2.3 兆円にのぼり，2021 年にはコロナワクチンの購入により実に 3.3 兆円の赤字額となった。国内企業の海外生産分が国内に再輸入される額を差し引いても，2.8 兆円を上回ることは確実である。

医薬品の創薬研究には大きなリスクが伴う。実際に日本製薬工業協会の資料によれば，新薬の研究開発は 10 年以上の長期にわたり，製品よってそれぞれ異なるが，グローバル開発品においては数千億円程度の高額な投資が必

要となるだけでなく，その成功確率は 3 万分の 1 と非常に低くきわめてハイリスクである。今後薬価改定が毎年実施され特に新薬の薬価が毎年下がるなど経営への影響が大きくなれば，本来の新薬研究に投資する環境はきわめて厳しいものになる。

　次にミクロの観点で，研究員は研究活動においてコロナの影響をどう感じていたのかについて，コロナ禍による研究活動への影響について大手製薬企業研究員およびベンチャー創薬企業研究者に対しインタビューした内容を以下記述する。

・今回のコロナ禍において研究活動に遅れが生じている。
・緊急事態宣言時，会社全体で出社率を 3 割程度にするという全社方針のもと，現場研究員には 50％程度の出社率が示された。6 人が共同で行う研究室（ラボ）においては 3 密を避けるために，毎日 3 人ずつしか出社できない状況であった。日頃から研究室においては，一人ひとりが自分の分担分について実験活動を行っている中で，出社制限により担当業務を隔日にこなさなければならず，明らかに実験が当初の計画より遅れた。
・実験動物の毎日の管理など専門の担当者といえども毎日出社ということは難しく，研究員同士で融通しながら対応した。
・創薬の過程で，研究者は実験室に行かなければ仕事にならないため，緊急事態宣言により出社が控えられれば，研究活動に遅れが出ることは事実である。
・日頃，研究会や学会にて研究者同士意見交換する中で情報収集を行っていたが，コロナ禍においては学会や研究会が中止され影響が出ている。
・学会や研究会は主にリモートで行われ利便性はあるものの，セミナーや学会が終わった後に興味ある講師への声がけやその後のネットワークづくりがなかなかリモートでは難しい。
・その結果外部との研究会，学会またその後の交流がほとんどなくなり，研究者の自由で斬新な発想が薄れている。この業務形態が続くと，2〜5 年後，10 年後に影響が出てくる。大変危惧している。

　大手製薬企業の研究トップは「医薬品を創出するようなクリエイティブ，イノベーティブな仕事はリモートでは限界がある。特に複数での議論はしにくく，フェイス・トゥ・フェイスでの議論の重要性が再認識され，オフィス

勤務と在宅勤務の二者択一ではなく，どのような割合のハイブリッドがよい
か検証する必要がある」と述べている。

4．開　発

　コロナ禍にあって，各製薬企業の開発はどのような影響を受けたのであろ
うか。IQVIA による製薬企業上位 50 社の臨床試験継続状況調査（n=33，公
式に声明を出している会社）によれば，COVID-19 が拡大する中にあって，
対策を講じ臨床試験の現状維持を予定している製薬会社は全体の 70％ を占
め，新規試験を延期および進行中の患者登録を中断している企業は 21％，
新規試験のみ延期は 6％，進行中の患者登録を中断は 3％ であった。
　臨床試験の流れは，図 12-5 の通りである。CRO とは Contract Research
Organization の略で開発業務受託機関と呼び，製薬企業から医薬品開発に
おける臨床試験業務を受託している企業である。
　今回の COVID-19 の感染拡大により医療機関，被験者，製薬企業，CRO
のそれぞれが影響を受けた。医療機関は患者（被験者）の安全第一を考慮
し，また被験者は病院への通院に懸念を示し，製薬企業，CRO は病院（臨
床治験施設）への訪問が困難になり，結果として治験が遅延するケースが発
生した。

図 12-5　臨床試験の流れ

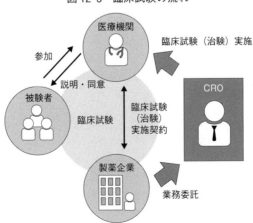

　COVID-19 感染拡大下の臨床試験における主な課題について IQVIA 調査（グローバル／医療施設，n=138）によれば，患者にいかに治験を継続してもらえるか，ということがトップであった。治験参加中の患者のフォローアップのほか，患者の安全第一を考えて医療機関が苦悩する様子が良くわかる。さらに，治験に専念する医療機関側のスタッフが様々なコロナ対応に時間を割かれ，治験候補患者を探索（自施設のデータベース／診療録のレビュー）する時間がない，治験のためのデータ入力等に時間が割けない，などの意見がある。患者自身が治験のために施設を訪問することを控えることに加えて，治験施設でのコロナ対応によるスタッフ不足も課題となっている。

　図 12-6 は IQVIA による，治験データの検証を遠隔でできる医療機関の割合について，諸外国と日本を比較した調査結果である。これによればアメリカは断然トップで 60%強の医療機関で遠隔による治験データの検証ができるが，日本は世界の中で最も低く 10%以下である。COVID-19 の感染拡大により，最も影響を受けた国は日本といっても過言でない。

　表 12-2 は，日本におけるこれまでの治験の課題についてまとめたものである。日本は諸外国に比して CRA[7]（モニター）の施設への訪問回数が多く，紙媒体中心で生産性が著しく低い。これらはコロナ禍にあって露見したものである。ウィズコロナ・ポストコロナのニューノーマルを展望した時に，日本の治験においてもデジタル化を加速せざるをえないことを示唆している。従来型の臨床開発からリモート／バーチャルがキーワードとなる。

　CRO にて CRA（モニター）業務を担当している担当者 2 人に，コロナ禍の臨床治験の現場で，実際にどのような課題があったのか，またこれを機にチャンスととらえられるものが展望できたのか，約 1 時間のインタビューを行った。

　治験の最前線で働いている N さんと F さんは，入社 4〜5 年目で CRA という業務についている。CRO に勤務する CRA（モニター）の主務は，製薬会社からの依頼を受けて臨床試験に関わる医師，被験者，CRC[8]と連携しな

7　clinical research associate の略で，モニター（臨床開発モニター）とも呼ばれ，治験に関する治験契約，モニタリング業務，CRF（case report form：症例報告書）チェック・回収，治験終了の諸手続きなどを行う専門職である。
8　crinical research coordinator の略で治験実施医療機関において，治験責任医師のもとで治験に係る業務に協力する薬剤師，看護師，その他の医療関係者をいう。

図 12-6　遠隔でデータの verification ができる医療機関数の各国における割合

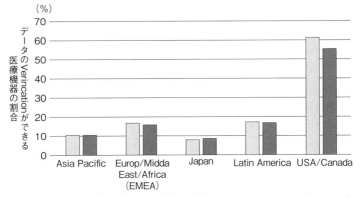

出所：IQVIA 調査資料より

表 12-2　これまでの日本の治験の課題

	日本	グローバル
Feasibility 調査	訪問が原則（5 月は 100％リモート）	オンライン
治験開始手続き	頻回訪問 施設選定：2 回，SIV：3〜5 回	少ない訪問 施設選定：1 回，SIV：1 回
安全性情報の提供	紙で提供	電子で提供
モニタリング	頻回訪問，RBM 導入も 100％ SDV 4〜6 週に 1 回の訪問（組み入れ中）	訪問は限定的，RBM 導入 18 週に 1 回の訪問

出所：IQVIA 調査資料より

がら，被験者である患者のカルテデータが申請時必要となる電子媒体へ正確に移行（EDC[9]）されているかの確認・チェックを行うことである。担当施設はそれぞれ 6 施設，10 施設である。

　2 人のインタビュー結果をまとめると下記の通りである。

　コロナ禍の治験業務に関しては，はじめに被験者である患者さんが病院での感染リスクを恐れて来ない事態が発生した。特に都内の大病院については患者さんがかなりナーバスになっており，電話にて安全性について確認する

9　electronic data capture の略で治験の担当医師，スタッフが臨床検査値の治験データを初期段階から電子的に収集し管理することをいう。

が薬剤投与はできない。患者さんの意思を尊重し，一部治験データはスキップとなる。データがスキップされた場合にはそれをきちんと理由を添えて記録を残さなければならない。一方，希少疾患等で治験に参加している患者さんは，コロナのリスクよりも治療を優先する関係で，治験に遅延は出ていない。

　データ確認・管理のための医療機関訪問が一部できなくなった。コロナ前は通常通り病院を訪問し，治験薬の残薬を数えたり，EDC をカルテと照合しボタンを押すことで治験データを正確に保存する作業を行っていた。これらが遅延すると当初のプランが遅れ申請，承認が遅れることにつながる。先生（医師）の中にも他人に感染を広げないことを理由にモニターが訪問することを拒まれる方（特に東京から地方の施設訪問時）がいて，先生や CRCとの打ち合わせや製薬企業担当者との打ち合わせは，ほとんどウェブとなった。ただ，先生がウェブでの面談を希望していても院内の治験委員会がこれを承認しないなどの事例もあった。

　また EDC の閲覧時間が制限されるようになった。以前は 2 人で訪問したりしたがコロナ禍では人数制限がある。いままで定期的にタイムリーに行けたところが，短時間でかなりのクオリティでやらなければならなくなった。

　製薬企業でも外資系と内資系とで，リモート面談に差があった。外資系は在宅勤務やウェブ会議や電子署名についても慣れていたが，内資系ははじめの頃はかなりとまどっていた印象がある。

　一方，コロナ禍において以前と比べプラスになった面もある。先生への治験の依頼については，いままでは病院の診療科を訪問，説明してお願いするのが常であったが，これをウェブで対応できた業務の効率化が図られた。

　まったく初めての先生とのウェブ面談については，治験施設の CRC にお願いして先生に取り次いでいただいた。可能であれば，はじめの 1 回目だけは先生にごあいさつに行くことを心がけた。これにより次回からのウェブ面談がスムーズになった。

　また緊急事態宣言下どうしても病院を訪問できない場合には，CRC から先生にお話しいただき，ウェブでの面談について了解をとった。先生方も最近はウェブ面談になれておられ，初めてお会いする先生ともスムーズにいった。この辺はコロナ禍以前よりも遥かにポジティブなものとしてとらえることができる。

　上記インタビューによれば，コロナ禍にあってマイナス面ばかりが強調されることが多いが，いままでまったく面識がない先生方との，初めてのウェブ面談もスムーズに可能となり，プラス面もあったとのことである。医薬のMR は，初めての先生方とのウェブ面談はかなり難しいが，CRA という職種のためか，初めての先生方とも比較的スムーズにウェブ面談をこなしている事実の発見は有意義であった。

5．　生産・物流

　COVID-19 が世界的に拡大を続ける中，製造業の業務のあり方も大きな変化を余儀なくされている。移動の抑制や「3 密」を避ける働き方など，直接的な活動が大きく制限され，従来の日本の製造業の強みであった「チームワークをはじめとする組織力」を，直接的に発揮しにくい状況となっている。

　COVID-19 は製薬企業の生産・物流にどのような影響を及ぼしたのであろうか。生産部門は，工場で直接生産活動に携わる現場，品質部門，そして具体的な生産計画を主務とする生産企画・生産管理，原材料調達の購買担当等で構成されている。

　2020 年 4 月に緊急事態宣言が発動され，生産部門においても様々な問題が発生した。大きくは 3 つに分けることができる。1 つ目は生産の根幹をなす原薬や中間体を含めた原材料・資材の輸入が制約を受けた問題，2 つ目は製造現場における技術的側面および労働環境の整備に伴う生産性の問題，3つ目は現場とスタッフの労務管理上の問題などである。

　1 つ目であるが，製薬大手の生産責任者にインタビューしたところ，日本の製薬企業は大手であっても，全体的なコスト低減の観点から，原薬や製材，包装材料などを主に欧州の一部やインド，アジア，中国等から幅広く輸入している。平常より在庫の積み増しは行っているが，COVID-19 感染が拡大する中，ロックダウンしている輸入国からの資材調達が一時的にストップすることがあった。特に，全世界的なワクチン製造のために，シングルユース（ワンショット）用資材の需要が急増し，国内の通常品製造のための資材納期が遅れるという事態が発生している。

　またジェネリックメーカーや基礎的医薬品を製造しているメーカーは，原

薬や中間体がインドや中国から入ってこないことの影響が大きく，一部生産に支障をきたしている。シングルユース[10]材料のほか，プレフィールドシリンジ[11]等も新型コロナワクチンの影響もあり，海外製品がなかなか入ってこないとのことであった。

　原薬に限って言えば，日本の原薬メーカーは通常，中国とインドから原薬を輸入し，最終2工程（生産加工）を国内で行った後，製薬企業に提供している。この原薬がなかなか入ってこなかったことにより，連鎖的に製薬大手も生産調整を行わざるをえなかった。リスク管理の観点から，中国・インド以外の国や日本国内でのメーカー調達を考えていかねばならない課題を突き付けられている。

　2つ目の製造現場における技術的側面および労働環境の整備に伴う生産性の問題であるが，技術的側面についていえば，製造工程の変更に伴う設備の改修や新規設備の導入について，特に緊急事態宣言下では，日本の機械メーカー技術者は出張を控えており，工場に来ることができなかった。製剤設備などを海外メーカーに依存している製薬企業も多く，海外から技術者が来ることができず，一部生産に支障をきたす事態が起きている。

　また工場としては，新たな設備を導入する際，通常各機械メーカーの展示会や説明会に参加し検討するが，機械メーカー自身がこのような展示会・説明会を開催できず，工場への出張も制限される事態となっている。ウェブ会議等で行うこともあるが，詳細図面検討などではフェイス・トゥ・フェイスのようにはいかない。労働環境についていえば，創薬研究と同じで，現場においては隔日出勤等のシフト制や出社制限を設けているところも多く，検温や毎回の消毒作業等により業務効率が低下し，結果として生産性が低下している。

　在宅勤務に関しては，工場の生産管理をはじめとするスタッフは在宅が可能であるが，作業を中心とする現場担当者や品質部門における試験担当者等は出社せざるをえない。これによりスタッフと現場担当者との間で感情的な軋轢も生じている。新たな人の採用も面接そのものができなくなっており，

10　1回使い切りタイプの薬剤のことで点眼薬などによく用いられる。ボトル容器などでは開封後雑菌が混入する可能性もあり，通常防腐剤を入れているが，シングルユースは使い切りのため防腐剤を入れない。
11　薬剤が予め充填された注射器であり，臨床使用上，様々な有用性がある。

人員不足をなかなか解消できない事態も発生している。

　製薬企業における物流担当者にインタビューしたところ，工場からの出荷作業が主であり，倉庫における３密を避ける対策や体温管理，医薬品卸の物流倉庫までの配送を含め，外部業者との接触に慎重な対応をしたが，大きな問題はなかったとのことであった。現在，製薬企業の物流（製造場所→物流倉庫への移動・保管→医薬品卸の物流倉庫までの配送）はかなり機械化が進んでおり，これも一因と思われる。

6.　MRの営業活動

　MRとは medical representative の略で，担当する病院や開業医を訪問し，自社製品の医薬品情報を正確に伝達するとともに，適正使用を促す担当者である。これらの行為は一般にプロモーション活動とも呼ばれ，製薬企業にとっては製品の価値を訴求する中で，製品の販売シェアを拡大していくきわめて重要な行為である。コロナ以前は，シェアオブボイスという名の通り，プロモーションの質と量がその製品の販売シェアに大きく関わってきた。

　しかしながら COVID-19 の感染拡大とともに，MRのプロモーション活動に激震が起きた。大学や病院では，昨今のMRの訪問規制に加えて，緊急事態宣言下，MRの訪問そのものを完全に禁止するケースや，緊急事態宣言が解除されてもアポイントがある面談だけに限定するケースに変わりつつある。開業医への訪問は，大病院ほどではないにしても，緊急事態宣言下においては訪問規制が強くかけられた。従来のような各社MRが医療機関を訪問し，医師の空き時間に営業活動を行う手法そのものが変革を迫られている。

　今後も医師への訪問は難しい状況は続くと予想される。また製薬企業側においても，緊急事態宣言が出ている地域のMRには在宅勤務を命じているところが多い。MRは情報提供の不足分を，郵送や電子メール，リモートでの面談や説明会，自社ウェブサイトなどで補う方式に切り替えざるをえない。コロナ前の 2019 年 4 月から部分適用された情報提供ガイドラインという，MRの情報提供のあり方を厳しく定めた制度運用の本格化と相俟って，MRの行動変容が顕著になってきている。

図 12-7　各プロモーションチャネルの比率推移（2020 年 1～12 月）および
　　　　　直接面談を除く媒体の構成比の推移

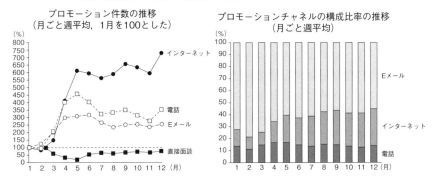

出所：IQVIA 分析データより

図 12-8　医師側から見た場合の各プロモーションの有用性評価と処方意向へ
　　　　　の影響度（2020 年）

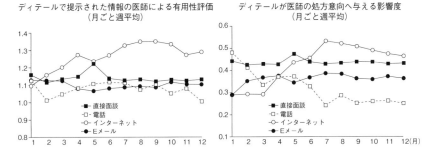

注：2020 年後半は，インターネットを介したリモートディテーリング（Web 面談等）の有用性
　　／処方意向への影響度が，直接面談を上回る水準で安定している。
出所：IQVIA 分析データより

　図 12-7（IQVIA による分析）は，2020 年 1 月の時点を 100 とした場合の
各プロモーションチャネルの比率推移（1～12 月）を示している。プロモー
ションチャネルは，直接面談，E メール，電話，インターネット等である
が，緊急事態宣言が出た 4 月～5 月にかけて直接面談はほとんどなくなり，
その後徐々に回復してきてはいるものの当初には及ばない。回復の兆しは開

業医においてみられるものの，大学・病院では現在も訪問規制または訪問禁止のところが多い。一方，インターネットを介してのディテーリング（ウェブによるリモート面談等）が7倍，電話が3.5倍，Eメールは2.5倍と大幅に伸ばしている。

　同じく図12-7の右図は直接面談を除くこれらの媒体の構成比の推移を表している。Eメール，インターネット，電話の順であるが，4月以降，インターネットを介してのディテーリング（ウェブ面談等）割合が増加している。

　一方，医師側は，プロモーションの有用性をどう評価しているのか。図12-8のIQVIA分析結果によれば，やはりインターネットでのディテーリング（ウェブによるリモート面談）の評価が一番高い。また，同じく図12-8の右図の通り，医師の処方意向へ与える影響度分析によれば，インターネットが直接面談（フェイス・トゥ・フェイス）を上回っていることが象徴的である。

　何社かのMRにコロナ禍における営業活動についてインタビューしたところ，あるMRは「医師とのウェブ面談を1日何回したかということが評価に組み込まれるようになったこともあり，とにかくウェブ面談の回数を増やすことに努めた。その結果，医師からはこの忙しい時にいい加減にしてほしいと厳しく怒られた」とのことである。

　またあるMRは「日頃から担当先の病院の状況をホームページでチェックし，すでに信頼関係が築かれている医師を中心にウェブ面談を行い，一定の評価を得て新規処方を獲得した。ただし，新たな医師へのディテーリング（ウェブ面談等）については，様々な方法でアプローチするも，とても通常の直接面談のようにはいかず苦労している」とのことであった。

　今回のコロナ禍においてMRと医師のウェブ面談が主流になる中，製薬企業各社はデジタル化に向けたセミナーやコンテンツの充実などの整備に加え，MR個々人に対して医師とのウェブ面談における基本的考え方，目標，そして評価制度等について矢継ぎ早に打ち出した。

　国内大手企業の事例について見ていく。以下は，国際ライフサイエンス社が詳細インタビューし整理した結果に基づき，筆者が若干加工しまとめたものである。

　表12-3は，国内大手企業の一般MRのデジタル基本施策であり，ウェブ

表 12-3　国内大手企業一般 MR のデジタル基本施策概要と目標

媒体	対象品／対象者	備考
ウェブ面談	—	・週 2 人の面談を目標としている
トリガードメール	—	・1 日 4 人配信を目標とし，同一 Dr. には最大月 6 回を上限とする
リモートアプローチ	各領域主力製品	・デジタルリードが，リモートアプローチを中心に顧客アプローチを徹底する
動画配信	各領域主力製品	・各 MR が自分自身で製品説明をしている動画を配信する
セミナーやコンテンツの強化	医師 薬剤師 看護師など	・医療機関経営層向け Web セミナーの強化 ・薬剤部長向け医療制度・専門薬剤師育成コンテンツの強化 ・オペ動画コンテンツの強化 ・MR への相談依頼受付サービススタート

出所：国際ライフサイエンスの調査に基づき筆者作成

面談，メール，リモートでのアプローチ，動画配信，セミナーやコンテンツの強化の基本的な考え方を示している。一般 MR は週に 2 人のウェブ面談が課されている。

　表 12-4 は，デジタルをリードするデジタル MR の目標である。デジタル MR は，一般の MR に比べウェブ面談数目標は 1 日に 4 人という高いものである。またメールをきっかけとしてウェブ面談につなげるケースを 2 割とするなど，具体的なアプローチや評価目標を明らかにしている。

　表 12-5 は，MR の実際の評価表である。実績 60％，プロセス 40％であるが，プロセスの中身を見るとすべての項目がデジタル関連となっている。

　一方，大手外資系企業におけるウェブ面談，メール，リモートでのアプローチ，動画配信，セミナーやコンテンツ強化など基本施策については，おおむね国内大手企業と大きくは変わらないものの，一般の MR は国内大手企業に比し 2 倍の週 4 人の面談を目標としている。

　評価指標について，両社を比較すると，国内大手は前述の通り実績 60％，デジタルでのプロセス評価 40％に対して，外資大手は実績 70％，デジタルプロセスが 30％である。また，それぞれのプロセス（デジタル化）において強調すべきポイントに，相違が見られる。

　「今回のコロナにより MR のディテール活動に関して判明した不都合な真

表 12-4　国内大手企業のデジタル MR の目標

項目	リモートアプローチ
目標面談数 （ウェブ面談数）	・1 日 4 人
メール送信数	・定期的に活用している医師には，情報アップデートの案内はする
メールを契機に Web 面談 につながった事例	・2 割
評価目標	・目標面談達成率：30％ ・予約率：10％ ・リピート率：10％ ・講演会参加：20％ ・顧客アンケート：10％ ・営業貢献：10％ ・MR との情報共有：10％

出所：国際ライフサイエンスの調査に基づき筆者作成

表 12-5　国内大手企業 MR の評価ウエイト

実績：60％		プロセス：40％	
項目	評価（％）	項目	評価（％）
個人実績	—	活動データ入力・充足率	20
指定製品売上目標達成率	30	オンライン面談数	5
重要指定売上目標達成率	10	自社会員制サイト登録	5
チーム実績	—	デジタルナレッジ共有	5
支店・営業部実績	10	デジタルアプローチレ ポート提出	5
営業所・エリア実績	10	—	—

出所：国際ライフサイエンスの調査に基づき筆者作成

実」というタイトルで，2020 年 12 月 19 日号に掲載された『東洋経済』記事は業界関係者に衝撃を与えた。要約すると，今回のコロナ禍において MRが直接訪問活動をしていないのに売上が変わらないことに業を煮やしたトップがリストラを断行したとのこと，理由の1つに，これまでネットでの情報

表 12-6　過去約 10 年の MR 数推移

時点	MR 数の推移（人）									
	2011 年 3 月	2012 年 3 月	2013 年 3 月	2014 年 3 月	2015 年 3 月	2016 年 3 月	2017 年 3 月	2018 年 3 月	2019 年 3 月	2020 年 3 月
MR 数	61,246	63,875	63,846	65,752	64,657	64,135	63,185	62,433	59,900	57,158

出所：「MR 白書」より筆者作成

　提供は製品の認知度を上げる広告の役割を担うだけで最終的に処方を決めてもらうのは対面の MR しかできない，というのが業界内の常識だったが，実際はそうではなかったのでは，と解釈されたことが挙げられる。

　2020 年になり医師が新規処方を増やしたきっかけは，ウェブ面談が直接面談を上回っていることも明らかになってきた。最終的な医師の意思決定にまでオンラインは浸透しつつある中，この 1 年で MR の存在感は薄くなりつつある。

　また，某製薬企業の営業本部長は，記事の中で，「コロナ禍で一気にデジタルでの情報提供が進んだ。今後製品によっては直接の訪問はせずにデジタルで情報を流すだけでよい製品も出てくるだろう」と語っている。

　昨今，企業の販売活動とは一線を画し，医療関係者に高度な科学情報の提供やエビデンス創出等を目的とするメディカルアフェアーズ（MA）[12]やメディカル・サイエンス・リエゾン（MSL）[13]の存在も，MR の存在意義に影響を及ぼしつつある。薬価の毎年改定という日本市場の厳しさの中で，またコロナ禍におけるデジタルの急速な進展により，大手企業で MR の人員リストラが相次いでいることも事実である。

　表 12-6 は，過去約 10 年の MR 数推移である。2014 年 3 月をピークとして毎年下がり続け，2020 年 3 月には前年から 2700 名ほど減少している。これらの傾向にさらに今回のコロナが拍車をかけることは間違いない。コロナ

12　自社製品における適正使用の推進や正しい臨床成績を出すための製薬企業の一部門である。製品販売活動を担当する部署から独立した組織で，医学的または科学的な知識をベースに，医師などの医療従事者に必要な情報を創出，提供し，自社製品の医療価値を最大化させることを使命としている。

13　製薬企業などにおいて，販売促進を目的とせずに，社内外において医学・科学的見地から STL（社外医科学専門家：science thought leader）との情報交換を通じて，医療現場のインサイトを入手し，新しい治療法や最適な治療を普及させる役割を担う職種である。疾患分野に対する高度な専門性と学術知識に加え，STL から情報収集をするための高いコミュニケーションスキルが必要になる。

は製薬企業の営業活動を担ってきた MR に大きな影響を与えたのである。

　コロナ禍において製薬企業が困ったことについて，本社マーケティング責任者にインタビューしたところ，新薬の全国規模での学会や研究会，地方単位での学会や研究会が開催できなかったことを挙げている。製薬企業は新薬を発売する際に，全国規模での学会や研究会を開催し，新薬の製品価値を訴求し，製品の普及に努めることが日常となっている。しかしながら，緊急事態宣言が発出されなくても，3 密を回避することが最優先され，一切の会合はすることができなかったとのことである。そのため，ウェブによる学会や研究会等での開催に切り替えたものの，全国規模の学会となると数百人単位のため，ウェブ回線が追いつかず，開催できずに断念した企業もあった。新薬は製薬企業にとって企業成長の生命線でもあり，十分に製品価値を医師に伝えることができない事例が発生している。

7.　製薬産業におけるデジタルトランスフォーメーション

　COVID-19 の感染が拡大した 2020 年は，多くの産業においてデジタル化が加速され，製薬産業をとりまくヘルスケア業界においても，同様な動きがみられた。2019 年に日経 BP が主催したカンファレンス「テクノロジーNEXT2019」によれば，製薬業界は各産業の中で，デジタル化が進んでいない業界ワースト第 2 位だと紹介されている。通信，サービス，金融，自動車産業等などに比べて，患者の安全性や有効性を第一義とする医療用医薬品を取り扱い，個人情報保護や薬機法[14]など当局からの規制も含め，製薬産業全体としてのデジタル化は遅れていたといっても過言ではない。

　しかしながら，コロナ禍で医療やその周辺をとりまくヘルスケア産業のデ

14　日本における医薬品，医薬部外品，化粧品，医療機器および再生医療等製品に関する運用などを定めた法律である。1960 年（昭和 35 年）8 月 10 日に公布された。医薬品医療機器等法，薬機法と略される。制定当初の題名は「薬事法」（やくじほう）であったが，平成 26 年 11 月 25 日の薬事法等の一部を改正する法律（平成 25 年法律第 84 号）の施行により現在の題名に改められた。目的は，「医薬品，医薬部外品，化粧品，医療機器及び再生医療等製品の品質，有効性及び安全性の確保のために必要な規制を行うとともに，医療上特にその必要性が高い医療品及び医療機器の研究開発の促進のために必要な措置を講ずることにより，保健衛生の向上を図ること」にある（1 条）。この趣旨に基づき，行政の承認や確認，許可，監督等のもとでなければ，医薬品や医薬部外品，化粧品，医療機器の製造や輸入，調剤で営業してはならないよう定めている。

ジタル化の進展は，急速に進展する兆しを見せている。研究開発において
は，医療の高度化や創薬研究開発，ゲノム解析，医療データ，健診データ，
介護データ，健康医療ビッグデータや AI，リモート治験といった最新のテ
クノロジーを取り入れた先端的な研究開発が進みつつある。

　臨床現場においては，COVID-19 の感染拡大により，患者の通院負担の
軽減および院内感染回避等のためのオンライン診療の利用が増加した。これ
に伴って，一部の製薬企業においては，アドヒアランス[15]や治療継続率の向
上，早期診断などを支援することで，未治療・未診断の患者を掘り起こす取
り組みや，ペイシェント・レポーティッド・アウトカム（PRO）[16]をオンラ
イン診療のツールを使って収集し，患者の QOL を上げていくためのツール
やサービスを検討するところも出てきている。

　また，治療用アプリが薬事承認されるなど，デジタルセラピューティク
ス[17]が進展した。キュアアップ[18]は慶應義塾大学医学部呼吸器内科教室と共
同開発した「ニコチン依存症治療アプリ」で，厚生労働大臣より薬事承認を
取得した。薬事承認にあたっては，日本初となる治療用アプリの大規模
RCT（ランダム化比較試験）を実施したことでも，大きな話題となった。
その後，同年 11 月の中医協[19]で公的医療保険適応が了承され，診療報酬は
2540 点（医師がアプリを処方した 1 回に限り算定）が設定された。

15　治療や服薬に対して患者が積極的に関わり，その決定に沿った治療を受けること。一般的に，
　服薬遵守のことを表す語として用いられている。同じく服薬遵守の訳語には「コンプライアン
　ス」があるが，コンプライアンスは医師の処方通りに患者が服薬することを指すため，アドヒア
　ランスと比べると，患者の能動性という意味で大きく異なる。

16　「患者報告アウトカム」と訳される。従来，治療結果の評価法としては，生理学的，あるいは
　生化学的なアウトカム，また画像検査や生存率などの医学的指標が用いられてきたが，患者によ
　る主観的要素を考慮することは少なかった。一方で，生活習慣病やアレルギー疾患，がんなどの
　慢性疾患の増加によって，アドヒアランス等，患者の治療参加がより重要になり，患者の認識や
　価値観が治療結果を左右することから，患者の主観的評価を科学的に測定していくことが求めら
　れてきている。

17　定義はまだ 1 つに定まっていないが，「医師の管理下で患者自身が使用する治療目的のプログ
　ラムであり，疾病の予防，診断・治療などの医療行為をデジタル技術を用いて支援，または実施
　するソフトウェア」である。スマートフォン（スマホ）やタブレット端末に搭載されたソフト
　ウェアを活用して，疾患の予防や管理，治療を行うシステム全般と言える。「治療用アプリ」と
　呼ばれることもある。

18　株式会社 CureApp（東京都中央区）は，2014 年 7 月設立された医療系 IT ベンチャー企業で，
　従来の医薬品やハードウェア医療機器では治療効果が不十分だった病気を治すために，医学的エ
　ビデンスに基づいた医療機器プログラム「治療アプリ」を開発している。

19　中央社会保険医療協議会の略で日本の健康保険制度や診療報酬の改定などについて審議する厚
　生労働相の諮問機関。

　同社は，このほかにも「非アルコール性脂肪肝炎（NASH）治療アプリ」
（東京大学医学部附属病院と共同研究），「高血圧治療アプリ」（自治医科大学
循環器内科学部門と共同開発），「減酒支援アプリ」（国立病院機構 久里浜医
療センターと2020年6月より共同研究を開始）などの開発を行っている。

　アステラス製薬は，子会社化したアメリカ・アイオタ バイオサイエンシズ
社の超小型埋め込み医療機器の開発を進めていることを，2021年3月に発
表した。10立方ミリメートルまで小型化したデバイスを体内に埋め込むこ
とで，内蔵されたセンサーで局所の生体パラメーターを読み取り，電気刺激
で疾患の治療や抑制を行う。バッテリーやケーブルが不要で，体外から無線
で給電，通信が可能な同機器は，多くの疾患への適応可能性が外部専門家か
ら指摘され，2020年代後半に製品の上市を計画している。

　従来まで医療用医薬品を中心に事業を展開してきた製薬企業が，既存の枠
組みにない斬新なソリューションの創成を目指し開発中の超小型埋め込み医
療機器について，「将来的には医薬品との境界がなくなる可能性がある」と
の認識を示し，埋め込み医療機器で収集した医療関連データについて，「本
業の医療用医薬品への活用にも検討していく」と述べたことは興味深い。

　2020年に入りIQVIAは，一橋大学と製薬業界のDXに関する共同研究を
開始し，DXを活用したビジネスモデル・組織改革への道筋をまとめた
「DXロードマップ」の研究成果をまとめている。ヘルスケア産業，特に製
薬企業と医療機関におけるデジタル化については，図12-9のような3つの
ステップで進んでいくものと思われる。

　第1ステージは，デジタイゼーションといわれる必要な情報やデータの電
子化である。製薬企業においてはプロモーション資材等の電子化や顧客情報
の電子管理等であり，医療機関においてはカルテ情報の電子化である。

　第2ステージはデジタライゼーションで，その本質はデジタル技術を活用
した業務遂行である。製薬企業においては，CRM（customer relationship
management）に代表されるマーケティングやプロモーション，セールス活
動である。医療機関においては，診療情報を共有した病診連携等である。

　第3ステージはデジタルトランスフォーメーションである。経済産業省の
定義によれば，DX（デジタルトランスフォーメーション）とは，「企業が
ビジネス環境の激しい変化に対応し，データとデジタル技術を活用して，顧
客や社会のニーズを基に，製品やサービス，ビジネスモデルを変革するとと

図 12-9　デジタルトランスフォーメーションへのステップ

DXとは？

Digitization	Digitalization	Digital Transformation

"デジタイゼーション"
情報やデータの電子化

"デジタライゼーション"
デジタル技術を活用した業務遂行

"デジタルトランスフォーメーション"
デジタル技術を最大限活用するための
業務, 組織, プロセス, マインドなどの変革

製薬企業
(例示)
プロモーション資材の電子化
顧客情報の電子管理

マーケティングオートメーション
CRM (Customer Relationship Managemnet)

デジタル技術を活用した
最適な事業のあり方と
変革のロードマップは？

医療機器
(例示)
カルテ情報の電子化

診療情報を共有した病診連携

デジタル技術を活用して,
医療アウトカムとリソースを最適化する
最適な診療のあり方は？

出所：IQVIA 資料より

もに，業務そのものや，組織，プロセス，企業文化・風土を変革し，競争上の優位性を確立すること」である。

　他産業や欧米の製薬企業などに比べて，デジタル活用が遅れていると指摘されてきた日本の製薬業界でも，医療をとりまくデジタル化には課題も山積するが，COVID-19 の感染拡大を契機に着実に進んでいる。現在，大手を中心におおむね第 2 ステージの段階で，今後は第 3 ステージ（本格的な DX）へと進んでいくものと思われる。

8.　従業員の働き方（意識変化）と在宅勤務における課題

　いままで製薬企業の COVID-19 の影響について，創薬から営業まで，機能ごとに考察してきた。最後に，従業員の働き方やキャリアに関する意識はどう変わったのかについて考えてみたい。また，製薬各社の在宅勤務の考え方やその実態についても記載する。

　図 12-10 は，2021 年初頭の緊急事態宣言下，製薬企業従事者の働き方やキャリアに関する考え方の変化についての調査結果である。

　『Answers News』の調査結果（2021 年 1 月 21 日配信記事）によれば，「新型コロナウイルスの影響で，働き方やキャリアに関する考え方は変わっ

図 12-10　COVID-19 の影響で働き方やキャリアに関する考え方は
変わったか

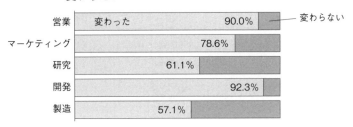

注：調査期間：2021 年 1 月 8 日〜15 日
出所：『Answers News』アンケート調査より。製薬業界で働く 242 人が回答。

たか」との問いに，全体では 84％が「変わった」と答え，職種ごとの変化
については，営業，開発部門で 9 割を超え，次にマーケティング，研究，製
造の順であった。

　製薬企業の機能別影響度と，従業員の働き方やキャリアに関する
『Answers News』意識の変化とはおおむね一致している。営業と開発につ
いてはデジタル化の進展とともに，在宅勤務が主流となり，研究や製造は現
場での業務が主であるため在宅勤務のウエイトが低く，これらが意識に反映
された結果ともいえる。

　次に，各製薬企業の在宅勤務の状況と課題について見ていきたい。政府が
「緊急事態宣言」を発出した 2020 年 4 月 7 日以降の企業活動について，『ミ
クス』編集部は製薬企業 50 社に緊急アンケートを実施している。調査期間
は 2020 年 4 月 10 日〜13 日で，製薬企業 83 社に調査票を送付し，50 社から
回答を得た。これらを要約すると下記の通りである。

　まずはじめに在宅勤務の不安・ストレスおよび従業員の精神面でのケアの
必要性である。医師との面談が叶わない MR や，デジタルのツールの活用
で悩む本社スタッフ，さらには在宅勤務の長期化で社員のメンタルケアの対
応を迫られる状況など，これまで経験したことのない日常への不安やストレ
スなどが発生している。

　自宅での勤務を徹底しているため，社員同士のコミュニケーションの機会
が激減し，特に独身者や単身赴任者の場合，一人で過ごすことのストレスが
メンタルに悪影響を及ぼすのではないかとの懸念が生じてきた。また 4 月入

社の新入社員については入社式も分散型や，ウェブ開催が多く，配属先の雰囲気などがわからないままリモートでの導入研修に突入しているケースも多く精神面への影響が懸念される。

　このような課題に対して，従業員の疑問や不安を解消することを目的に，従業員と経営層の双方向によるオンラインコミュニケーションの機会を提供しているところも多く，また新入社員の精神面でのケアをめぐっては，勤務地への配属に際して，先輩社員がこれまで以上に新入社員に目を向け，相談しやすい雰囲気を醸成するなどの対応を行っている。

　勤怠管理と社員の安全であるが，社員の安全を守るための管理手法については，日々の行動について社員から上長に報告し，「上長が管理する」，「出勤時は上長の決裁が必要」，「社員の日々の行動についてデジタルツールを活用して管理」などの対応をとっている。

　システム上の課題と対応については，先の見通しが立たない中で，企業活動をいかに維持していくか，目立ったのは，在宅勤務に即したシステム整備などの課題で，「在宅勤務の急増に伴い，モバイルパソコン等の通信インフラに障害が生じたため，通信時間を社内で制限する等の対処を行っている」や「ＩＴ利用が集中して通信混雑が生じ，在宅勤務の社員に対し，混雑時の高負荷利用の回避などの対応を呼びかけた」などがあった。

　経理処理など出社業務が必要な部署・担当者への対応については，一時的に電子ベースでの処理を可能とし，在宅勤務できる体制を迅速に整備しているなどである。

　一方こうした機会に，自己学習やスキルアップに注力しウェブミーティングの実施や自己学習コンテンツを提供している企業なども見られた。

　MR のモチベーション維持として，ウェブセミナーを実施し社員の成功事例など週単位にプログラムを組み，MR へ配信することで，スキルアップを図っている。従来の対面のみの面談がウェブ会議システムで可能になった反面，各社ごと異なるシステムを使うことで，医療者側が煩雑に感じている事実もわかってきた。関係が構築できていない場合は対話が難しくなったという新たな課題も見えてきた。

　2020 年 4 月の緊急事態宣言下，多くの製薬企業は，会社，従業員その家族とも多くのとまどいと課題に直面し，必死でこれに対応する様子が浮き彫りになった。また本章のインタビューにおいても，在宅勤務に早くから取り

組んでいた外資系企業や国内大手の一部と，今回を機に本格的に在宅勤務を導入せざるをえなかった国内大手，中小企業の差も明らかになった。

　次に政府が首都圏を対象に 2021 年 1 月 8 日から緊急事態宣言を再び発出したことを受けて，各製薬企業はどのような対応をしたのか，『化学工業日報』の報道（2021 年 1 月 8 日配信）をもとに整理してみると下記の通りである。

　出社率について第一三共は宣言発令を受けて，出社が必須の業務を除き在宅勤務率を現状の約 5 割から 7 割に引き上げを目指し Meiji Seika ファルマも出社率を 30％程度とし，極力在宅勤務とする方針で，アステラス製薬は本社地区の出社率 50％以内という従来の基準を変更しないが，「感染リスク低減や社会的な要請を考慮し，緊急事態宣言期間中は在宅勤務を推奨する」との方針を付記している。コロナ前からテレワーク体制を整えていた武田薬品工業や外資系製薬は，東京オフィスの出社率がすでに 1〜2 割程度まで縮小しており，在宅勤務を基本とする業務体制を継続する。

　出張等については，緊急事態宣言は東京，神奈川，埼玉，千葉の 4 都県が対象となり，大日本住友製（現・住友ファーマ）は当該地域の事業所は原則在宅勤務，第一三共および大日本住友製薬は当該地域への往来は原則行わない方針であった。

　会食等については，会食や面談などは武田薬品工業のように「自粛」とする企業が多いが，アステラス製薬は業務終了後の社員同士による飲食は原則禁止，Meiji Seika ファルマは会社メンバーとの私的な会食は禁止，プライベートタイムも極力，会食は自粛と新たな対応を盛り込んでいる。都内に本社を置く製薬各社は在宅勤務の強化や社員同士の業務外での会食禁止といった対応に乗り出している。

　医療機関への営業訪問は当初から原則自粛とする企業が多く，訪問する場合も地域の感染状況や自治体の要請などを踏まえ，現場監督者が営業方針を慎重に決めている。宣言発令を踏まえて改めて注意喚起を促す企業が多い。

　在宅勤務が長引く中，新たな問題として，従業員の健康問題が浮上している。メンタルヘルス問題などによる休職者が増加傾向にある。事故や持病の悪化で従業員が亡くなるケースも増えているという。数年前から在宅勤務制度を拡充してきた武田薬品工業では，ストレス・マネジメント支援などの対策を講じている。

　『日刊薬業』の製薬企業取材結果（2021 年 3 月 1 日配信）によれば，2021年 1 月の緊急事態宣言後，出社率についての対応は企業によってまちまちだが，大手製薬企業の出社率はおおむね 30% 以下に抑えられている。2020 年5 月に最初の緊急事態宣言が解除された後も，出社率を抑えていた企業が多く，二度目の宣言が出されても，慌てず業務を続けている。

　感染者数の増加が緩やかだった時期に出社率を引き上げた企業は，二度目の宣言発出に合わせて社内ルールを見直し，出社率を 30% 以下に押さえ込んだ。外資系企業の出社率については，以前から在宅勤務に取り組んでいる経緯もあり，ファイザーは「10% を大きく下回る値」，またグラクソ・スミスクラインも 2021 年 1 月実績で「10% 未満」に抑えている。MSD は 3000人規模で在宅勤務を行っている。

　以上製薬企業の COVID-19 感染拡大時における製薬企業の在宅勤務の状況と課題について述べてきた。2020 年を通じて多くの企業の幹部，担当者と面談をしてきたが，その 95% 以上がウェブによるものであった。実際に感じたことは，当初想像していたよりは問題なく面談・打ち合わせができた。特に海外とのウェブ面談は気軽にでき，出張時間の削減は大変便利であった。最近のウェブシステムはかなり進んでおり，名刺交換機能をはじめ，資料の共有からホワイトボード機能，お互い了解の上での録画機能等，実際に使ってみて便利であった。また，企業を訪問する前後の時間をより効率的に活用できることは有意義であった。一方，実際のフェイス・トゥ・フェイスでの面談や意見交換会を考えたときに，新たなインサイトが出てくることも多く，使い分けが大事になってくる。今後感染が収束した場合，「リモートワーク」と「フェイス・トゥ・フェイスによる面談・業務」と，高度な形でのハイブリット型が一般的になるであろう。

9.　まとめと今後の課題

　COVID-19 が製薬産業に与えた影響について，本章では IQVIA のデータに基づく定量分析やインタビューを通じての定性分析と，公表された資料を踏まえて検討してきた。その結果明らかになったことは，COVID-19 の拡大により，製薬産業は創薬から営業までの各機能に大きな影響を受けたことである。

　創薬についていえば，かつて創薬先進国といわれていた日本が，ワクチン研究において，欧米だけでなく中国にも先を越され，海外からの輸入に頼らざるをえず，国民全体の大きな不安材料と化したことが明らかになった。

　筆者は，『経営者と研究開発—画期的新薬創出の実証研究—』（栗原，2018）の中でも述べたが，1970 年代から 2000 年前後くらいまでの 30 年間を「日本の製薬企業の研究開発黄金期」と呼ぶことができる。この時期は日本の製薬企業のグローバルに通用する自社新製品が相次いで創薬・開発された時期である。

　しかしながらそれ以降，その創薬レベルは欧米に圧倒的に遅れてしまった。当時国内企業が得意とした低分子化合物から，世界の趨勢はバイオ等の高分子化合物やスペシャリティ製品に移り，また個別化医療という流れの中で多様化する創薬の新モダリティ領域（ペプチド医薬，核酸医薬，遺伝子治療，細胞治療（再生医療）ほか）が，欧米を中心に急速に進展する。

　多くの経営者は，自社での創薬に多くを期待せず欧米のシーズ獲得とともに，最近では開発初期の製品を有する欧米のベンチャー企業を丸ごと買収する傾向にある。これらに対して異を唱えることはできない。1 つのビジネスモデルとして持続的な収益を確保することは企業経営の要であり，ビジネスを継続していくための基本中の基本であるからである。またオープンイノベーションや創薬をめぐる環境の変化も大きくなっていることは事実である。昨今，世界で創出されるシーズの多くはアメリカのバイオベンチャーからによるものであり，日本においてベンチャーが育たないことも 1 つの要因であろう。

　これらが反映される形で過去 10 年間における日本企業オリジナルの医薬品の国内市場における売上ウエイトは，2009 年の 45% から 2019 年には37.9% まで低下している。現在の外資系企業の豊富なパイプライン[20]からして，この傾向は今後も加速することが想定される。

　いろいろな理由はあるにせよ，財務省貿易統計によれば，医薬品の輸出入について新型コロナワクチンの輸入が本格化した 2021 年は，3.3 兆円の赤字であり，2003 年当時の赤字幅 3600 億円の 10 倍近くに拡大している。今

20　製薬業界における医療用医薬品候補化合物（新薬候補）のこと。新薬候補には，基礎研究・非臨床試験・臨床試験・申請・承認のいずれかのフェーズにある化合物が該当する。

後 10 年先の新薬のパイプラインについても外資系の圧倒的有利は変わらず，このままいけば赤字幅が 5 兆円を超える日もそう遠くはないと思われる。

　ちなみに 2021 年の日本の貿易収支総額は，医薬品の赤字額 3.3 兆円を含めて 1.7 兆円の赤字となった。このまま医薬品の赤字幅が拡大すれば，日本全体の貿易収支にも大きな影響を与えることになる。改めてこれから日本発の医薬品をどう創薬・開発していくべきなのか，考えさせられるのである。

　今回明らかになったことは，製薬の基礎研究については，かなり以前から指摘されているベンチャー企業の育成と医薬品産業を国家の成長産業と位置づけ，政府・民間と一体になり相当な覚悟で臨まない限り，20 年後の日本の医薬品市場は戦後の焼け野原のように外資系企業に席巻されることが想定される。アメリカがワクチンの開発に国家防衛的な視点から莫大な資金を投入しているのに対し，日本では一部の民間企業に委ねられているだけである。

　過去 20 年間に 4〜5 回感染症のパンデミックが起きていることを考えると，今回の COVID-19 がひと段落した後も，今後 4〜5 年に 1 回はパンデミックが繰り返される可能性が高い。

　日本におけるワクチン開発については，民間企業での資金投入と AMED からの支援では限界がある。官・民・学連携のもと，国家防衛という視点から人，モノ，金の従来にない思いきった投下をしなければ，世界との格差はさらに拡大することになる。毎年海外からワクチンを購入する莫大な国外流失費用の支払いと，その不安定な輸入状況を考えれば，これらへの投資こそ 20 年後につながるものである。

　また，毎年の薬価改定は新薬メーカーの基礎体力を奪い，製薬企業は長期的な視点での基礎研究投資を行う余裕がなくなりつつある。1970〜2000 年頃に創出された日本発の革新的医薬品の多くは，ビジネス目的でない基礎研究の中から偶然に生まれている。

　2018 年の薬価制度の抜本改革の要点は，薬価を維持する新薬の数を減らし，開発実績で企業をクラス分けして薬価補填の割合に差を設け，売上高が伸びると薬価を強制的に切り下げる制度である。2021 年 4 月からは毎年改定が導入されることになった。これらの結果，日本の医薬品市場は，当面世界で唯一マイナス成長で推移すると予測される。国内医薬品事業は，患者ニーズの高い革新的新薬や一部の希少病薬を除き，とても成長産業とはいい

がたい様相を示している。

　医薬品産業を国家の成長産業として育成していくには，国の覚悟と強靭な産業政策，さらには経営者の 30 年先を見据えた見識と長期的な視点が必要である。

　戦後焼け野原の中から，日本の経営者たちは長期的な視点で，国家と経済産業省による産業政策のもと，官民一体となって日本発の医薬品開発に取り組んできた。もちろん医薬品の安全性や新規性の評価を含めた厚生省の役割も大きかった。これらが花開いたのが戦後 30〜50 年後のことである。

　現状に鑑みるに，財政抑制の視点のみから医薬品産業をターゲットとした薬剤費抑制を主導する現在の財務当局に強い危機感を覚えざるをえない。医薬品産業に関する政策は，本来，社会保障という公的な側面からの財政政策と，医薬品産業を国家の成長産業と位置づける産業政策との車の両輪であるべきであるが，現状はまったくバランスを欠いているといわざるをえない。30 年後の日本の医薬品市場が戦後の焼け野原にならないために，抜本的にいままでの考えを改める必要があると筆者は強く感じている。

　臨床開発においては，COVID-19 感染拡大に伴って，日本の臨床開発は欧米から相当に立ち遅れていることが明らかになった。今後のウィズコロナ・ポストコロナのニューノーマルを展望した時に，日本の治験においても，デジタル化を加速せざるをえないことを示唆している。従来型の臨床開発から，リモート／バーチャルがキーワードとなる。欧米の水準に追いつくチャンスといえる。

　生産部門においても様々な問題が発生したが，影響が大きかったのが生産の根幹をなす原薬や中間体を含めた原材料・資材の輸入が制約を受けた問題である。2021 年 5 月に入りインド株によるインドでの急速な感染拡大により多くの原薬が確保できず，日本のメーカーから製品の供給を停止する旨の報道が相次いでいる。今後もパンデミックが予想される中，経営の予見性確保という意味でも今後はインド・中国以外からの原薬輸入ルートの模索や国内での生産体制構築を真剣に検討しなければならない。

　今回最も大きな影響を受けたのは MR である。それは，コマーシャル領域での環境変化が大きく，対応を余儀なくされたためである。患者については，COVID-19 感染拡大により，オンライン診療の普及，在宅勤務，外出自粛，感染リスク回避，セルフメディケーションへの移行など受診行動が大

きく変化した。医療施設においては，コロナ禍の患者受診控えにより，経営悪化に伴う構造改革が推進され，特にフォーミュラリー[21]の推進や病医院の統廃合や機能分化進展の動きもあった。

医師・薬剤師はソーシャルディスタンスの確保や対面面談の制限，訪問規制をリードする一方，製薬企業側からの全国／エリア講演会，説明会の制限を受けるとともに，MR からはメールやウェブ面談などで情報収集を行うことになる。

オンラインでの情報収集拡大がウエイトを上げていく中で，医師側から MR の役割と価値に対する再評価が，改めてなされることとなった。MR 不要論の再燃である。製薬企業側としても，デジタルリテラシー・リモートプロモーション能力の向上や，顧客データベース，CRM による情報共有基盤の整備や，デジタルコンテンツの充実，Pull 型情報提供の充実など，デジタル化の一層の促進とともに，改めて MR の役割と評価について，抜本的見直しを行う機運が高まってきている。

在宅勤務については，他産業と同様，新しい働き方や職場環境の整備が必要となり，在宅勤務者のメンタルヘルスに積極的に取り組む必要性や，在宅勤務の新たな人事管理上のルールづくりと，支店・オフィスの運用方針の策定などが急がれる。

製薬企業では，外資系企業と国内企業の差が明らかになった。外資系企業は，本国の在宅勤務やリモートワークを受けて，COVID-19 の感染拡大のかなり以前から，在宅勤務やリモートワークに取り組んでいた。このため緊急事態宣言時においても，慌てることなく対応ができていた。

一方，国内企業は，10 年前以上から先進的に在宅勤務やリモートワークに取り組んでいる一部の大手を除くと，おおむねとまどいが生じ，対応に苦慮した状況が明らかになった。今後ニューノーマルに向けての体制整備が急務である。

最後に，これからヘルスケア産業はどうなっていくのか。今後ますますデジタル化が進んでいく中で，必要な医薬品を開発し患者に薬剤を届けるという従来の考え方ではなく，先端的医療機器も含めて人々にソリューションを

---

21 推奨標準治療薬と訳され，「医療機関における患者に対して，最も有効で経済的な医薬品の使用における方針」のことであり，医薬品安全管理と経済面への貢献から，海外では治療の標準化を目的に各医療機関で医薬品の使用指針として使用されている。

届けるようになり，薬剤はあくまでその一部になるであろう。COVID-19により日本の製薬産業はいろいろな面で影響を受けたが，これをチャンスとして，今後とも持続的にグローバルの中で生き残っていくことを心より期待したい。

参考文献

Christensen, C. M. (1997). *The innovator's dilemma: When new technologies cause great firms to fail.* Harvard Business School Press（玉田俊平太監修・伊豆原弓訳『イノベーションのジレンマ—技術革新が巨大企業を滅ぼすとき—』翔泳社，2001）．

Drucker, P. F. (1963). Twelve fable of research management. *Harvard Business Review, 41*(1), 103-108（林宏子訳「R＆Dはなぜマネジメントできないか」『DIAMOND ハーバード・ビジネス・レビュー』2004年3月号）．

Emerson, R. M., Fretz. R. I., & Shaw. L. L. (1995). *Writing ethnographic fieldnotes.* University of Chicago Press（佐藤郁哉・好井裕明・山田富秋訳『方法としてのフィールドノート—現地取材から物語作成まで—』新曜社，1998）．

Flick, U. (1995). *Qualitative sozialforschung.* Rowohlt Verlag（小田博志監訳・山本則子・春日常・宮地尚子訳『新版　質的研究入門—〈人間科学〉のための方法論—』春秋社，2011）．

原拓志（2004）．「イノベーションと「説得」—医薬品の研究開発プロセス—」『ビジネス・インサイト』*12*(1)，20-33。

広野真嗣（2020）．「世界のワクチン競争に日本が「負けた」理由」『ニューズウィーク日本版』https://www.newsweekjapan.jp/stories/world/2020/11/post-95015.php（2020年11月17日配信記事）．

掛札堅（2004）．『アメリカNIHの生命科学戦略—全世界の研究の方向を左右する頭脳集団の素顔—』講談社。

岸宣仁（2004）．『ゲノム敗北—知財立国日本が危ない！—』ダイヤモンド社。

栗原道明（2018）．『経営者と研究開発—画期的新薬創出の実証研究—』白桃書房。

桑嶋健一（1999）．「医薬品の研究開発プロセスにおける組織能力」『組織科学』*22*(3)，88-104。

桑嶋健一（2002）．「新製品開発研究の変遷」『赤門マネジメント・レビュー』*1*(6)，463-496。

桑嶋健一（2006）．『不確実性のマネジメント—新薬創出のR＆Dの「解」—』日経BP。

三品和広（2005）．『経営は十年にして成らず』東洋経済新報社。

尾崎弘之（2007）．『バイオベンチャー経営論—医薬品開発イノベーションのマネジメント—』丸善。

Pisano, G. P. (2006). *Science business: The promise, the reality, and the future of biotech.* Harvard Business School Press（池村千秋訳『サイエンス・ビジネスの挑戦—バイオ産業の失敗の本質を検証する—』日経BP，2008）．

佐藤健太郎（2010）．『医薬品クライシス—78兆円市場の激震—』新潮社。

山口栄一（2008）．「パラダイム破壊型イノベーションとしての産業革命」『組織科学』*42*

(1), 37-47.

Yow, V. R. (2005). *Recording oral history: A guide for the humanities and social sciences.* Altamira Press（吉田かよ子他訳『オーラルヒストリーの理論と実践―人文・社会科学を学ぶすべての人のために―』インターブックス，2011）.

参照 URL・資料

AMED（日本医療研究開発機構）ホームページ https://www.amed.go.jp/（2021 年 10 月 1 日閲覧）

Answers News「コロナで働き方やキャリアに関する考え方は変わった？｜製薬業界キャリア意識調査」『AnswersNews (ten-navi.com) 2021 年 1 月 21 日付記事

アステラス製薬株式会社ホームページ https://www.astellas.com/jp/（2021 年 3 月 1 日閲覧）

IQVIA ジャパン資料（図 12-1，2，6，7，8，9 の著作権は IQVIA ジャパンにあり，本図に記載されている情報の複製，引用，抜粋，再掲載および加工，配布を行うことは禁じられています）

国際ライフサイエンス株式会社提供資料

厚生労働省ホームページ https://www.mhlw.go.jp/index.html（2022 年 6 月 30 日閲覧）

株式会社 CureApp ホームページ https://cureapp.co.jp/（2020 年 7 月 1 日閲覧）

『ミクス』記事

MR 認定センターホームページ https://www.mre.or.jp/（2021 年 5 月 5 日閲覧）

NIH ホームページ https://www.nih.gov/（2021 年 10 月 1 日閲覧）

日本医師会ホームページ https://www.med.or.jp/（2021 年 6 月 1 日閲覧）

『日刊薬業』記事

日経 BP カンファランス資料

野村證券株式会社提供資料

『RISFAX（リスファックス）』記事

各社の有価証券報告書（武田薬品工業，第一三共，エーザイ，大日本住友製薬，塩野義製薬，小野薬品工業）

【編著者紹介】

髙橋 潔（たかはし　きよし）　序章
立命館大学総合心理学部教授／神戸大学名誉教授
1984 年慶應義塾大学文学部卒業，1996 年ミネソタ大学経営大学院修了（Ph. D.）。南山大学経営学部助教授，南山大学総合政策学部助教授，神戸大学大学院経営学研究科教授を経て現職。専門は産業心理学と組織行動論。
〈主要業績〉
『ゼロから考えるリーダーシップ』（東洋経済新報社）2021 年
『経営とワークライフに生かそう！産業・組織心理学（改定版）』（共著，有斐閣）2020 年
『人事評価の総合科学—努力と能力と行動の評価』（白桃書房）2010 年（2012 年度日本労務学会学術賞受賞）

加藤 俊彦（かとう　としひこ）　序章
一橋大学大学院経営管理研究科教授
1990 年一橋大学商学部卒業。1992 年一橋大学大学院商学研究科修士課程修了，1997 年一橋大学大学院商学研究科博士後期課程単位修得，1998 年一橋大学博士（商学）。東京都立大学経済学部講師，助教授，一橋大学大学院商学研究科准教授などを経て，現職。専門は経営組織論，経営戦略論。
〈主要業績〉
『技術システムの構造と革新』（白桃書房）2021 年
『組織の〈重さ〉—日本的企業組織の再点検』（共著，日本経済新聞出版社）2007 年

【執筆者紹介】（50 音順）

小方 真（おがた　しん）　第 6 章
埼玉大学大学院人文社会科学研究科博士後期課程
1997 年大阪大学人間科学部卒業。株式会社人事測定研究所（株式会社リクルート，リクルートマネジメントソリューションズ）にて，営業・研究開発に従事。2021 年埼玉大学修士（経営学）。主たる研究領域は，組織行動論・戦略形成プロセス論。
〈主要業績〉
『いまさら聞けない　人事マネジメントの最新常識』（共著，日本経済新聞出版）2020 年
「多面観察評価における行動評定スコアの潜在的構造」（共著）『経営行動科学』*18*(2)，89-98，2005 年，など

栗原 道明（くりはら　みちあき）　第 12 章
IQVIA ソリューションズジャパン株式会社企画渉外部長
1982 年慶應義塾大学大学院経営管理研究科修士課程修了（MBA）。大手製薬企業に 30 数年勤務。その間一貫して医療用医薬品事業に携わる。事業企画部長，国内子会社社長，営業本部副本部長，海外子会社副社長（海外駐在）等を歴任。2013 年 IMS ジャパン（現 IQVIA）入社，現在に至る。上場企業社外取締役。2015 年神戸大学大学院経営学研究科博士後期課程修了。博士（経営学）。

〈主要業績〉
『経営者と研究開発―画期的新薬創出の実証研究』（白桃書房）2018 年
「経営者と研究開発―画期的新薬の実証研究を通じて」博士論文，2015 年

鈴木 智之（すずき　ともゆき）　第 3 章，第 4 章，第 8 章

名古屋大学大学院経済学研究科産業経営システム専攻准教授／岐阜大学社会システム経営学環准教授／東京大学大学院情報学環客員准教授

慶應義塾大学総合政策学部卒業。東京工業大学大学院社会理工学研究科人間行動システム専攻修士課程修了，同博士課程修了。博士（工学）・人間行動システム専攻。アクセンチュア株式会社マネジャー，wealth share 株式会社代表取締役社長，東京大学大学院情報学環特任准教授などを経て現職。専門は人的資源管理・組織行動論。

〈主要業績〉
『就職選抜論―人材を選ぶ・採る科学の最前線』（中央経済社）2022 年（日本の人事部 HR アワード 2022 書籍部門受賞）
「新卒採用選抜基準への認識の不一致を生む構造と解消策―パーソナリティ，知的能力，評価者間信頼性を理論的枠組みとして」『日本労働研究雑誌』2022 年 5 月号
An evaluation of criterion-related validity in sentences of new applicants using the results on a job interview and personality scale. *Information and Technology in Education and Learning*, *1*(1)，2021 年

筒井 香（つつい　かおり）　第 10 章

株式会社 BorderLeSS 代表取締役

2015 年奈良女子大学大学院博士後期課程を修了し，博士号（学術）取得，専門はスポーツ心理学。日本スポーツ心理学会認定スポーツメンタルトレーニング指導士として五輪やパラリンピック選手等のトップアスリート，指導者，医師，ビジネスパーソン等の心理コンサルティングに従事。

〈主要業績〉
「個人特性によるポジティブシンキングの役割の多様性：注意の対象の 3 軸分析」（共著）『スポーツ心理学研究』*41*(2)，115-130，2014 年
「The relationship between positive thinking and individual characteristics: Development of the soccer positive thinking scale」（共著）『Football Science』*12*，74-83，2015 年
「多様なポジティブ・コーピング尺度の作成―デュアルキャリア実現に必要な心理的スキルの測定と獲得に向けて」公益財団法人笹川スポーツ財団『2019 年度笹川スポーツ研究助成研究成果報告書』205 – 212，2020 年

樋口 知比呂（ひぐち　ともひろ）　第 5 章

立命館大学大学院人間科学研究科博士後期課程

1995 年，早稲田大学政治経済学部卒業。2007 年，カリフォルニア州立大学卒業（修士・MBA）。現在，立命館大学大学院人間科学研究科博士後期課程在学中，研究テーマはワーク・エンゲイジメント。通信会社，コンサルティングファーム，銀行を経て，現職の FWD 生命にて執行役員兼 CHRO を務める。

〈主要業績〉
「経営者のコミットメントがエンゲージメント情報開示に与える影響―IR 情報開示と事例を通した効果検証」（人材育成学会奨励賞）
従業員エンゲージメント，人的資本経営，キャリア開発などのテーマにて講演，記事執筆実績多数あり

平本 奈央子（ひらもと　なおこ）　第1章，第9章
一橋大学大学院経営管理研究科特任助教／東京女子大学現代教養学部非常勤講師
1998年4月より東京海上火災保険株式会社（現東京海上日動火災保険株式会社）へ約20年間勤務。2008年3月慶応義塾大学大学院経営管理研究科修士課程修了（修士・経営学），2021年3月一橋大学大学院経営管理研究科博士後期課程単位取得満期退学。専門は，人的資源管理論。
〈主要業績〉
「論文Today『働く環境の変化が引き起こすミスフィットへの処方箋―職場が自分に合わなくなったとき，あなたはどうしますか？』」『日本労働研究雑誌』*708*，114-115，2019年

堀上 明（ほりかみ　あきら）　第2章，第11章
関西国際大学経営学部教授
神戸大学教育学部卒業後，株式会社インテックにて情報システム開発に従事。同社在職中に神戸大学にてMBA，博士（経営学）取得。環太平洋大学経営学部准教授，同教授を経て2021年より現職。主たる研究領域は組織行動論。博士（経営学），技術士（情報工学）。
〈主要業績〉
「ITプロジェクトにおける意思決定プロセスモデル」『経営行動科学』*22*(3)，2009年
「創造性のAI（人工知能）評価と新卒採用への活用の課題」『研究開発リーダー』2019 Nov.，2019年
The tripartite thinking model of creativity.（共著）*Thinking Skills and Creativity*，*44*，2022年

横家 諒介（よこや　りょうすけ）　第7章
ニューヨーク大学大学院心理学研究科産業・組織心理学修士課程
2018年，同志社大学経済学部経済学科卒業。NGO団体デルフォイ代表，金融機関勤務を経て，現在に至る。専門はワーク・エンゲージメント，Job Crafting，バーチャルワーク，組織文化。所属学会：Academy of Management，Society for Industrial and Organizational Psychology，経営行動科学学会，日本証券アナリスト協会。
〈主要業績〉
Mediation of work engagement towards productive behaviour in remote work environments during pandemic: testing the job demands and resources model in Japan.（共著）*Asia Pacific Business Review*，2022年

■リモートワークを科学するⅡ 〔事例編〕
　　—日本企業のケースから読み解く本質

■発行日──2022年9月6日　初版発行　　　　　　　　　〈検印省略〉

■編著者──髙橋　潔・加藤俊彦

■発行者──大矢栄一郎

■発行所──株式会社 白桃書房
　　　　　〒101-0021　東京都千代田区外神田5-1-15
　　　　　☎03-3836-4781　FAX03-3836-9370　振替 00100-4-20192
　　　　　http://www.hakutou.co.jp/

■印刷／製本──亜細亜印刷株式会社

　Ⓒ TAKAHASHI, Kiyoshi & KATO, Toshihiko 2022
　　　　　　　　　　　Printed in Japan　ISBN 978-4-561-26759-1 C3034

リモートワークを科学するⅠ［調査分析編］
―データで示す日本企業の課題と対策―

髙橋潔・加藤俊彦 編著

〈目次〉

ISBN 978-4-561-26758-4　定価（3000円＋税）

白桃書房